Langenscheidt

Vocabulario básico
Inglés

Organizado por temas
con frases-ejemplo

Langenscheidt

Berlín · Múnich · Viena · Zúrich · Nueva York

Editado por la Redacción Langenscheidt

Ni la ausencia ni la presencia de una indicación expresa de patentes o marcas registradas significa que una denominación comercial que figure en esta obra carezca de protección legal.

© 2002 Langenscheidt KG, Berlín y Múnich
ISBN 3-468-96223-1
Impreso en Alemania – *Printed in Germany*

ÍNDICE

Acerca del *Vocabulario básico Inglés*

Una concepción fundamentada

Una lengua extranjera se aprende mucho mejor cuando se adquiere un vocabulario básico al principio y se va ampliando después poco a poco. Esto es un hecho constatado por todos aquellos que se dedican a la enseñanza de lenguas extranjeras, y que se refleja en los programas de estudio y en la selección del vocabulario de las obras didácticas modernas. Teniendo en cuenta las necesidades de adquisición de vocabulario de los principiantes, y para facilitar el repaso y la profundización en el léxico de los estudiantes más avanzados, el *Vocabulario básico Inglés* se ha organizado según los siguientes criterios:

1. Para este vocabulario se han seleccionado 2.500 palabras inglesas de especial relevancia con un total de 4.000 acepciones.

2. Las 4.000 acepciones han sido divididas en dos niveles de relevancia señalados con los títulos «1-2000» y «2001-4000». De esta manera, los usuarios pueden adquirir de modo sistemático un vocabulario básico mínimo (hasta 2.000 acepciones) y ampliarlo (de 2.000 a 4.000 acepciones) más adelante.

3. Las palabras están ordenadas por campos temáticos y especialidades, no alfabéticamente.

4. Prácticamente en todas las entradas se ofrece al menos una frase-ejemplo con su correspondiente traducción al español.

5. El vocabulario de las frases-ejemplo ha sido extraído, en la medida de lo posible, del vocabulario básico presentado en esta obra, sin crear por ello un lenguaje artificial o forzado.

6. A cada entrada le acompaña su transcripción fonética, incluso cuando consta de varias palabras.

7. Esta obra no ha sido concebida como complemento de ningún otro manual didáctico ni está destinada a un grupo de edad en concreto, por lo que es apropiada para todo tipo de estudiantes, desde los alumnos del primer curso hasta los adultos que aprenden inglés en escuelas de idiomas, siguen cursos por televisión o por cualquier otro sistema o necesitan el inglés para las vacaciones o el trabajo.

8. En las entradas en español se indican los principales americanismos. No obstante, por razones prácticas, no se señala el diferente uso de los tiempos verbales del pasado y de algunos pronombres personales.

Ventajas para el usuario

En la preparación de esta guía didáctica han sido aplicados rigurosamente los siguientes principios básicos:

La selección del vocabulario se ha realizado minuciosamente siguiendo criterios de frecuencia, actualidad e importancia de uso. Además, se han utilizado fuentes de información recientes, como el vocabulario de definiciones del *Dictionary of English Language and Culture* y programas y manuales didácticos de uso corriente en escuelas especializadas o de educación general.

Las frases-ejemplo han sido concebidas con los siguientes propósitos: mostrar cada palabra de la manera más sencilla posible para que el usuario comprenda su significado, incluso sin la ayuda de la traducción española correspondiente; presentar las palabras en su contexto más frecuente y, mediante la pertinente selección de situaciones, atraer el interés del usuario y motivarlo para que siga profundizando en el idioma.

En cada capítulo las entradas no han sido ordenadas alfabéticamente, sino por subapartados que agrupan las palabras según su significado. Las líneas de color azul que dividen los subapartados ayudan a reconocer ópticamente grupos de palabras como, por ejemplo, campos semánticos o familias de palabras. Esta división del vocabulario en partes más pequeñas también facilita el repaso.

Para remarcar y evitar las dificultades habituales de los hispanohablantes cuando aprenden inglés se incluye una serie de ayudas muy útiles e innovadoras: mediante el símbolo ⚠ se llama la atención sobre errores comunes y en recuadros con fondo azul, encabezados por el símbolo ☞, se ofrece información complementaria respecto a la pronunciación, la ortografía, los usos adecuados, las palabras que se prestan a confusión y algunos factores culturales importantes, así como sobre la formación de palabras mediante prefijos y sufijos.

También se ofrecen sinónimos (palabras con significado igual o parecido) y antónimos (palabras con significado contrario), ya que ambos son muy importantes cuando se tiene un contacto activo con el idioma. Obsérvese, sin embargo, que el sinónimo indicado no siempre puede sustituir a la palabra de la entrada en la frase-ejemplo, y que puede referirse también a una acepción no reflejada en ésta.

El índice alfabético de las entradas que se encuentra al final de la obra facilita la consulta, permitiendo localizar en seguida una palabra en concreto.

El mejor método de aprendizaje con el *Vocabulario básico Inglés*

Adoptar una técnica de aprendizaje adecuada es fundamental para sacar el máximo provecho a los estudios. Por este motivo, nos gustaría hacerle algunas sugerencias:

1. Aproveche la ventaja de disponer de una clasificación temática. En lugar de estudiar por páginas, hágalo siguiendo los grupos temáticos (por ejemplo: "Energía y técnica"). Debido a que entre las palabras de un grupo temático existen vínculos de unión, se crea una red de conexiones que, como la experiencia ha demostrado, aumenta la capacidad de retención.

2. Para cada grupo temático se puede adquirir primero el vocabulario seleccionado como «1-2000» y más adelante pasar a estudiar el del nivel «2001-4000».

3. Estudie los grupos temáticos uno a uno. Quizás sea mejor empezar por los que le parezcan más "simpáticos" y después seguir con los demás.

4. Sistematice su proceso de aprendizaje. ¡Aprenda por partes!
Lea una casilla (una entrada en azul con su ejemplo de uso) y memorice la palabra correspondiente. Proceda del mismo modo con otras casillas –las líneas divisorias de color azul que agrupan las palabras por bloques son de gran ayuda– y tape después la columna de la izquierda de cada bloque. Pronuncie en voz alta la palabra tapada y, si lo desea, repita también la frase-ejemplo. Para comprobar sus aciertos, vaya destapando la columna izquierda a medida que avance. Prosiga de la misma forma con el bloque entero. Señale en los márgenes (con una crucecita, por ejemplo) las palabras que más le cueste recordar y memorícelas por separado una vez más. Finalmente, repase un par de veces el bloque entero (tanto oralmente como por escrito).

5. Variantes para el aprendizaje: tape la columna derecha en lugar de la izquierda y proceda de la misma manera que se indica en el apartado cuatro, o aprenda sólo las frases-ejemplo para memorizar la palabra partiendo del contexto o para reactivar sus conocimientos del vocabulario básico.

6. También puede comenzar con una palabra que haya buscado en el índice alfabético para localizarla en el grupo temático de la que procede y aprenderla dentro de un contexto adecuado.

7. Sea metódico, memorice a diario (dándose algún respiro) cierta cantidad de palabras. En pocas semanas habrá adquirido un vocabulario básico con una estructura sistematizada. No olvide repasar y revisar sus conocimientos cada cierto tiempo.

8. El *Vocabulario básico Inglés* de Langenscheidt funciona independientemente de otros libros de texto. No obstante, es apropiado para activar, repasar y sistematizar el vocabulario que se aprende en clase, por ejemplo:

- Para la preparación del vocabulario correspondiente antes de realizar ejercicios de conversación o de exponer algún tema.
- Para profundizar en un campo semántico cuando se estudia un texto determinado relacionado con él.
- Para construir y desarrollar un campo semántico a partir de una sola palabra (mediante el índice alfabético).

RELACIÓN DE CONCEPTOS POR TEMAS

El ser humano

CUERPO Y MENTE

El cuerpo humano

«1-2000»

body ['bɒdɪ] *n*
Swimming is good for the whole **body**.

cuerpo
Nadar es bueno para todo el cuerpo.

---

head [hed] *n*
Instead of saying no he just shook his **head**.

cabeza
En lugar de decir que no, simplemente sacudió la cabeza.

---

face [feɪs] *n*
He was so ashamed that he couldn't look me in the **face**.

cara, rostro
Estaba tan avergonzado que no podía ni mirarme a la cara.

---

hair [heə] *n*
My **hair** is too long.
The dog left black **hairs** all over the carpet.

pelo, cabello
Llevo el pelo demasiado largo.
El perro iba dejando pelos negros por toda la alfombra.

---

nose [nəʊz] *n*
My **nose** is running.

nariz
Me moquea la nariz.

---

eye [aɪ] *n*
She has blue **eyes**.

ojo
Tiene los ojos azules.

---

ear [ɪə] *n*
She put her hands over her **ears**.

oreja, oído
Se tapó las orejas con las manos.

---

mouth [maʊθ] *n*
She opened her **mouth**.

boca
Abrió la boca.

---

tooth [tuːθ] *n pl* **teeth** [tiːθ]
It's important to brush your **teeth** after every meal.

diente
Es importante cepillarse los dientes después de cada comida.

---

tongue [tʌŋ] *n*
The soup was so hot that I burned my **tongue**.

lengua
La sopa estaba tan caliente que me quemé la lengua.

---

neck [nek] *n*
He put his arms round her **neck** and kissed her.

cuello
Puso los brazos alrededor de su cuello y la besó.

chest [tʃest] n
He had a sharp pain in the **chest**.

pecho, tórax
Tenía un dolor punzante en el pecho.

---

back [bæk] n
Sitting on a chair all day is bad for your **back.**

espalda
Pasar todo el día sentado en una silla es malo para la espalda.

---

arm [ɑːm] n
She held the baby in her **arms**.

brazo
Llevaba al niño en brazos.

---

hand [hænd] n
He writes with his left **hand**.

mano
Escribe con la mano izquierda.

---

finger ['fɪŋgə] n
I cut my **finger**.

dedo
Me corté el dedo.

☞**finger** *se refiere siempre a los dedos de la mano. Para hacer referencia a los dedos de los pies se usa* **toe.**

---

leg [leg] n
She's got beautiful long l**egs**.

pierna
Tiene unas piernas largas y bonitas.

---

foot [fʊt] n pl **feet** [fiːt]
I dropped a hammer on my right **foot**.

pie
Me cayó un martillo sobre el pie derecho.

---

blood [blʌd] n
It was a deep wound, and he lost a lot of **blood**.

sangre
Era una herida profunda y perdió mucha sangre.

---

heart [hɑːt] n
Dr Christian Barnard performed the first successful **heart** transplant in 1967.

corazón
El doctor Christian Barnard realizó el primer trasplante de corazón con éxito en el año 1967.

---

stomach ['stʌmək] n
It turns my **stomach**.
Babies like to lie on their **stomachs**.

estómago, vientre
Me revuelve el estómago.
A los bebés les gusta tumbarse sobre el vientre.

«2001-4000»

flesh [fleʃ] n
It is a **flesh** wound; no organs are damaged.

carne, piel
Es una herida superficial en la piel; ningún órgano ha sido afectado.

skin [skɪn] *n*
It's getting more important to protect fair **skin** from the sun.

piel
Cada vez es más importante proteger las pieles delicadas del sol.

muscle ['mʌsl] *n*
You can develop your arm **muscles** by lifting weights.

músculo
Los músculos del brazo se pueden fortalecer levantando pesas.

nerve [nɜːv] *n*
That noise gets on my **nerves**.

nervio
Ese ruido me crispa los nervios.

bone [bəʊn] *n*
That boy is just skin and **bone(s)**.

hueso
Aquel chico no es más que un saco de huesos.

limb [lɪm] *n*
The football players stretched their **limbs**.

miembro, extremidad
Los jugadores de fútbol hicieron estiramientos de las extremidades.

joint [dʒɔɪnt] *n*
Lots of old people live with an artificial hip **joint**.

articulación
Muchos ancianos llevan una articulación artificial en la cadera.

brain [breɪn] *n*
The **brain** is the centre of the nervous system.

cerebro
El cerebro es el centro del sistema nervioso.

forehead ['fɒrɪd] *n*
He wiped the sweat from his **forehead**.

frente
Se secó el sudor de la frente.

chin [tʃɪn] *n*
I landed a straight right to his **chin** and knocked him out.

barbilla, mentón
Le di un derechazo directo en el mentón y lo dejé sin sentido.

cheek [tʃiːk] *n*
She kissed her guests on both **cheeks**.
The baby's got plump rosy **cheeks**.

mejilla, carrillo, moflete
Besó a sus invitados en ambas mejillas.
El bebé tiene los mofletes rosados.

lip [lɪp] *n*
Humphrey Bogart usually had a cigarette between his **lips**.

labio
Humphrey Bogart solía sostener un cigarrillo entre los labios.

breast [brest] *n*
Women have to check their **breasts** for cancer at regular intervals.

pecho, seno
Las mujeres deben revisarse periódicamente los senos para prevenir contra el cáncer.

lung [lʌŋ] *n*
Smoking can cause **lung** cancer.

pulmón
Fumar puede provocar cáncer de pulmón.

breath [breθ] n
How long can you hold your **breath** underwater?

I was out of **breath** after climbing eight flights of stairs.

respiración, aliento
¿Durante cuánto tiempo puedes mantener la respiración bajo el agua?
Estaba sin aliento después de haber subido ocho tramos de escaleras.

---

breathe [briːð] v/i, v/t
The air was so full of smoke that we could hardly **breathe**.

respirar
El aire estaba tan lleno de humo que apenas podíamos respirar.

---

sweat [swet] n, v/i
I was dripping with **sweat** after the run.
We were **sweating** with fear.

sudor, sudar
Estaba bañado en sudor después de la carrera.
Estábamos sudando de miedo.

---

shoulder ['ʃəʊldə] n
It's safer to wear your handbag over your **shoulder**.

hombro
Es más seguro llevar el bolso colgado del hombro.

---

elbow ['elbəʊ] n
The **elbow** is the joint where the arm bends.

codo
El codo es la articulación por la que se flexiona el brazo.

---

wrist [rɪst] n
He wore an expensive watch on his left **wrist**.

muñeca
Llevaba un reloj muy caro en la muñeca izquierda.

---

fist [fɪst] n
He shook his **fist** at us.

puño
Nos amenazó con el puño.

---

thumb [θʌm] n
I hit my left **thumb** with the hammer.

dedo gordo (de la mano)
Me golpeé el dedo gordo de la mano izquierda con el martillo.

---

waist [weɪst] n
She has a slim **waist**.

cintura, talle
Tiene la cintura estrecha.

---

toe [təʊ] n
He broke his big **toe**. → finger

dedo (del pie)
Se rompió el dedo gordo del pie.

---

knee [niː] n
A miniskirt ends far above the **knee**.

rodilla
Las minifaldas terminan muy por encima de la rodilla.

---

ankle ['æŋkl] n
She slipped on the wet floor and broke her **ankle**.

tobillo
Resbaló en el suelo mojado y se rompió el tobillo.

---

heel [hiːl] n
My new boots have given me blisters on my **heels**.

talón, tacón
Las botas nuevas me han hecho ampollas en los talones.

Aspecto físico

«1-2000»

look [lʊk] *n, v/i*

His sickly **look** worried me.

You **look** great in that swimsuit.

aspecto, apariencia, parecer, aparentar, *LA* **verse**
Su aspecto enfermizo me preocupaba.
Te ves muy bien con ese bañador.

looks [lʊks] *pl*
She's got her father's (good) **looks** but not his talent.

aspecto, apariencia
Tiene el aspecto (buen) de su padre pero no su talento.

pretty ['prɪtɪ] *adj syn:* attractive, *opp:* ugly
Her face is **pretty** but not beautiful.

bonito, *LA* **lindo, mono**

Tiene la cara bonita pero no es guapa.

beautiful ['bjuːtəfəl] *adj syn:* lovely, *opp:* ugly
She's not just pretty, she's **beautiful!**

precioso, guapo, hermoso, bello
No es simplemente bonita, ¡es guapísima!

beauty ['bjuːtɪ] *n*
At Niagara Falls you can admire nature in all its **beauty.**

belleza, hermosura
En las cataratas del Niágara se puede admirar toda la belleza de la naturaleza.

tall [tɔːl] *adj opp:* short
At 14 he's already as **tall** as his father.

alto
Con 14 años ya es tan alto como su padre.

big [bɪg] *adj opp:* small
Heavyweight boxers are **big** men.

grande, robusto
Los boxeadores de pesos pesados son tipos robustos.

short [ʃɔːt] *adj opp:* tall
Alfred Hitchcock was **short** and fat.

bajo
Alfred Hitchcock era bajo y grueso.

small [smɔːl] *adj opp:* big
Jockeys are usually **small** men.

pequeño, bajo, bajito
Los jinetes profesionales suelen ser bajitos.

«2001-4000»

appearance [ə'pɪərəns] *n syn:* look(s)
Judging by her **appearance** she must be ill.

aspecto, apariencia

A juzgar por su aspecto, debe estar enferma.

handsome [ˈhænsəm] *adj syn:* good-looking, *opp:* ugly
He's very **handsome**, and his girlfriend is pretty, too.

guapo, bien parecido

Él es muy guapo y su novia también.

good-looking [ˌgʊdˈlʊkɪŋ] *adj syn:* attractive, handsome, pretty, *opp:* ugly
An actor needn't be **good-looking** but should have an expressive face.

guapo, bien parecido, atractivo

Un actor no necesita ser guapo pero debe tener una cara expresiva.

attractive [əˈtræktɪv] *adj syn:* good-looking, *opp:* ugly
She's got everything a woman needs – she's **attractive**, intelligent and successful.

atractivo, atrayente

Tiene todo lo que una mujer necesita; es atractiva, inteligente y tiene éxito.

ugly [ˈʌglɪ] *adj opp:* beautiful, handsome
He is unfortunately very **ugly**.

feo

Desgraciadamente, es muy feo.

figure [ˈfɪgə, *US* ˈfɪgjər] *n*
She's over forty but has an excellent **figure**.

figura, tipo, línea
Ya tiene más de cuarenta años, pero luce una figura excelente.

fat [fæt] *adj opp:* slim
You'll get even **fatter** if you go on eating so much.

gordo
Te vas a poner aún más gordo si sigues comiendo tanto.

slim [slɪm] *adj opp:* fat
He doesn't eat much because he wants to stay **slim**.

delgado
No come mucho porque quiere mantenerse delgado.

pale [peɪl] *adj*
He grew **pale** with fear.

pálido
Se puso pálido de miedo.

blond [blɒnd] *adj syn:* fair, *opp:* dark
She has dark hair but all her children are **blond**.

rubio

Ella tiene el pelo oscuro pero todos sus hijos son rubios.

curl [kɜːl] *n*
She used to have **curls** as a child; now she has straight hair.

rizo
Cuando era pequeña tenía rizos; ahora tiene el pelo liso.

beard [bɪəd] *n*
My **beard** grows fast – I have to shave twice a day.

barba
Me crece la barba muy rápidamente, tengo que afeitarme dos veces al día.

Mente y entendimiento

«1-2000»

mind [maɪnd] *n opp:* body

He must be out of his **mind**.
She has a very critical **mind**.
I can't get that song out of my **mind**.
It's an illness of the **mind** rather than of the body.

juicio, razón, espíritu, cabeza, mente
Debe haber perdido el juicio.
Tiene un espíritu muy crítico.
No me puedo quitar esa canción de la cabeza.
Es una enfermedad mental más que del cuerpo.

idea [aɪ'dɪə] *n syn:* thought
Let's have a picnic. – What a good **idea**!
Where's Tom? – I have no **idea**.

ocurrencia, idea, concepto
Hagamos un pícnic –¡Qué ocurrencia tan buena!
¿Dónde está Tom? –No tengo ni idea.

think [θɪŋk] *v/i, v/t*
⚠**thought** [θɔːt], **thought** [θɔːt]
What do you **think** of when you see a nuclear reactor?
We must **think** hard before taking a decision.
Shall we buy it? What do you **think**? – I don't think so.

pensar, recapacitar, creer, opinar
¿En qué piensas cuando ves un reactor nuclear?
Tenemos que recapacitar mucho antes de tomar una decisión.
¿Lo compramos? ¿Qué opinas? – Opino que no.

understand [ˌʌndə'stænd] *v/i, v/t*
⚠**understood** [ˌʌndə'stʊd], **understood** [ˌʌndə'stʊd]
I don't **understand** why there can't be peace.
I **understand** French but I don't speak it.

comprender, entender

No comprendo por qué no puede haber paz.
Entiendo el francés pero no lo hablo.

remember [rɪ'membə] *v/i, v/t*
I **remember** being in the same class as her, but I can't **remember** her name.
Please **remember** to lock the front door. → *remind*

recordar, acordarse de
Recuerdo haber estado en la misma clase que ella, pero no me acuerdo de su nombre.
Por favor, acuérdate de cerrar la puerta delantera.

be interested in [bɪ 'ɪntrəstɪd ɪn]

I'm **interested in** classical music, but I also like jazz.

interesarse (por), estar interesado en
Me interesa la música clásica pero también me gusta el jazz.

«2001-4000»

intelligence [ɪn'telɪdʒəns] n
The IQ (**intelligence** quotient) is a measure of human **intelligence** based on an average of 100.

inteligencia
El C.I. (coeficiente intelectual) es una medida de la inteligencia humana que toma el 100 como media.

intelligent [ɪn'telɪdʒənt] adj syn: clever, opp: stupid
He may be **intelligent** but he lacks willpower.

inteligente

Quizás sea inteligente pero le falta fuerza de voluntad.

clever ['klevə] adj syn: intelligent, opp: stupid
She's always been the **cleverest** girl in class.

inteligente, listo, astuto

Siempre ha sido la chica más lista de la clase.

wise [waɪz] adj
It wouldn't be **wise** to take the dirt road after the rain.

acertado, prudente, sabio
No sería muy acertado tomar el camino de tierra después de la lluvia.

wisdom ['wɪzdəm] n
There's a lot of **wisdom** in the old legends of the Hopi Indians.

sabiduría
Hay mucha sabiduría en las antiguas leyendas de los indios hopi.

sense [sens] n
It doesn't make **sense** to me.
I get lost easily because I have a bad **sense** of direction.

sentido
Para mí eso no tiene sentido.
Me pierdo fácilmente porque tengo muy mal sentido de la orientación.

sensible ['sensəbl] adj
It would be **sensible** to take a sweater for cool evenings.

sensato, juicioso, razonable
Sería sensato llevarse un jersey por si refresca por las noches.

☞ **sensible** no equivale al 'sensible' español sino que significa 'sensato'. La palabra española 'sensible' se traduce por **sensitive**.

reason ['riːzn] n
It's nearly impossible to bring those fanatics to **reason**.

razón, sensatez
Es casi imposible hacer entrar en razón a esos fanáticos.

☞ La expresión 'tener razón' equivale a **to be right** en inglés: **You are right** (Tienes razón). Para expresar 'no tener razón/estar equivocado' se dice **to be wrong**.

reasonable ['riːznəbl] adj syn: sensible, opp: unreasonable
It's the only **reasonable** solution.

sensato, razonable

Ésta es la única solución sensata.

thought [θɔːt] *n syn:* idea
That's what I was going to say–
can you read my **thoughts**?

I'll give the offer plenty of
thought before I accept it.

pensamiento, idea, reflexión
Eso es lo que yo iba a decir, ¿es
que puedes leer el pensamiento?

Me lo pensaré bien antes de
aceptar la oferta.

---

impression [ɪm'preʃn] *n*
My first **impression** of New York
was terrible.

impresión
Mi primera impresión de Nueva
York fue pésima.

---

memory ['memərɪ] *n*
I have a good **memory** for faces
but a bad one for names.

memoria, recuerdo
Tengo una memoria muy buena
para las caras, pero muy mala para los nombres.

---

spirit ['spɪrɪt] *n syn:* mind, soul
I can't come to your wedding,
but I'll be with you in **spirit**.

espíritu, sentimiento
No podré asistir a vuestra boda
pero estaré allí en espíritu.

---

interest ['ɪntrəst] *n*

She has lots of **interests**.

**interés, pasatiempo, hobby,
afición**
Tiene muchas aficiones.

---

keen (on) ['kiːn (ɒn)] *adj*

He's a **keen** student, but not too
keen on homework.

**agudo, aplicado,
entusiasmado (por),
aficionado**
Es un estudiante muy aplicado
pero no se siente particularmente
entusiasmado por los deberes.

---

imagine [ɪ'mædʒɪn] *v/t*
I find it hard to **imagine** living in
a place without electric light and
running water.

imaginar
Me cuesta imaginar la vida en un
lugar sin luz eléctrica ni agua
corriente.

---

imagination [ɪ,mædʒɪ'neɪʃn] *n*
Too much TV kills children's
imagination.
Was it really a UFO or pure
imagination?

imaginación, fantasía
El exceso de televisión destruye
la imaginación de los niños.
¿Era un ovni de verdad o era
pura fantasía?

---

consider [kən'sɪdə] *v/i, v/t*

My salary is so bad that I've
considered changing my job.

**plantearse, considerar,
recapacitar**
Mi sueldo es tan bajo que me he
planteado cambiar de trabajo.

---

see [siː] *v/i, v/t*
⚠ **saw** [sɔː], **seen** [siːn] *syn:*
realize, understand
Do you **see** what I mean?

entender, comprender

¿Entiendes a qué me refiero?

realize ['rɪəlaɪz] v/t syn: see, understand
When the police stopped him, he **realized** he had been driving too fast.

darse cuenta (de), notar
Cuando la policía lo paró, se dio cuenta de que había estado conduciendo demasiado rápido.

☞**realize** no equivale al español 'realizar' sino que significa 'darse cuenta'. 'Realizar' suele traducirse por **make** o **carry out**.

skill [skɪl] n syn: ability
A pianist needs musical talent and great technical **skill**.
In the future everyone will need basic computer **skills**.

habilidad, destreza
Un pianista necesita talento musical y una gran habilidad técnica.
En el futuro todo el mundo deberá tener un mínimo de destreza con las computadoras.

skilful, US **skillful** ['skɪlfʊl] adj
For portrait drawing you need a good eye and a **skilful** hand.

hábil, diestro
Para dibujar retratos se necesita un buen ojo y una mano hábil.

stupid ['stjuːpɪd] adj opp: intelligent, clever
He's **stupid**.

estúpido, bobo

Es estúpido.

mad [mæd] adj syn: crazy
That noise is driving me **mad**!

loco
¡Ese ruido me está volviendo loco!

fool [fuːl] n syn: idiot
What **fool** let the cat in when the bird cage was open?

tonto, imbécil, LA **zonzo**
¿Quién ha sido el imbécil que ha dejado entrar al gato con la jaula del pájaro abierta?

Carácter

«1-2000»

good [gʊd] adj opp: bad
He may be difficult but he's always been **good** to me.
I hope the kids will be **good** when they visit their aunt.

bueno, formal
Quizás sea arisco pero siempre ha sido bueno conmigo.
Espero que los niños sean formales cuando vayan a visitar a su tía.

bad [bæd] adj opp: good
That boy isn't **bad** – he just got mixed up with the wrong crowd.

malo, travieso
Ese chico no es malo, sencillamente sale con gente inadecuada.

nice [naɪs] *adj syn:* kind, friendly
Thank you, that was very **nice** of you. → *sympathy*

amable, agradable, simpático
Gracias; ha sido muy amable de su parte.

---

friendly ['frendlɪ] *adj syn:* nice, kind
She's always **friendly** and tries to help others.

amable, simpático, amistoso

Siempre es amable e intenta ayudar a los demás.

---

dear [dɪə] *adj*
When Bob died, I lost one of my **dearest** friends.

querido
Cuando Bob falleció, perdí a uno de mis amigos más queridos.

---

proud [praʊd] *adj*
She's poor but too **proud** to accept social security.

orgulloso
Es pobre pero demasiado orgulloso para aceptar asistencia social.

---

lazy ['leɪzɪ] *adj opp:* hard-working
Let's just be **lazy** and do nothing.

perezoso, vago

Seamos perezosos y no hagamos nada.

---

patient ['peɪʃnt] *adj opp:* impatient
After waiting **patiently** for two hours they were getting nervous.

paciente

Después de esperar pacientemente durante dos horas, se empezaron a poner nerviosos.

---

patience ['peɪʃns] *n opp:* impatience
A teacher must have **patience** with the slower students.

paciencia

Un maestro debe de tener paciencia con los alumnos más lentos.

---

careful ['keəfʊl] *adj opp:* careless
Be **careful** when you cross the road.
The operation had been **carefully** planned.

cauteloso, cuidadoso

Sé cauteloso cuando cruces la calle.
La operación se había planeado cuidadosamente.

«2001-4000»

character ['kærəktə] *n*
She looks like her mother but has a very different **character**.

carácter
Se parece a su madre físicamente, pero tiene un carácter muy diferente.

quality ['kwɒlətɪ] *n*
He may appear rude but he has many good **qualities**.

cualidad
Quizás parezca grosero, pero tiene muchas buenas cualidades.

---

honest ['ɒnɪst] *adj opp:* dishonest
He has an **honest** face but you can't trust him.

sincero, honrado

Tiene una expresión sincera, pero no puedes fiarte de él.

☞ **honest** no equivale a la palabra 'honesto' en español sino que significa 'franco' o 'sincero'. A su vez, 'honesto' se traduce por **decent**.

---

fair [feə] *adj opp:* unfair
A teacher should be **fair** and not have any favourites.

justo
Un maestro debería ser justo y no tener favoritos.

---

faithful ['feɪθfl] *adj opp:* unfaithful
Her husband isn't always **faithful**.

fiel

Su esposo no le es siempre fiel.

---

generous ['dʒenərəs] *adj opp:* stingy
You're too **generous** – you give him too much money.

generoso

Eres demasiado generoso, le das demasiado dinero.

---

polite [pə'laɪt] *adj opp:* impolite, rude
The English are very **polite** – they say "please" and "thank you" all the time.

cortés, educado

Los ingleses son muy corteses, siempre están diciendo "por favor" y "gracias".

---

charming ['tʃɑːmɪŋ] *adj*
He's so **charming** – no wonder she fell in love with him.

encantador
Es tan encantador que no me extraña que se enamorara de él.

---

shy [ʃaɪ] *adj*
At parties he's always a bit **shy** at first.

tímido
En las fiestas siempre es un poco tímido al principio.

---

humour, US **humor** ['hjuːmə] *n*
I have a good sense of **humo(u)r**.

humor
Tengo un gran sentido del humor.

---

funny ['fʌnɪ] *adj opp:* serious
He's so **funny** that he makes everybody laugh.

divertido
Es tan divertido que hace reír a todo el mundo.

---

serious ['sɪərɪəs] *adj opp:* funny
She doesn't laugh much; she's a very **serious** person.

serio
No ríe mucho; es una persona muy seria.

curious ['kjʊərɪəs] *adj syn:* nosy
We have very **curious** neighbours who are always asking questions.

curioso
Tenemos unos vecinos muy curiosos que siempre están haciendo preguntas.

pride [praɪd] *n*
You hurt his **pride** when you laugh at his English.

orgullo
Hieres su orgullo cuando te ríes de su inglés.

courage ['kʌrɪdʒ] *n*
I don't have the **courage** to tell her that her husband is dead.

valor, coraje
No tengo valor para decirle que su marido está muerto.

brave [breɪv] *adj syn:*
courageous
Be **brave** – it'll only hurt for a moment.

valiente, valeroso

Sé valiente; sólo dolerá un momento.

☞ **brave** *sólo tiene la acepción de 'valiente' en inglés y no significa 'excelente' o 'enojado', que se traducen por* **excellent** *y* **angry** *respectivamente.*

---

coward ['kaʊəd] *n*
Most hooligans feel strong in a group but are **cowards** when alone.

cobarde
La mayoría de gamberros se sienten fuertes en grupo pero son unos cobardes en solitario.

careless ['keələs] *adj opp:*
careful
He's a very **careless** driver.

descuidado, poco atento

Es un conductor muy descuidado.

rude [ruːd] *adj opp:* polite
It was very **rude** of you to tell her she's getting fat.

grosero, brusco, mal educado
Fue muy grosero de tu parte decirle que está engordando.

cruel ['kruːəl] *adj opp:*
gentle
It would be **cruel** to tell him that he has only one month to live.

cruel

Sería cruel decirle que sólo le queda un mes de vida.

Sentir y experimentar

«1-2000»

feel [fiːl] *v/i, v/t*
△ **felt** [felt], **felt** [felt]
After the accident I couldn't **feel** anything in my left hand.

You'll **feel** better after a good night's sleep.

sentir, sentirse

Después del accidente, no podía sentir nada en mi mano izquierda.
Te sentirás mejor después de dormir una noche entera.

---

like [laɪk] *v/t opp:* dislike

She's nice – everyone **likes** her.

I **like** watching TV but I hate commercials.

tener simpatía a, caerle bien a uno, gustarle a uno
Es simpática; cae bien a todo el mundo.
Me gusta mirar la televisión, pero odio los anuncios.

---

love [lʌv] *n, v/t opp:* hate
It was **love** at first sight when we met.
After 30 years of marriage we still **love** each other very much.

I don't care for pop but I **love** jazz.

amor, amar, encantarle a uno
Cuando nos conocimos, fue amor a primera vista.
Después de 30 años de matrimonio, todavía nos amamos mucho.
No me interesa la música pop, pero me encanta el jazz.

---

glad [glæd] *adj syn:* happy, pleased
I'm **glad** (to hear) you arrived safely.

contento, feliz

Estoy contento de que hayas llegado sano y salvo.

---

happy ['hæpɪ] *adj syn:* glad, *opp:* unhappy, sad
We wish you a long and **happy** life.

feliz

Te deseamos una vida larga y feliz.

---

joy [dʒɔɪ] *n syn:* happiness
His supporters jumped for **joy** when they heard about his victory.

felicidad, alegría
Sus seguidores saltaron de alegría cuando se enteraron de su victoria.

---

fun *n syn:* pleasure
Watching TV would be much more **fun** without commercials.

Have **fun**!

diversión
Mirar la televisión sería mucho más divertido sin los espacios publicitarios.
¡Que lo paséis bien!

---

pleasant ['plɛznt] *adj opp:* unpleasant
These roses have a very **pleasant** smell.

agradable

Estas rosas tienen un aroma muy agradable.

pleasure ['pleʒə] *n syn:* fun
Are you here for business or
pleasure?

placer, gusto
¿Está usted aquí por negocios o
por placer?

---

hope [həʊp] *n, v/i, opp:* despair
Is there any **hope** that he'll get
well again?
I **hope** she'll pass the exam.
→ *expect*

esperanza, esperar, confiar
¿Hay alguna esperanza de que
se recupere?
Espero que apruebe el examen.

---

surprise [sə'praɪz] *n, v/t*
We're planning a **surprise** party
for his 18th birthday.

He'll really be **surprised** because
he doesn't expect anything.

sorpresa, sorprender(se)
Estamos planeando una fiesta
sorpresa para su decimoctavo
cumpleaños.
Se va a sorprender mucho porque no espera nada.

---

wonder ['wʌndə] *v/i*
I **wonder** what they'll do next.

preguntarse
Me pregunto qué harán después
de esto.

---

sad [sæd] *adj syn:* unhappy, *opp:*
happy, pleased
I was **sad** (to hear) that her
mother had died.

triste, apenado

Me puso triste saber que su
madre había muerto.

---

be sorry [bɪ 'sɒrɪ]
I'm **sorry** I can't come to your
party.
I'm **sorry** for him but I can't help
him.
I'm not **sorry** about it.

sentirlo, lamentar
Siento no poder ir a tu fiesta.

Lo siento por él, pero no puedo
ayudarlo.
No lo lamento.

---

worry ['wʌrɪ], *US* ['wɜːrɪ] *v/i, v/t*
Don't **worry**. Everything will be
all right.

preocupar(se), inquietar(se)
No te preocupes. Todo irá bien.

---

worried ['wʌrɪd], *US* ['wɜːrɪd]
adj
The steelworkers are **worried**
about their jobs.

preocupado

Los trabajadores del acero están
preocupados por sus puestos de
trabajo.

---

be afraid (of) [bɪ ə'freɪd (əv)]
syn: fear
Don't **be afraid**, I won't hurt you!

temer, tener miedo (de)

No temas, ¡no te haré daño!

---

trouble ['trʌbl] *n syn:* problem(s)

They have a lot of **trouble** (⚠no:
troubles) with their child.

**problema(s), dificultad(es),
preocupación(es)**
Tienen muchos problemas con
su hijo.

hate [heɪt] *n, v/t opp:* love
How can there be peace when there is so much **hate** among the religions?
I don't **hate** operas – they just bore me.

odio, odiar
¿Cómo puede haber paz habiendo tanto odio entre las religiones?
No odio la ópera, sencillamente me aburre.

«2001-4000»

feeling ['fiːlɪŋ] *n*
I can't explain it but I have a **feeling** we're being watched.

sensación, sentimiento
No puedo explicar por qué, pero tengo la sensación de que nos están observando.

---

mood [muːd] *n syn:* temper
I'm always in a bad **mood** when I have to get up early.

humor, estado de ánimo
Siempre estoy de mal humor cuando tengo que levantarme temprano.

---

tend to ['tend tə] *v/i*
Most people **tend to** put on weight when they stop smoking.

tender a, tener tendencia a
La mayoría de la gente tiende a engordar cuando deja de fumar.

---

ready ['redɪ] *adj syn:* willing, *opp:* unwilling
After the speech the workers were **ready** to fight for their interests.

preparado, listo

Después del discurso, los trabajadores estaban preparados para luchar por sus intereses.

---

willing ['wɪlɪŋ] *adj syn:* ready, *opp:* unwilling
People wanting to work for us must be **willing** to accept responsibility.

dispuesto, preparado

Quien quiera trabajar para nosotros debe estar dispuesto a asumir responsabilidades.

---

experience [ɪk'speərɪəns] *n*
That was an **experience** I will never forget.

experiencia
Fue una experiencia que nunca olvidaré.

---

sensitive ['sensətɪv] *adj*
Don't be rude to her – she's a very **sensitive** (⚠no: sensible) child. → *sensible*

sensible, susceptible
No seas brusco con ella, es una niña muy sensible.

---

nervous ['nɜːvəs] *adj opp:* calm, cool
I'm always **nervous** when I have to make a speech.

nervioso

Siempre me pongo nervioso cuando tengo que pronunciar un discurso.

anxious ['æŋkʃəs] adj

She's **anxious** about her daughter's health.
She's always **anxious** to please (everyone).

ansioso, inquieto, preocupado, deseoso
Está inquieta por la salud de su hija.
Siempre está deseosa de complacer a todo el mundo.

---

fear [fɪə] n
She has a great **fear** of spiders.

miedo, temor
Tiene mucho miedo a las arañas.

---

frighten ['fraɪtn] v/t syn: scare

Someone rang the doorbell at 3 a.m. and **frightened** me to death.

asustar, dar un susto a, espantar
Alguien llamó al timbre a las tres de la madrugada y me dio un susto de muerte.

---

lonely ['ləʊnlɪ] adj
She's been very **lonely** since her children left home.

solo, solitario
Ha estado muy sola desde que sus hijos abandonaron el hogar.

---

unhappy [ʌn'hæpɪ] adj syn: sad, opp: happy
The children were very **unhappy** when our dog died.

triste, infeliz

Los niños se quedaron muy tristes cuando murió nuestro perro.

---

tear [tɪə] n
There were **tears** in their eyes when they said goodbye.

lágrima
Había lágrimas en sus ojos cuando se despidieron.

---

despair [dɪ'speə] n opp: hope
Failure after failure drove him to **despair**.

desesperación
Un fracaso tras otro le llevaron a la desesperación.

---

desperate ['despərət] adj
In a last **desperate** attempt to save his life he jumped overboard.

desesperado
En un último intento desesperado por salvar su vida, saltó por la borda.

---

hopeless ['həʊpləs] adj syn: desperate
The situation is **hopeless**. I see no way out.

desesperado, irremediable

La situación es desesperada. No veo ninguna salida.

---

disappoint [ˌdɪsə'pɔɪnt] v/t opp: satisfy
We were very **disappointed**.

decepcionar, defraudar

Estábamos muy decepcionados.

---

be tired of [bɪ 'taɪəd əv]
I'm **tired** of watching TV – let's do something useful!

estar cansado de, estar harto de
Estoy harto de mirar la televisión. ¡Hagamos algo útil!

---

angry ['æŋgrɪ] adj syn: mad
My teacher will be very **angry** if I'm late again. → brave

enfadado, enojado
Mi profesor se enfadará mucho si llego tarde otra vez.

anger ['æŋgə] n
The workers were filled with **anger** at the closing of the factory.

cólera, ira, enojo
Los trabajadores montaron en cólera por el cierre de la fábrica.

mad [mæd] adj syn: angry
My boss gets **mad** at me every time I'm late.

furioso
Mi jefe se pone furioso conmigo cada vez que llego tarde.

shock [ʃɒk] n
Her sudden death was a great **shock** to us all.

conmoción, choque, sobresalto
Su muerte repentina nos produjo a todos una gran conmoción.

shock [ʃɒk] v/t
The viewers were **shocked** to see the pictures of the disaster on TV.

impresionar(se), escandalizar, producir conmoción
Los espectadores quedaron impresionados al ver las imágenes del desastre por televisión.

upset [ʌp'set] adj
She's very upset that you forgot her birthday.

afectado, disgustado, afectar, disgustar
Está muy disgustada porque olvidaste tu cumpleaños.

jealous ['dʒeləs] adj
Her boyfriend gets **jealous** every time she talks to another man.

celoso
Su novio se pone celoso cada vez que habla con otro.

satisfied ['sætɪsfaɪd] adj opp: dissatisfied
He owns half of the town but still isn't **satisfied**.

satisfecho
Es dueño de medio pueblo, pero todavía no se siente satisfecho.

satisfaction [ˌsætɪs'fækʃn] n
Working with handicapped children gives her great **satisfaction**.

satisfacción
Trabajar con niños minusválidos le proporciona mucha satisfacción.

excited [ɪk'saɪtəd] adj opp: calm, cool
We were all very **excited**.

emocionado, entusiasmado, ilusionado, excitado
Estábamos todos muy entusiasmados.

exciting [ɪk'saɪtɪŋ] adj opp: boring
The first flight to the moon was an **exciting** event.

emocionante, apasionante
El primer vuelo a la Luna fue un acontecimiento emocionante.

delighted [dɪ'laɪtəd] adj syn: pleased
Thanks for your invitation – we'd be **delighted** to come.

encantado
Gracias por su invitación. Estaremos encantados de ir.

astonish [ə'stɒnɪʃ] *v/t syn:* surprise
The fall of the Berlin wall **astonished** the whole world.

asombrar, pasmar, sorprender

La caída del muro de Berlín asombró al mundo entero.

---

be ashamed (of) [bɪ ə'ʃeɪmd (əv)] *opp:* be proud (of)
You ought to **be ashamed of** your rudeness.

estar avergonzado, avergonzarse (de)
Deberías avergonzarte de tu grosería.

---

pity ['pɪtɪ] *n, v/t*

She doesn't love him – she does it out of **pity** for him.
Don't **pity** me – it's all my own fault.

compasión, pena, compadecerse (de)
No lo ama; lo hace por compasión.
No me compadezcas; todo es culpa mía.

---

sympathy ['sɪmpəθɪ] *n*

The President expressed his **sympathy** to the victims' families.

compasión, condolencia, solidaridad, comprensión
El presidente expresó su condolencia a las familias de las víctimas.

☞ **sympathy** *equivale a 'simpatía' sólo con el significado 'comprensión' o 'compasión'. 'Simpatía' (=inclinación, afecto) corresponde a* **liking: I have liking for him** *(le tengo simpatía). Asimismo, 'simpático' suele traducirse por* **nice** *y no por* **sympathetic** *(comprensivo, compasivo).*

---

fall in love (with) [ˌfɔːl ɪn 'lʌv (wɪθ)]
Young girls sometimes **fall in love with** their teachers.

enamorarse (de)

Las chicas jóvenes se enamoran a veces de sus profesores.

---

be in love [bɪ ɪn 'lʌv]
Romeo and Juliet were in **love**.

estar enamorado
Romeo y Julieta estaban enamorados.

---

long for ['lɒŋ fɔ]
After three months on an oil rig the men **long for** their homes.

anhelar, suspirar por
Después de tres meses en una plataforma petrolera los hombres anhelan sus hogares.

---

make love (to) [meɪk 'lʌv (tu)]
They had never **made love** before they were married.

hacer el amor (a)
No habían hecho nunca el amor antes de casarse.

---

tender ['tendə] *adj syn:* gentle, *opp:* rough, tough
She's a **tender** mother and wife.

tierno, cariñoso

Es una madre y esposa cariñosa.

gay [geɪ] *adj, n syn:* homosexual
This movie is about the life of a **gay** couple in the fifties.

homosexual, gay
Esta película narra la vida de una pareja homosexual en los 50.

Salud y enfermedades

«1-2000»

health [helθ] *n opp:* disease
Smoking is dangerous for your **health**.

salud
Fumar es peligroso para la salud.

---

well [wel] *adj opp:* unwell, ill
He was in bed with flu for a week, but now he's **well** again.

sano, bien
Ha estado en cama con gripe durante una semana, pero ahora está bien otra vez.

---

strong [strɒŋ] *adj opp:* weak
A motorcyclist must be **strong** enough to lift up his machine.

fuerte
Un motociclista tiene que ser lo suficientemente fuerte como para levantar su moto.

---

weak [wiːk] *adj opp:* strong
She's still **weak** after her long illness.

débil
Todavía está débil después de su larga enfermedad.

---

ill [ɪl] *adj syn:* sick, *opp:* well
The boy's **ill** and has to stay in bed.

enfermo
El chico está enfermo y tiene que quedarse en cama.

---

sick [sɪk] *adj syn:* ill, *opp:* well
He has AIDS and is a very **sick** (⚠ *no: ill*) man.
I get **sick** every time I travel by train.
→ *ill*

enfermo, mareado (con náuseas)
Tiene SIDA y está muy enfermo.

Me mareo cada vez que viajo en tren.

☞ **ill** *con el significado de 'enfermo' se usa sólo de forma predicativa, es decir, detrás de verbos como* **to be** *y* **to feel**. **Sick**, *en cambio, se usa tanto predicativamente como atributivamente (delante de sustantivos) y también en palabras compuestas como* **seasick** *'mareado' (en el mar).* **To be sick** *significa la mayoría de las veces 'sentir náuseas' y, sobre todo en inglés británico, también 'vomitar'.*

---

hurt [hɜːt] *v/i, v/t*
⚠ **hurt** [hɜːt], **hurt** [hɜːt]
My feet **hurt** from standing all day.
He fell off the ladder and **hurt** his back.

doler, hacerse daño, lastimarse

Me duelen los pies de estar de pie todo el día.
Se cayó de la escalera y se lastimó la espalda.

pain [peɪn] *n*
I felt a sudden **pain** in my back when I lifted the heavy bag.

dolor
Sentí un dolor repentino en la espalda cuando levanté la pesada bolsa.

---

suffer [ˈsʌfə] *v/i, v/t*
He died very quickly and didn't **suffer** much.
I often **suffer** from headaches in this kind of weather.

sufrir, padecer
Murió muy rápidamente y no sufrió mucho.
Suelo padecer dolores de cabeza cuando hace este tipo de tiempo.

---

cold [kəʊld] *n*
I've got a bad **cold** – my nose is running and I cough a lot.

resfriado, catarro
Tengo un catarro muy fuerte, me moquea la nariz y tengo mucha tos.

---

cough [kɒf] *n, v/i*
If your **cough** doesn't get better you should stop smoking.
The smoke-filled room made us **cough**.

tos, toser
Si tu tos no mejora, deberías dejar de fumar.
La habitación llena de humo nos provocaba tos.

☞ **cough** *se pronuncia con /ɒ/, como en* **soft** *y no como en* **rough** */ʌ /.*

---

headache [ˈhedeɪk] *n*
Sweet wine gives me a **headache.**

dolor de cabeza
El vino dulce me da dolor de cabeza.

---

temperature [ˈtemprətʃə] *n syn:* fever
You've got a ⚠ **temperature** and should stay in bed.
I took his **temperature** every hour.

fiebre, temperatura

Tienes fiebre y deberías quedarte en la cama.
Le tomé la temperatura cada hora.

---

fever [ˈfiːvə] *n syn:* temperature
Flu usually causes **fever**, coughing and headaches.

fiebre
La gripe suele provocar fiebre, tos y dolor de cabeza.

---

accident [ˈæksɪdənt] *n*
Fewer people would be killed in **accidents** if they wore seatbelts.

accidente
Moriría menos gente por accidentes si todos llevaran puesto el cinturón de seguridad.

---

wound [wuːnd] *n, v/t*
It is only a flesh **wound**.
Two soldiers were killed and six seriously **wounded**.

herida, herir
Sólo es una herida superficial.
Dos soldados murieron y seis quedaron gravemente heridos.

«2001-4000»

disease [dɪˈziːz] *n syn:* illness
Angina pectoris is a serious
heart **disease**.

enfermedad
La angina de pecho es una
enfermedad muy grave del corazón.

illness [ˈɪlnəs] *n syn:* disease
He died after a long **illness**.

enfermedad
Murió tras una larga enfermedad.

mental [ˈmentl] *adj opp:*
physical
Her health problems are **mental**,
not physical.

mental, psíquico

Sus problemas de salud son psí-
quicos y no físicos.

physical [ˈfɪzɪkl] *adj opp:* mental
I don't get enough **physical**
exercise.

físico
No hago suficiente ejercicio físico.

infectious [ɪnˈfekʃəs] *adj*
Flu is a highly **infectious** disease.

contagioso, infeccioso
La gripe es una enfermedad muy
contagiosa.

infection [ɪnˈfekʃn] *n*
The AIDS virus weakens the
body's natural defences against
infections.

infección
El SIDA debilita las defensas
naturales del cuerpo frente a las
infecciones.

healthy [ˈhelθɪ] *adj syn:* well, fit,
opp: ill, sick
She looks extremely **healthy**.

saludable, sano

Tiene un aspecto sumamente
saludable.

fit [fɪt] *adj syn:* healthy, well
I keep **fit** by jogging every day.

en (buena) forma, sano
Me mantengo en forma haciendo footing todos los días.

strength [streŋθ] *n*
She does body-building to build
up her (physical) **strength**.

fuerza
Hace culturismo para aumentar
su fuerza (física).

recover [rɪˈkʌvə] *v/i*
She was ill yesterday but **recov-
ered** very quickly. → *cure*

recuperarse
Ayer estaba enferma, pero se ha
recuperado muy rápidamente.

heal [hiːl] *v/i*
The wound is not **healed** (up)
yet. → *cure*

cicatrizar(se), curar(se)
La herida no ha cicatrizado todavía.

blind [blaɪnd] *adj*
Without that eye operation she
would be **blind** now.

ciego
Sin esa operación en la vista,
ahora estaría ciega.

deaf [def] *adj*
My grandpa is **deaf**.

sordo
Mi abuelo es sordo.

tremble ['trembl] *v/i syn:* shake
It began to snow and soon we
were **trembling** with cold.

temblar
Comenzó a nevar y nos pusimos
enseguida a temblar de frío.

break down [‚breɪk 'daʊn] *v/i*

She **broke down** when she
heard the news.

**sufrir un colapso, derrumbarse,
hundirse**
Sufrió un colapso cuando recibió
la noticia.

faint [feɪnt] *v/i*

The young soldier **fainted**.

**desmayarse, perder el
conocimiento**
El joven soldado se desmayó.

injure ['ɪndʒə] *v/t syn:* hurt,
wound
Six people died and ten were
injured in the plane crash.

herir(se), lesionar(se)

Seis personas murieron y diez
resultaron heridas en el accidente aéreo.

injury ['ɪndʒərɪ] *n*
The driver suffered serious head
injuries.

herida, lesión
El conductor sufrió graves heridas en la cabeza.

bleed [bliːd] *v/i*
⚠ **bled** [bled], **bled** [bled]
His trousers were torn and his
knees were **bleeding** from the
fall.

sangrar

Sus pantalones estaban rasga-
dos y le sangraban las rodillas
debido a la caída.

swell [swel] *v/i*
⚠ **swelled** [sweld], **swollen**
['swəʊlən]
My ankle hurt and **swelled** (up)
after the fall.

hincharse

Tras la caída me dolía el tobillo y
se me hinchó.

painful ['peɪnfl] *adj*
He had some **painful** cuts.

doloroso, dolorido
Tenía varios cortes dolorosos.

ache [eɪk] *v/i syn:* hurt
After that long hike my body was
aching all over.

doler
Después de la larga caminata
me dolía todo el cuerpo.

toothache ['tuːθeɪk] *n*
My **toothache** got so bad that I
had to see my dentist.

dolor de muelas
Mi dolor de muelas empeoró
tanto que tuve que ir al dentista.

upset stomach [‚ʌpset 'stʌmək] *n*

He has an **upset stomach**.

**estómago revuelto, trastorno
estomacal**
Tiene el estómago revuelto.

sore throat [‚sɔː 'θrəʊt] *n*
Hot milk with honey is good for a
sore throat.

dolor de garganta
La leche caliente con miel es
buena para el dolor de garganta.

flu [fluː], **influenza** [ˌɪnfluˈenzə] *n*
Flu is an infectious disease like a cold.

gripe
La gripe, como el catarro, es una enfermedad contagiosa.

Vida y muerte

«1-2000»

live [lɪv] *v/i opp:* be dead
He won't **live** much longer if he keeps taking drugs.

vivir
No vivirá mucho tiempo si sigue tomando drogas.

life [laɪf] *n opp:* death
pl **lives** [laɪvz]
There is no **life** on the moon.

vida
No hay vida en la Luna.

be alive [bɪ əˈlaɪv]
Both my parents **are** still **alive**.

estar vivo
Mis padres están vivos los dos todavía.

exist [ɪgˈzɪst] *v/i*
Dinosaurs **existed** 150 million years ago.

existir, vivir
Los dinosaurios existieron hace 150 millones de años.

existence [ɪgˈzɪstəns] *n*
Do you believe in the **existence** of intelligent life beyond the earth?

existencia
¿Crees en la existencia de vida inteligente más allá de la Tierra?

be born [bɪ bɔːn] *v/i*
She **was born** on the 4th of February 1972 in Seville.

nacer
Nació en Sevilla el 4 de febrero de 1972.

☞ *La construcción pasiva* **to be born** *corresponde al verbo 'nacer'*

birthday [ˈbɜːθdeɪ] *n*
It's my **birthday** today.

cumpleaños
Hoy es mi cumpleaños.

young [jʌŋ] *adj opp:* old
He may be 65 years old but he's **young** at heart.

joven
Tendrá unos 65 años pero todavía es joven de espíritu.

old [əʊld] *adj opp:* young
Does being 65 years **old** really mean you're **old**?
How **old** are you?

viejo
¿Tener 65 años significa ser viejo realmente?
¿Cuántos años tienes?

☞ *En inglés la edad se indica con el verbo auxiliar* **be: Both my parents are 41 years old** *(Mis dos padres tienen 41 años). Se puede omitir* **years old: I'm seven** *(Tengo siete años).*

dead [ded] *adj opp:* alive
Is this actor still alive? – No, he's
been **dead** since 1995.

muerto
¿Todavía vive este actor? – No,
está muerto desde 1995.

die [daɪ] *v/i opp:* live
Freddy Mercury of Queen **died**
of AIDS in 1991.

morir, fallecer
Freddy Mercury, del grupo
Queen, murió de SIDA en 1991.

death [deθ] *n opp:* life
J. F. Kennedy was U.S. President
from 1961 until his **death** in
1963.

muerte
J. F. Kennedy fue presidente de
EE UU desde 1961 hasta su
muerte en 1963.

«2001-4000»

birth [bɜːθ] *n opp:* death
The baby weighed seven pounds
at **birth**.

nacimiento
El bebé pesó tres kilos y medio
(siete libras) en el momento de
su nacimiento.

childhood ['tʃaɪldhʊd] *n opp:* old
age
He spent his **childhood** in India.

infancia, niñez

Pasó su infancia en la India.

youth [juːθ] *n*
It was mainly the **youth** of the
USA who protested against the
Vietnam war.

juventud
Fueron los jóvenes de EE UU principalmente quienes protestaron
contra la guerra de Vietnam.

grow up [ˌgrəʊˈʌp] *v/i*
Bruce Lee **grew up** in Hong Kong
but was born in San Francisco.

crecer
Bruce Lee se crió en Hong Kong,
pero nació en San Francisco.

bring up [ˌbrɪŋˈʌp] *syn:* raise
John Lennon was **brought up** in
Liverpool by his Aunt Mimi.

criar, educar
John Lennon fue criado en Liverpool por su tía Mimi.

adult ['ædʌlt] *n opp:* child
Tickets cost £3 (three pounds)
for **adults**.

adulto
Las entradas para adultos cuestan tres libras

old age [ˌəʊldˈeɪdʒ] *n opp:*
childhood, youth
Illness, isolation and depen-
dence on others are typical problems of **old age**.

vejez, edad avanzada

La enfermedad, el aislamiento y
la dependencia de los demás son
problemas típicos de la vejez.

kill [kɪl] *v/t*
James Dean was **killed** in a car
accident.

morir, matarse, matar
James Dean murió en un accidente automovilístico.

fatal ['feɪtl] *adj syn:* deadly
Oil spills have **fatal** consequences for fish and seabirds.

mortal, fatal
Las manchas de petróleo tienen consecuencias fatales para los peces y las aves marinas.

(dead) body [ˌded 'bɒdɪ] *n syn:* corpse
The murderer buried his victim's **body**.

cadáver
El asesino enterró el cadáver de su víctima.

---

bury ['berɪ] *v/t opp:* dig up
Shakespeare lies **buried** in Holy Trinity Church in Stratford.

enterrar
Shakespeare está enterrado en Holy Trinity Church en Stratford.

---

funeral ['fjuːnərəl] *n syn:* burial
He died on Monday – the **funeral** will be held on Thursday.

funeral, entierro
Falleció el lunes; el funeral se celebrará el jueves.

---

survive [sə'vaɪv] *v/i, v/t opp:* die
Will he **survive** the accident?

sobrevivir
¿Sobrevivirá al accidente?

ACTIVIDADES COTIDIANAS

Levantarse y acostarse

«1-2000»

---

tired ['taɪəd] *adj*
She was so **tired** she couldn't keep her eyes open.

cansado
Estaba tan cansada que no podía mantener los ojos abiertos.

---

go to bed [ˌgəʊ tə 'bed] *opp:* get up
We never **go to bed** before midnight.

acostarse, ir a dormir, ir a la cama
Nunca nos acostamos antes de la medianoche.

---

sleep [sliːp] *v/i*
⚠ **slept** [slept], **slept** [slept]
You can **sleep** in the bed – I brought my air bed.

dormir

Puedes dormir en la cama; yo he traído mi colchón inflable.

---

be asleep [bɪ ə'sliːp] *opp:* be awake
He goes jogging early in the morning when everybody's still fast **asleep**.

estar dormido, dormir

Se va a hacer footing muy temprano por las mañanas, cuando todo el mundo todavía está profundamente dormido.

sleep [sliːp] *n*
Try to get at least a few hours of **sleep** on the plane.

sueño (el dormir)
Intenta aprovechar al menos algunas horas de sueño en el avión.

---

dream [driːm] *n*
Fortunately it was just a bad **dream** and not reality.

sueño (lo soñado)
Afortunadamente sólo fue un mal sueño y no la realidad.

---

dream [driːm] *v/i*
⚠ **dreamed** [driːmd], **dreamt** [dremt]; **dreamed, dreamt**
Was it real or did I **dream** it?

soñar

¿Era real o lo soñé?

---

wake up [ˌweɪk ˈʌp] *v/i, v/t opp:* go to sleep, fall asleep
I don't **wake up** till the alarm clock rings.
Could you **wake** me **up** at seven, please?

despertarse

No me despierto hasta que no suena el despertador.
¿Podrías despertarme a las siete, por favor?

---

get up [ˌget ˈʌp] *v/i opp:* go to bed
I usually **get up** at seven and start work at eight.

levantarse

Normalmente me levanto a las siete y empiezo a trabajar a las ocho.

«2001-4000»

---

awake [əˈweɪk] *adj opp:* asleep
The kids can't get to sleep – they're still wide **awake**.

despierto
Los niños no logran conciliar el sueño; todavía están completamente despiertos.

☞ *No se deben confundir* go to bed *y* go to sleep*: The kids go to bed at eight but don't go to sleep until nine or ten* (Los niños se acuestan a las ocho pero no se duermen hasta las nueve o las diez).

---

fall asleep [ˌfɔːl əˈsliːp] *syn:* go to sleep, *opp:* wake up
The kids had **fallen asleep** in front of the TV set.

dormirse, quedarse dormido

Los niños se habían dormido frente al televisor.

---

go to sleep [ˌgəʊ tə ˈsliːp] *syn:* fall asleep, *opp:* wake up
I usually **go to sleep** around midnight.

ir a dormir, quedarse dormido

Normalmente me voy a dormir hacia la medianoche.

Percepciones sensoriales

«1-2000»

look [lʊk] *v/i*
We **looked** everywhere but couldn't find it.

mirar, buscar
Miramos por todas partes, pero no lo pudimos encontrar.

look [lʊk] *n*
Could I have a **look** at your map?

vistazo, mirada
¿Puedo echarle un vistazo a tu mapa?

look at ['lʊk ət] *v/i*
They **looked at** the photographs.
→ *see*

mirar, echar un vistazo
Miraron las fotografías.

see [siː] *v/t*
⚠ **saw** [sɔː], **seen** [siːn]
It was so dark that we couldn't **see** anything. → *watch*

ver

Estaba tan oscuro que no podíamos ver nada.

☞ **see** *significa 'ver algo', con o sin atención, por ej.:* **Can you see anything?** *(¿Puedes ver algo?).* **look at** *implica intención en la acción de ver, por ej.:* **Don't look at me like that!** *(¡No me mires así!).* **watch** *significa en general 'mirar con atención y durante un período de tiempo relativamente largo', por ej.:* **watch TV** *(ver la televisión) o* **watch a match** *(ver un partido).*

watch [wɒtʃ] *v/i, v/t*
Millions of people will **watch** this year's Wimbledon final.
The kids **watch** too much TV.
→ *see*

mirar, observar, ver
Millones de personas verán la final de Wimbledon de este año.
Los niños ven demasiada televisión.

look [lʊk] *v/i*
She **looked** nervous (⚠ no: nervously) when I last saw her.

parecer, tener aspecto (de)
Parecía nerviosa la última vez que la vi.

sight [saɪt] *n*
The inner city slums are a sad **sight**.
Do you believe in love at first **sight**?
I only know her by **sight**.

vista, escena
En los barrios bajos de la ciudad se ven escenas muy tristes.
¿Crees en el amor a primera vista?
Sólo la conozco de vista.

hear [hɪə] *v/i, v/t*
⚠ **heard** [hɜːd], **heard** [hɜːd]
There was so much noise that I couldn't **hear** anything. → *listen*

oír

Había tanto ruido que no podía oír nada.

listen (to) ['lɪsn (tu)]
I always **listen to** the radio when I'm having breakfast.
Listen! There's someone at the door.

escuchar
Siempre escucho la radio mientras tomo el desayuno.
¡Escucha! Hay alguien en la puerta.

☞ *Por lo común,* **hear** *significa 'oír' en el sentido de 'percibir' mientras que* **listen (to)** *se refiere a 'escuchar algo con atención', por ej.:* **He didn't hear the phone ringing because he was listening to music.** *Existen también varias expresiones como, por ej.:* **to hear about** *(enterarse de),* **to hear from somebody** *(tener noticias de alguien)* o **to hear of** *(conocer, oír hablar de).*

sound [saʊnd] *n, v/i*
I heard a **sound** but didn't see anything.
Your voice **sounds** strange – are you ill?

sonido, ruido, sonar
Oí un ruido pero no vi nada.
Tu voz suena extraña, ¿estás enfermo?

quiet ['kwaɪət]

Be **quiet** – I'm trying to concentrate.

tranquilo, callado, silencioso, calmado
Estad callados, intento concentrarme.

☞ *No se debe confundir la pronunciación o la escritura de esta palabra con la de* **quite** [kwaɪt] *'bastante'.*

loud [laʊd] *adj, adv*
Turn the TV down – it's too **loud**.

fuerte, estrepitoso, alto
Baja el volumen del televisor, está demasiado alto.

feel [fiːl] *v/i*
⚠ **felt** [felt], **felt** [felt]
This smooth leather **feels** nice (⚠ no: nicely).

ser al tacto, parecer al tacto

Esta piel suave es muy agradable al tacto.

touch [tʌtʃ] *v/t, v/i*
Do not **touch** anything before the police arrive.

tocar
No toque nada hasta que llegue la policía.

smell [smel] *n, v/i, v/t*
I love the **smell** of roses.
When fish **smells** bad (⚠ no: badly), it isn't fresh.

olor, aroma, oler
Me encanta el olor de las rosas.
Cuando el pescado huele mal, no es fresco.

taste [teɪst] *n, v/i, v/t*
Ketchup has a sweet-and-sour **taste**.
It smells good but it **tastes** terrible (⚠ no: terribly).
This cake is delicious – would you like to **taste** it?

sabor, saber, probar
El ketchup tiene un sabor agridulce.
Huele bien pero sabe horrible.

Este pastel está delicioso, ¿quieres probarlo?

«2001-4000»

sense [sens] *n*
Dogs have an excellent **sense** of smell.

sentido
Los perros tienen un sentido del olfato excelente.

sight [saɪt] *n syn:* vision
He's blind – he lost his **sight** in an accident.

vista, visión
Es ciego, perdió la vista en un accidente.

recognize ['rekəgnaɪz] *v/t*
I didn't **recognize** him at first.

reconocer, identificar
Al principio no lo reconocí.

touch [tʌtʃ] *n*
That bomb might go off at the slightest **touch** of one's hand.

contacto, toque
Esa bomba podría estallar al mínimo contacto con la mano.

Higiene

«1-2000»

wash [wɒʃ] *v/t, v/i*
Always **wash** your hands before you eat.
The Japanese **wash** before they take a bath.

lavar(se)
Lávate siempre las manos antes de comer.
Los japoneses se lavan antes de tomar un baño.

bath [bɑːθ], *US* [bæθ] *n*
She had/took a hot **bath** before going to bed.

baño
Tomó un baño caliente antes de acostarse.

shower ['ʃaʊə] *n*
I always have/take a **shower** when I come home from jogging.

ducha
Siempre tomo una ducha cuando vuelvo de hacer footing.

soap [səʊp] *n*
The **soap** smells good (⚠ no: well).

jabón
El jabón huele bien.

towel ['taʊəl] *n*
He dried himself with a **towel**.

toalla
Se secó con una toalla.

brush [brʌʃ] *n, v/t*
I style my hair with a hairdryer and a **brush**.
You should **brush** your teeth for about five minutes.

cepillo, cepillar
Me arreglo el pelo con un secador y un cepillo.
Deberías cepillarte los dientes durante unos cinco minutos.

comb [kəʊm] *n*, *v/t*
All a good hairdresser needs for a haircut is a **comb** and a pair of scissors.
His hair is so thick you can hardly **comb** it.

peine, peinar
Todo lo que un buen peluquero necesita para cortar el pelo es un peine y unas tijeras.
Su pelo es tan espeso que casi no se puede peinar.

powder ['paʊdə] *n*
Without **powder** a baby's sensitive skin would get sore.

polvos
Sin polvos, la piel sensible de un bebé se irritaría.

«2001-4000»

make-up ['meɪkʌp] *n*
Apart from some lipstick she wears no **make-up**.

maquillaje
Aparte de un poco de barra de labios, no usa maquillaje.

shave [ʃeɪv] *v/i*, *v/t*
I cut myself while I was **shaving** this morning.

afeitar(se), depilar(se)
Me he cortado mientras me afeitaba esta mañana.

razor ['reɪzə] *n*
I shave with an electric **razor**.

maquinilla de afeitar
Me afeito con una maquinilla de afeitar eléctrica.

haircut ['heəkʌt] *n*
Boris used to wear his hair long – I like his new short **haircut** much better.

corte de pelo
Boris solía llevar el pelo largo; su nuevo corte de pelo me gusta mucho más.

shampoo and set [ʃæm'pu: ən 'set]
I'd like a **shampoo and set**, please.

lavar y marcar, lavado y marcado
Lavar y marcar, por favor.

hairdo ['heədu:] *n syn:* hairstyle
I like your new **hairdo**, it really suits you.

peinado
Me gusta tu peinado nuevo, te queda muy bien.

toothpaste ['tu:θpeɪst] *n*
Fluoride in the **toothpaste** helps protect the teeth against decay.

pasta dentífrica, dentífrico
El flúor en la pasta dentífrica ayuda a proteger los dientes contra la caries.

toothbrush ['tu:θbrʌʃ] *n*
A dentist explained to the children how to clean their teeth with a **toothbrush**.

cepillo de dientes
Un dentista explicó a los niños cómo limpiarse los dientes con el cepillo.

Hacer y actuar

«1-2000»

act [ækt] v/i
We must **act** quickly before somebody gets hurt.

actuar, obrar, proceder
Debemos actuar rápidamente antes de que alguien salga herido.

act [ækt] n syn: action
This horrible murder is the **act** of a madman.

obra, trabajo, acto, acción
Este terrible asesinato es obra de un demente.

action ['ækʃn] n syn: act
It's no use talking – the time has come for **action**.

acción
No tiene sentido seguir hablando, ha llegado el momento de pasar a la acción.

do [duː] v/t
⚠ **did** [dɪd], **done** [dʌn]
I've got lots of things to **do** (⚠ no: make) this morning.
What are you **doing** (⚠ no: making)? – I'm making the bed.
→ make

hacer

Tengo muchas cosas que hacer esta mañana.
¿Qué estás haciendo? –Estoy haciendo la cama.

make [meɪk] v/t
⚠ **made** [meɪd], **made** [meɪd]
Did you **make** that dress yourself?
The kids are **making** a lot of noise again.

hacer, construir, fabricar, producir, elaborar
¿Has hecho este vestido tú misma?
Los niños ya están haciendo mucho ruido de nuevo.

☞ Los verbos **do** y **make** suelen llevar a confusión puesto que ambos se pueden traducir por 'hacer'. Por lo común, **do** se refiere a hacer tareas o actividades, mientras que **make** tiene a menudo connotaciones de fabricación o elaboración. El uso de un verbo o de otro depende de muchas veces del sustantivo al que acompañe, por lo que conviene memorizar estas expresiones. Por ej.: **to do one's homework/to do someone a favour** (hacer los deberes/hacer un favor) pero **to make breakfast/to make the bed** (preparar el desayuno/hacer la cama).

---

work [wɜːk] v/i
She **works** as a school bus driver.

trabajar
Trabaja como conductora de un autobús escolar.

work [wɜːk] n
I go to **work** by bike
The **work** of a stuntman is very dangerous.
This volume contains the complete **works** of Shakespeare.

trabajo, obra
Voy al trabajo en bici.
El trabajo de un especialista cinematográfico es muy peligroso.
Este volumen contiene las obras completas de Shakespeare.

job [dʒɒb] *n syn:* occupation

I'm looking for a new **job** (⚠ no: work) because my factory is closing.
You did an excellent **job** (⚠ no: work)!

puesto de trabajo, trabajo, empleo

Estoy buscando un nuevo empleo porque la fábrica va a cerrar.
¡Hiciste un trabajo estupendo!

---

try [traɪ] *v/i, v/t syn:* attempt
I don't think you'll make it, but you can **try**. → *intend*

intentar, probar
No creo que lo consigas, pero puedes intentarlo.

---

plan [plæn] *n*
We have no definite holiday **plans** yet but we may go to Italy again.

plan
No tenemos planes definitivos para las vacaciones, pero quizás vayamos otra vez a Italia.

---

prepare [prɪ'peə] *v/i, v/t*
This book will **prepare** you for your English exams.

preparar(se)
Este libro te preparará para los exámenes de inglés.

---

trouble [trʌbl] *n*
He's no help but he could at least take the **trouble** to come.

molestia, esfuerzo
No sirve de mucha ayuda, pero al menos podría haberse tomado la molestia de venir.

«2001-4000»

occupation [ˌɒkju'peɪʃn] *n*
My favourite **occupations** are reading and travelling.

ocupación, pasatiempo
Mis ocupaciones favoritas son leer y viajar.

---

used to ['juːst tu]
I **used to** smoke cigarettes but I gave it up.

solía, (hacer antes)
Antes solía fumar cigarrillos pero lo dejé.

☞ **used to** (+*infinitivo*) *se refiere a hábitos* sólo del pasado *y generalmente se traduce por 'antes' + pretérito imperfecto o por 'solía' + infinitivo. Por ej.:* **I used to live there** (Antes vivía allí). *Cuando a* **to be used to** (estar acostumbrado a) *le sigue un verbo, éste siempre va en gerundio* (**-ing**) *porque* **to** *actúa como preposición. Por ej.:* **I'm used to getting up early** (Estoy acostumbrado a levantarme temprano). **to use** *en el sentido de 'usar, emplear' se utiliza con todos los tiempos verbales, por ej:* **May I use your phone?** (¿Puedo utilizar su teléfono?).

plan [plæn] *v/t syn:* intend
We're **planning** to spend our holidays in the USA this year.

planear, tener la intención de
Este año estamos planeando pasar las vacaciones en EE UU.

intend [ɪn'tend] *v/t syn:* mean, plan
He is a star though he never **intended** to be one.

tener la intención de, proponerse
Es una estrella aunque nunca tuvo la intención de serlo.

☞ **intend** *no equivale al español 'intentar' sino que significa 'tener la intención de hacer algo'. 'Intentar' se traduce generalmente por* **try: Try again** *(Inténtalo otra vez).*

---

purpose ['pɜːpəs] *n syn:* aim
Animal experiments should be banned except for medical **purposes**.
It wasn't an accident – he did it on **purpose**.

finalidad, propósito, objetivo
Los experimentos con animales deberían prohibirse a menos que tengan finalidades médicas.
No fue un accidente; lo hizo a propósito.

preparation [ˌprepə'reɪʃn] *n*
School should be a **preparation** for life.

preparación
La escuela debería servir como preparación para la vida.

decide [dɪ'saɪd] *v/t*
As a boy Lincoln **decided** to become a politician.

decidir(se), resolver
Cuando Lincoln era pequeño decidió convertirse en político.

attempt [ə'tempt] *n, v/t syn:* try
He managed to climb the mountain at the third **attempt**.
The mathematical problem was so difficult that I didn't even **attempt** to solve it.

intento, intentar
Logró escalar la montaña al tercer intento.
El problema matemático era tan difícil que ni siquiera intenté resolverlo.

practise, *US* **practice** ['præktɪs] *v/t, v/i syn:* train
You'll never win if you don't **practise** harder.

practicar, entrenarse

Nunca ganarás si no entrenas más.

practice ['præktɪs] *n syn:* training
I haven't played for years – I'm really out of **practice**.

práctica, ejercicio
No he jugado desde hace años; la verdad es que ya no tengo práctica.

manage ['mænɪdʒ] *v/i, v/t syn:* succeed
How did Madonna **manage** to become a superstar?

arreglárselas (para), lograr, conseguir
¿Cómo se las arregló Madonna para convertirse en una gran estrella?

measure ['meʒə] *n*
We must implement stronger **measures** to reduce air pollution.

medida, precaución
Debemos tomar medidas más estrictas para reducir la polución atmosférica.

Manipulación de objetos

«1-2000»

need [niːd] *v/t*
To paint the house you **need** paint, a brush and a ladder.

necesitar
Para pintar la casa necesitas pintura, una brocha y una escalera.

look for ['lʊk fə] *opp:* find
I **looked for** a phone booth but didn't find one.

buscar
Busqué un teléfono público, pero no encontré ninguno.

find [faɪnd] *v/t opp:* lose
⚠**found** [faʊnd], **found** [faʊnd]
Someone **found** the watch you lost. → *meet*

encontrar
Alguien encontró el reloj que perdiste.

catch [kætʃ] *v/t opp:* miss
⚠**caught** [kɔːt], **caught** [kɔːt]
The rules of volleyball do not allow **catching** or throwing the ball.
If we hurry we'll **catch** the intercity train.

agarrar, atrapar, tomar

La normas del voleibol no permiten agarrar o lanzar el balón.

Si nos apresuramos, podremos tomar el tren de largo recorrido.

form [fɔːm] *v/t*
He can't **form** a correct sentence.

construir, formar
No es capaz de construir una frase correcta.

use [juːz] *v/t*
She **uses** a computer to do all her correspondence. → *used to*

usar, utilizar
Usa una computadora para llevar toda su correspondencia.

use [juːs] *n*
The rent includes the **use** of the kitchen.

uso, manejo
El alquiler incluye el uso de la cocina.

collect [kə'lekt] *v/t, v/i*
She **collects** old teddy bears.

Could two of you **collect** the dictionaries and take them to the library?

coleccionar, recoger
Colecciona viejos osos de peluche.
¿Podrían dos de ustedes recoger los diccionarios y llevarlos a la biblioteca?

collection [kə'lekʃn] *n*
She's got a huge **collection** of old wine glasses.

colección
Tiene una enorme colección de copas de vino antiguas.

hold [həʊld] *v/t*
⚠ **held** [held], **held** [held]
Hold my bag, please.

sostener, sujetar, agarrar, asir

Sujeta mi bolsa, por favor.

add [æd] *v/t*
Add some more salt and it will be perfect.

añadir, agregar, sumar
Añade un poco más de sal y estará perfecto.

change [tʃeɪndʒ] *v/i, v/t*
At this hotel they **change** the linen and towels every day.

cambiar
En este hotel cambian la ropa de cama y las toallas todos los días.

open ['əʊpən] *v/t opp:* close, shut
You need no key to **open** or close a combination lock.

abrir

No se necesita llave para abrir o cerrar una cerradura de combinación.

close [kləʊz] *v/t syn:* shut, *opp:* open
Close the doors so the dog can't get out.

cerrar

Cierra las puertas para que el perro no pueda salir.

shut [ʃʌt] *v/t syn:* close, *opp:* open
⚠ **shut** [ʃʌt], **shut** [ʃʌt]
Shut the windows – it's going to rain.

cerrar

Cierra las ventanas; va a llover.

fill [fɪl] *v/t opp:* empty
Please **fill** the tank before you return the car.

llenar, rellenar
Por favor, llene el depósito antes de devolver el vehículo.

shake [ʃeɪk] *v/t*
⚠ **shook** [ʃʊk], **shaken** [ʃeɪkən]
The medicine must be well **shaken** before use.

agitar, sacudir, remover

El medicamento se debe agitar bien antes de usar.

cut [kʌt] *v/t*
⚠ **cut** [kʌt], **cut** [kʌt]
We ordered a large pizza and **cut** it into four pieces.

cortar

Encargamos una pizza grande y la cortamos en cuatro porciones.

burn *v/i, v/t*
⚠ **burnt*** [bɜːnt] **burnt*** [bɜːnt]
Three quarters of Britain's coal is **burnt** in power stations to produce electricity.

quemar, arder
Tres cuartas partes del carbón británico se queman en centrales eléctricas para producir electricidad.

«2001-4000»

keep [kiːp] *v/t*
⚠ **kept** [kept], **kept** [kept]
We always **keep** the eggs in the fridge.

mantener, guardar, conservar

Siempre guardamos los huevos en la nevera.

miss [mɪs] *v/t opp:* hit, catch
The police shot at the tyres and barely **missed** them.
I **missed** the bus and was late for school.

fallar, errar, perder
La policía disparó a los neumáticos y erró el tiro por muy poco.
Perdí el autobús y llegué tarde a la escuela.

waste [weɪst] *v/t opp:* save, conserve
We are **wasting** energy by burning oil.

desperdiciar, malgastar, derrochar
Estamos desperdiciando energía al quemar petróleo.

spoil [spɔɪl] *v/t syn:* ruin
⚠ **spoilt*** [spɔɪlt], **spoilt*** [spɔɪlt]
Too much salt can **spoil** any meal.

estropear, echar a perder

Un exceso de sal puede estropear cualquier comida.

exchange [ɪks'tʃeɪndʒ] *v/t*
The sweater I bought is too small. Can I **exchange** it for a larger one?

cambiar, intercambiar
El jersey que compré es demasiado pequeño. ¿Puedo cambiarlo por otro más grande?

get rid of [ˌget 'rɪd əv]

One of today's worst problems is how to **get rid of** all the waste we're producing.

deshacerse (de), desembarazarse (de)
Uno de los problemas más graves de hoy en día es cómo deshacerse de todos los residuos que producimos.

turn on [ˌtɜːn 'ɒn] *opp:* turn off
He **turned on** the radio to listen to the news.

encender, conectar
Encendió la radio para escuchar las noticias.

turn off [ˌtɜːn 'ɒf] *opp:* turn on
Turn off the lights before you leave the house.

apagar, desconectar
Apaga las luces antes de salir de casa.

connect [kə'nɒkt] *v/t opp:* separate
This cable **connects** the vídeo to the TV set.

conectar

Este cable conecta el vídeo al televisor.

fix [fɪks] *v/t syn:* fasten
He's **fixed** a large no-smoking sign to the door of his room.

fijar, sujetar
Ha fijado un gran cartel de "Prohibido fumar" en la puerta de su habitación.

support [sə'pɔːt] *v/t*
Modern skyscrapers are **supported** by a steel frame construction.

apoyar, sostener
Los rascacielos modernos se sostienen por una construcción de armazón de acero.

☞ **support** *no tiene la acepción de 'aguantar a una persona o una situación desagradable'. Para este significado se usan los verbos* **put up with, bear** *o* **stand.** *Por ej.:* **I can't put up with this noise** *(No soporto este ruido),* **I can't bear/can't stand him** *(No lo soporto).*

cover ['kʌvə] *v/t*
The furniture is **covered** with dust.

cubrir
Los muebles están cubiertos de polvo.

hang [hæŋ] *v/t*
⚠ **hung** [hʌŋ], **hung** [hʌŋ]
Could you help me **hang** the washing on the line?

colgar, tender
¿Puedes ayudarme a tender la ropa en la cuerda?

shape [ʃeɪp] *v/t*
The birthday cake was **shaped** like a heart.

dar forma a, moldear
Dieron forma de corazón al pastel de cumpleaños.

paint [peɪnt] *v/t*
What colour do you want me to **paint** the window frames?

pintar
¿De qué color quieres que pinte los marcos de las ventanas?

decorate ['dekəreɪt] *v/t*
Many English people **decorate** their Christmas trees on Christmas Eve but don't turn on the lights until Christmas Day.

decorar
Muchos ingleses decoran el árbol de Navidad en Nochebuena, pero no lo iluminan hasta el día de Navidad.

fold [fəʊld] *v/t opp:* unfold
Please **fold** this letter twice and put it into the envelope.

doblar, plegar
Por favor, doble esta carta dos veces y métala en un sobre.

wrap [ræp] *v/t opp:* unwrap
I **wrapped** the book in brown paper and took it to the post office.

envolver, empaquetar
Envolví el libro con papel de embalar y lo llevé a la oficina de correos.

wind [waɪnd] *v/t syn:* twist
⚠ **wound** [waʊnd], **wound** [waʊnd]
She **wound** a bandage around his bleeding finger.
Our grandfather clock has to be **wound** every week.

enrollar, envolver, dar cuerda a, girar

Enrolló una venda alrededor del dedo sangrante.
Al reloj de péndulo hay que darle cuerda cada semana.

twist [twɪst] *v/t*

They **twisted** the bed sheets into a rope and escaped through the window.

trenzar, torcer, retorcer, enroscar
Trenzaron las sábanas para hacer una cuerda y escaparon por la ventana.

---

bend [bend] *v/t*, *v/i opp:* straighten
⚠ **bent** [bent], **bent** [bent]
He managed to open the lock with a piece of **bent** wire.

torcer, encorvar, doblar

Logró abrir la cerradura con un trozo de alambre torcido.

---

stretch [stretʃ] *v/t*
If the shoes are too tight, we can **stretch** them a bit.

ensanchar, extender, estirar
Si los zapatos le van demasiado apretados, podemos ensancharlos un poco.

---

press [pres] *v/t*
You **press** the red button to stop it.
To make wine the grapes are **pressed** first.

apretar, pulsar, prensar
Para pararlo se aprieta el botón rojo.
Para hacer vino, primero se prensa la uva.

---

rub [rʌb] *v/t*
To get a nice shine **rub** it with a soft cloth.

frotar
Para conseguir un brillo bonito, frótelo con un trapo suave.

---

dig [dɪg] *v/t*
⚠ **dug** [dʌg], **dug** [dʌg]
In 1849 thousands of people began to **dig** for gold in California.

excavar, cavar

En 1849 miles de personas empezaron a excavar en busca de oro en California.

---

knock [nɒk] *v/i*, *v/t*

Please **knock** (at the door) before entering.
He **knocked** a hole in the wall.

llamar, golpear, abrir por la fuerza
Llame a la puerta antes de entrar, por favor.
Abrió un agujero en la pared por la fuerza.

---

tear [teə] *v/t*
⚠ **tore** [tɔː], **torn** [tɔːn]
Since I had no scissors, I **tore** the ad out of the newspaper.

rasgar, desgarrar, despedazar

Como no tenía tijeras, rasgué el periódico para cortar el anuncio.

---

split [splɪt] *v/t*
⚠ **split** [splɪt], **split** [splɪt]
He was **splitting** wood for the fire.

partir, dividir

Estaba partiendo leña para el fuego.

---

saw [sɔː] *v/t*
⚠ **sawed** [sɔːd], **sawn** [sɔːn]
He was busy **sawing** logs for the fire.

serrar

Estaba ocupado serrando leños para el fuego.

light [laɪt] v/t
⚠ **lit** [lɪt], **lit** [lɪt]
He took a match and **lit** his cigar.

encender, prender

Tomó un fósforo y encendió su cigarrillo.

Movimiento de objetos

«1-2000»

put [pʊt] v/t
⚠ **put** [pʊt], **put** [pʊt]
Put the books back in the bookcase.
He **put** his scarf round his neck and his fur hat on his head.

colocar, poner, meter

Vuelve a colocar esos libros en su estante.
Se puso la bufanda alrededor del cuello y el sombrero de piel en la cabeza.

lay [leɪ] v/t
⚠ **laid** [leɪd], **laid** [leɪd]
She **laid** the blanket over the sleeping child.
We're going to **lay** a new carpet in the bedroom.

poner, colocar

Colocó la manta sobre el niño dormido.
Vamos a poner moqueta nueva en la habitación.

set [set] v/t
⚠ **set** [set], **set** [set]
If you **set** your chair back a bit, you'll get a better view.

What time shall I **set** the alarm clock for?

colocar, situar, poner, ajustar

Si coloca su silla un poco más para atrás, tendrá una mejor vista.
¿A qué hora quieres que ponga el despertador?

take [teɪk] v/t
⚠ **took** [tʊk], **taken** ['teɪkən]
I have to **take** this letter to the post office.
Don't forget to **take** your umbrella.

llevar(se), coger, LA **agarrar, tomar**

Tengo que llevar esta carta a la oficina de Correos.
No te olvides de agarrar el paraguas.

bring [brɪŋ] v/t
⚠ **brought** [brɔːt], **brought** [brɔːt]
The postman **brought** this parcel today.
Can we **bring** something for the party?

traer, llevar

El cartero trajo este paquete hoy.

¿Podemos llevar algo para la fiesta?

send [send] *v/t opp:* receive
⚠ **sent** [sent], **sent** [sent]
When will the parcel get there if I
send it by airmail?

enviar

¿Cuándo llegará el paquete si lo
envío por correo aéreo?

carry ['kærɪ] *v/t*
You have to **carry** your luggage
to the customs.

llevar, traer, acarrear
Usted debe llevar su equipaje a
la oficina de aduanas.

draw [drɔː] *v/t syn:* pull
⚠ **drew** [druː], **drawn** [drɔːn]
The Queen's coach is **drawn** by
six white horses.
He **drew** a revolver and shot.

tirar (de), arrastrar, sacar,
extraer
El coche de la Reina va tirado
por seis caballos blancos.
Sacó una pistola y disparó.

pull [pʊl] *v/t syn:* draw, *opp:*
push
This suitcase has wheels so you
can **pull** it.

tirar de, *LA* **jalar**

Esta maleta tiene ruedas para
que se pueda tirar de ella.

push [pʊʃ] *v/i, v/t opp:* pull
The car broke down and we had
to get out and **push** (it).
He **pushed** the door open with
his shoulder.

empujar, presionar
El automóvil se averió y tuvimos
que bajarnos y empujar(lo).
Abrió la puerta empujándola con
el hombro,

pick up [ˌpɪk 'ʌp] *opp:* drop
Pick up all the litter after the picnic and take it with you.

recoger, levantar
Recoged toda la basura después del picnic y lleváosla.

lift [lɪft] *v/t*
I can't **lift** this bag – it's too
heavy.

levantar, alzar, elevar
No puedo levantar esta maleta,
es demasiado pesada.

drop [drɒp] *v/t*

Careful! It will break if you **drop**
it.

dejar caer, soltar, caérsele a
uno
¡Cuidado! Se romperá si se te
cae.

turn [tɜːn] *v/t*
To lock the door firmly, **turn** the
key twice.
Turn the potatoes several times
while frying them.

girar, dar vueltas (a)
Para cerrar bien la puerta, gire
dos veces la llave.
Dad varias vueltas a las patatas
mientras se fríen.

«2001-4000»

load [ləʊd] *v/t opp:* unload
We **loaded** the furniture into the
removal van.

cargar
Cargamos los muebles en el
camión de mudanzas.

load [ləʊd] *n*
The truck brought another **load** of sand to the building site.

carga, cargamento
El camión trajo otro cargamento de arena a la obra.

portable ['pɔːtəbl] *adj*
More and more businessmen use **portable** computers.

portátil
Cada vez hay más hombres de negocios que usan computadoras portátiles.

transport ['traːnspɔːt] *n*
The **transport** of goods by air and road is harmful to the environment.

transporte
El transporte de mercancías por aire y por carretera es perjudicial para el medio ambiente.

remove [rɪ'muːv] *v/t*
It isn't easy to **remove** graffiti from the walls.

quitar, sacar, retirar
No es fácil quitar las pintadas de las paredes.

☞ *Es importante no confundir el verbo* **remove** *con la palabra española 'remover', que se traduce por* **stir**.

drag [dræg] *v/t*
After the storm the fallen trees had to be **dragged** from the roads.

arrastrar, llevar arrastrado
Después de la tormenta, los árboles caídos tuvieron que ser arrastrados fuera de las carreteras.

raise [reɪz] *v/t syn:* lift, *opp:* lower
Please **raise** your hands if you have questions.
He **raised** the blinds to let some sunlight in. → *rise*

levantar, subir
Por favor, levanten la mano si tienen preguntas.
Subió las persianas para dejar entrar un poco de luz del sol.

lower ['ləʊə] *v/t opp:* raise
Please **lower** the blinds to keep the sunlight out.

bajar
Por favor, baja las persianas para que no entre la luz del sol.

Dar y tomar

«1-2000»

have (got) [hæv ('gɒt)] *v/t*
He**'s got** lots of money but no manners.
I always **have** (⚠ no: have got) hay fever in May.

tener, poseer
Tiene mucho dinero pero carece de modales.
Siempre tengo la fiebre del heno en mayo.

give [gɪv] *v/t opp:* get, take
⚠ **gave** [geɪv], **given** ['gɪvən]
I **gave** him four pounds for mowing the lawn.
What are you **giving** Dad for his birthday?

dar, entregar, regalar

Le di cuatro libras por cortar el césped.
¿Qué le vas a regalar a papá por su cumpleaños?

leave [liːv] *v/t*
⚠ **left** [left], **left** [left]
I often **leave** (⚠ no: let) my car in the garage and take my bike.
Can I **leave** (⚠ no: let) the kids with you while I do the shopping?
My aunt died and **left** me £ 3,000.

dejar

A menudo dejo el automóvil en el garaje y tomo la bici.
¿Puedo dejar a los niños contigo mientras hago la compra?
Mi tía murió y me dejó tres mil libras.

take [teɪk] *v/t*
⚠ **took** [tʊk], **taken** ['teɪkən]
We **took** a taxi to the airport.

I always **take** my Swiss Army knife when I go hiking.

tomar, llevarse

Tomamos un taxi hacia el aeropuerto.
Siempre me llevo mi navaja suiza cuando me voy de excursión.

get [get] *v/t opp:* give
⚠ **got** [gɒt], **got** [gɒt], *US* **gotten** ['gɑːtn]
I **got** this letter this morning – it was sent by fax.

recibir, conseguir

Recibí esta carta por la mañana, la enviaron por fax.

receive [rɪ'siːv] *v/t syn:* get, *opp:* give, send
I sent the letter on Monday and he **received** it on Wednesday.

recibir

Envié la carta el lunes y él la recibió el miércoles.

accept [ək'sept] *v/t opp:* refuse
I gladly **accept** your invitation.

aceptar
Acepto su invitación con mucho gusto.

keep [kiːp] *v/t*
⚠ **kept** [kept], **kept** [kept]
You can **keep** the book – I don't need it.

quedarse, conservar, guardar

Puedes quedarte con el libro, no lo necesito.

«2001-4000»

reserve [rɪ'zɜːv] *v/t syn:* book
I'd like to **reserve** a table for four at your restaurant.

reservar
Me gustaría reservar una mesa para cuatro en su restaurante.

borrow ['bɒrəʊ] *v/t opp:* lend

Here's the £100 (hundred pounds) I **borrowed** (⚠ no: lent) from you yesterday.

tomar prestado, pedir prestado

Aquí están las 100 libras que te pedí prestadas ayer.

lend [lend] *v/t opp:* borrow
⚠ **lent** [lent], **lent** [lent]
Can you **lend** (⚠ no: borrow) me £100 (a hundred pounds) until tomorrow? → *borrow*

prestar

¿Me puedes prestar cien libras hasta mañana?

☞ **lend** *(prestar)* y **borrow** *(tomar prestado) se confunden con facilidad puesto que ambos se refieren al acto de prestar. Sin embargo, el primero pone el énfasis en la persona que da algo, por ej.:* **He lent me his bike** *(Me prestó su bici) y el segundo pone el acento en la persona que toma algo, por ej.:* **I borrowed his bike** *(Tomé prestada su bici).*

---

pass [pɑːs] *v/t*
Pass me the sugar please – I can't quite reach it.

pasar, alcanzar
Pásame el azúcar, por favor, no lo alcanzo.

distribute [dɪ'strɪbjuːt] *v/t*
The demonstrators **distributed** leaflets to the crowd.

distribuir, repartir
Los manifestantes distribuyeron folletos entre la multitud.

share [ʃeə] *v/t syn:* split
Let's take a taxi and **share** the cost.

compartir, partir, dividir
Tomemos un taxi y compartamos los gastos.

share [ʃeə] *n*
Each of us will pay their **share** of the bill.

parte, participación
Cada uno de nosotros pagará su parte de la cuenta.

split [splɪt] *v/t syn:* share
⚠ **split** [splɪt], **split** [splɪt]
Let's **split** the cost anong the three of us.

dividir, partir, repartir

Dividamos los gastos entre los tres.

reach for ['riːtʃ fɔː]
The gangster was shot when he **reached for** his gun.

echar mano, alcanzar
Dispararon al gángster mientras echaba mano a su pistola.

seize [siːz] *v/t syn:* grab
The thief **seized** the bag and ran away.

agarrar, asir
El ladrón agarró el bolso y salió corriendo.

occupy ['ɒkjuːpaɪ] *v/t*
The striking workers **occupied** the factory buildings.

ocupar
Los trabajadores en huelga ocuparon los edificios de la fábrica.

return [rɪ'tɜːn] v/t
I have to **return** these books to the library by Friday.

devolver
Tengo que devolver estos libros a la biblioteca antes del viernes.

APRENDER Y SABER

«1-2000»

learn [lɜːn] v/i, v/t
⚠ **learnt*** [lɜːnt], **learnt*** [lɜːnt]
The best way to **learn** a language is to speak it.

aprender
La mejor forma de aprender un idioma es hablarlo.

know [nəʊ] v/i, v/t
⚠ **knew** [njuː], **known** [nəʊn]
Anne **knows** all of Shakespeare's sonnets by heart.
I don't speak Portuguese but I **know** a little Italian and French.
→ meet

saber
Anne se sabe todos los sonetos de Shakespeare de memoria.
No hablo portugués pero sé un poco de italiano y de francés.

read [riːd] v/i, v/t opp: write
⚠ **read** [red], **read** [red]
I don't know the film but I've **read** the book.
If you go to bed now, I'll **read** you a bedtime story.

leer, leer en voz alta
No conozco la película pero he leído el libro.
Si te vas ahora a la cama, te leeré un cuento.

write [raɪt] v/i, v/t
⚠ **wrote** [rəʊt], **written** ['rɪtn]
For your homework please **write** an essay of about 500 words.

escribir
Como deberes, escribid una redacción de unas 500 palabras, por favor.

type [taɪp] v/t
He **types** with only two fingers but he's surprisingly fast.

teclear, escribir a máquina, mecanografiar
Teclea sólo con dos dedos, pero es sorprendentemente rápido.

copy ['kɒpɪ] v/t
Please **copy** the words from the blackboard.

copiar
Copiad las palabras de la pizarra, por favor.

copy ['kɒpɪ] n opp: original
Keep the original and send them a **copy**.

copia
Quédese con el original y envíeles una copia.

example [ɪg'zɑːmpl] *n*
The short story "The Killers" is an excellent **example** of Hemingway's style.

ejemplo
El relato corto *Los asesinos* es un excelente ejemplo del estilo de Hemingway.

---

exercise ['eksəsaɪz] *n*
Please do **exercise** 3 on page 45 as homework.

ejercicio
Como deberes, haced el ejercicio 3 de la página 45, por favor.

---

test [test] *n*
You have to pass a driving **test** before you get your driving licence.

examen, test, prueba
Hay que aprobar el examen antes de conseguir el permiso de conducir.

---

story ['stɔːrɪ] *n*
They liked the **story** (⚠ no: history). → *history*

historia, cuento, relato
Les gustó el relato.

---

book [bʊk] *n*
I liked the **book** much better than the film.

libro
El libro me gustó mucho más que la película.

---

writer ['raɪtə] *n syn:* author
Rudyard Kipling is one of my favourite **writers**.

escritor/a, autor/a
Rudyard Kipling es uno de mis escritores favoritos.

---

library ['laɪbrərɪ] *n*
He has quite a large **library** for a private person.

biblioteca
Tiene una biblioteca bastante grande para ser de un particular.

☞ **library** *no equivale al español 'librería' sino que se refiere a una biblioteca de uso privado o público. A su vez, 'librería' se traduce por* **bookshop**.

---

sign [saɪn] *n syn:* mark
The **signs** + and – mean 'plus' and 'minus'.

signo, símbolo
Los símbolos + y - significan 'más' y 'menos'.

---

letter ['letə] *n*
In words like 'come' and 'bomb' the last **letter** is silent.

letra
En palabras como *come* y *bomb* la última letra es muda.

---

line [laɪn] *n*
A limerick is a funny poem with five **lines**.

línea, verso
Un limerick es un poema humorístico de cinco versos.

---

page [peɪdʒ] *n*
Please open your books at **page** 48.

página
Abrid los libros por la página 48, por favor.

---

sheet [ʃiːt] *n*
Please write your answers on a **sheet** of paper.

hoja (de papel), folio
Por favor, escribid vuestras respuestas en una hoja de papel.

«2001-4000»

study ['stʌdɪ] v/i, v/t
Please don't disturb him – he's
got to **study** for his exams.

estudiar
Por favor, no lo molestéis; tiene
que estudiar para los exámenes.

find out [ˌfaɪnd 'aʊt]

It's easy once you've **found out**
how to do it.

descubrir, averiguar, darse
cuenta de
Es fácil una vez se ha descubierto cómo hacerlo.

subject ['sʌbdʒekt] n syn: topic
The **subject** of today's lesson is
reported speech.

tema
El tema de la lección de hoy es el
estilo indirecto.

knowledge ['nɒlɪdʒ] n
He has a very good **knowledge**
of the subject but little practical
experience.

conocimiento(s), saber
Tiene muy buenos conocimientos sobre el tema pero poca experiencia práctica.

by heart [baɪ 'hɑːt]
I know all the Beatles' songs **by
heart**.

de memoria
Me sé todas las canciones de
los Beatles de memoria.

ability [ə'bɪlətɪ] n syn: skill

Man has the **ability** to think.

habilidad, capacidad, talento,
aptitud
El ser humano tiene la capacidad de pensar.

expert ['ekspɜːt] n syn: specialist
It will take you hours for what an
expert can do in minutes.

experto/a
Tardarás horas en hacer lo que un
experto consigue en minutos.

experiment [ɪk'sperɪmənt] n
They still do **experiments** on animals for the cosmetics industry.

experimento, prueba, ensayo
Todavía hacen experimentos con
animales en la industria cosmética.

test [test] v/t syn: examine
You can **test** your knowledge in
a workbook.

poner a prueba, examinar
Usted puede poner a prueba sus
conocimientos con un libro de
ejercicios.

experience [ɪk'spɪərɪəns] n
We need someone with several
years' **experience** of teaching.

experiencia
Necesitamos a alguien con varios
años de experiencia en la enseñanza.

practice ['præktɪs] n opp: theory
It's a good idea but will be difficult to put into **practice**.

práctica
Es una buena idea pero será difícil ponerla en práctica.

describe [dɪ'skraɪb] v/t
The police asked her to **describe**
the man who had robbed her.

describir
La policía le pidió que describiera
al hombre que le había robado.

description [dɪ'skrɪpʃn] *n*
She was able to give an exact **description** of the criminal.

descripción
Fue capaz de dar una descripción exacta del criminal.

handwriting ['hænd,raɪtɪŋ] *n*

Is this a "u" or an "n"? I can't read your **handwriting** (⚠ no: letter).

escritura, letra, forma de escribir
¿Esto es una "u" o una "n"? No puedo descifrar tu letra.

ink [ɪŋk] *n*
Your homework has to be written in **ink** and not in pencil.

tinta
Debéis escribir vuestros deberes con tinta y no con lápiz.

note [nəʊt] *n*
The journalists were busy taking **notes** during the President's speech.
He made a **note** in the book.

anotación, apunte, nota
Los periodistas estaban ocupados tomando notas durante el discurso del Presidente.
Hizo una anotación en el libro.

notebook ['nəʊtbʊk] *n*
The reporter took down everything she said in his **notebook**.

libreta, cuaderno
El periodista apuntaba en su libreta todo lo que ella decía.

text [tekst] *n*
Popular newspapers often have lots of pictures and little **text**.

texto
Los periódicos sensacionalistas suelen tener muchas fotos y poco texto.

table [teɪbl] *n*
There is a pronunciation **table** in this book.

tabla, cuadro
En este libro hay una tabla de pronunciación.

literature ['lɪtrɪtʃə] *n*
Edgar Allan Poe's detective stories are great **literature**.

literatura, obra literaria
Los relatos detectivescos de Edgar Allan Poe se consideran gran literatura.

author ['ɔːθə] *n*
Hemingway is the **author** of "The Old Man and the Sea".

autor/a, escritor/a
Hemingway es el autor de *El viejo y el mar*.

poet ['pəʊɪt] *n*
Shakespeare was one of the greatest dramatists and **poets**.

poeta, poetisa
Shakespeare fue uno de los mejores poetas y dramaturgos.

novel ['nɒvl] *n*
"Gone with the Wind" is one of the most successful **novels** and films.

novela
Lo que el viento se llevó es una de las novelas y películas más exitosas.

poem ['pəʊɪm] *n*
Andrew Lloyd Webber turned T.S. Eliot's **poems** into his musical "Cats".

poema, verso
Andrew Lloyd Webber convirtió los poemas de T. S. Eliot en su musical *Cats*.

volume ['vɒljuːm] *n*
Volume 1 of the dictionary contains the letters A to M.

volumen
El volumen 1 del diccionario contiene desde la letra A hasta la M.

---

reader ['riːdə] *n*
The Sherlock Holmes stories have fascinated four generations of **readers**.

lector/a
Los relatos de Sherlock Holmes han fascinado a cuatro generaciones de lectores.

---

discover [dɪ'skʌvə] *v/t*
Columbus **discovered** America in 1492.

descubrir
Colón descubrió América en 1492.

---

discovery [dɪ'skʌvərɪ] *n*
The **discovery** of oil in the North Sea made Britain independent of oil imports.

descubrimiento
El descubrimiento de petróleo en el Mar del Norte independizó a Gran Bretaña de la importación de petróleo.

---

invent [ɪn'vent] *v/t*
Alexander Graham Bell **invented** the telephone.

inventar, idear
Alexander Graham Bell inventó el teléfono.

---

invention [ɪn'venʃn] *n*
The computer is often called the greatest **invention** since the steam engine.

invención, invento
A la computadora muchas veces se la llama el mayor invento desde la máquina de vapor.

---

create [krɪ'eɪt] *v/t opp:* destroy
The universe was **created** by a massive explosion.

crear, producir
El universo se creó debido a una gran explosión.

---

culture ['kʌltʃə] *n*
New York offers visitors a good mixture of **culture** and entertainment.

cultura
Nueva York ofrece a sus visitantes una buena mezcla de cultura y entretenimiento.

ACTITUD

Actitud en general

«1-2000»

business ['bɪznɪs] *n syn:* matter
My private life is none of your **business**.
Sharing a flat can be a complicated **business**.

asunto, cuestión, tema
Mi vida privada no es asunto tuyo.
Compartir un piso puede ser una cuestión complicada.

matter ['mætə] *n syn:* business, affair
It's a very urgent **matter** and can't wait.

asunto, cuestión, tema
Es un asunto muy urgente y no puede esperar.

---

duty ['dju:tɪ] *n*
It's a doctor's **duty** to preserve life.

obligación, deber
El deber de un médico es preservar la vida.

---

be able to [bɪ 'eɪbl tʊ] *syn:* can
He's injured his knee and won't **be able to** play tomorrow. → *can*

poder, ser capaz de
Se lastimó la rodilla y no podrá jugar mañana.

---

be used to [bɪ 'juːst tuː]
She never feels cold because she's **used to** the climate.
I'm not **used to** taking orders.
→ used to

estar acostumbrado a
Nunca tiene frío porque está acostumbrada al clima.
No estoy acostumbrado a recibir órdenes.

---

depend on [dɪ'pend ɒn]
Most students **depend on** their parents because they don't earn money.

depender de
La mayoría de los estudiantes dependen de sus padres porque no tienen ingresos propios.

---

wait [weɪt] *v/i*
We **waited** and **waited** but nobody came. → *expect*
Are you **waiting** for my husband?

esperar
Esperamos y esperamos pero no vino nadie.
¿Estás esperando a mi marido?

---

expect [ɪk'spekt] *v/t*
They arrived much earlier than we had **expected**.

esperar, imaginar(se), suponer
Llegaron mucho más pronto de lo que habíamos supuesto.

☞ **hope**, **expect** *y* **wait** *son de fácil confusión puesto que los tres verbos se pueden traducir por 'esperar'. Sin embargo,* **hope** *significa 'tener esperanza':* I hope he'll turn up *(Espero que venga);* **expect** *significa 'esperar con seguridad':* I´m expecting a phone call from him tonight *(Esta noche espero su llamada); y* **wait** *significa 'aguardar':* The flight was delayed and we had to wait for five hours *(El vuelo se retrasó y tuvimos que esperar durante cinco horas).*

---

notice ['nəʊtɪs] *v/t opp:* overlook
He didn't **notice** that the lights had changed.

notar, darse cuenta de, fijarse en
No se dio cuenta de que el semáforo había cambiado.

---

attention [ə'tenʃn] *n*
I waved my hand to attract his **attention**.

atención
Agité la mano para atraer su atención.

pay attention (to) [ˌpeɪ əˈtenʃn (tuː)]
Please **pay attention to** what I'm saying now. → *attend*

prestar atención (a)

Por favor, prestad atención a lo que voy a decir ahora.

---

care [keə] *n*
She hardly makes any mistakes – she does her work with great **care**.

cuidado, esmero, atención
Casi no comete errores; trabaja con mucho esmero.

---

take care of [ˌteɪk ˈkeər əv] *syn:* look after
Please **take care of** the baby while I do the shopping.

cuidar, encargarse (de)

Por favor, encárgate del bebé mientras hago la compra.

---

protect [prəˈtekt] *v/t syn:* guard,
It is important to **protect** your skin from the sun's rays.

proteger, resguardar
Es importante proteger la piel de los rayos solares.

---

protection [prəˈtekʃn] *n*
After the threat on his life he now carries a pistol for his own **protection**.

protección
Tras la amenaza de muerte, ahora lleva una pistola para su propia protección.

---

hide [haɪd] *v/i, v/t opp:* find
⚠ **hid** [hɪd], **hidden** [ˈhɪdn]
The police will find him wherever he may **hide**.
Grandma **hides** her money in the kitchen cupboard.

esconder(se), ocultar(se)

La policía lo encontrará dondequiera que se esconda.
La abuela esconde su dinero en la alacena.

---

forget [fəˈget] *v/t opp:* remember
⚠ **forgot** [fəˈgɒt], **forgotten** [fəˈgɒtn]
She was angry because he'd **forgotten** their wedding anniversary.

olvidar

Estaba enfadada porque él había olvidado su aniversario de boda.

---

leave [liːv] *v/t*
⚠ **left** [left], **left** [left]
They **left** Europe to make a new home in the USA.

dejar, abandonar, salir de, irse

Se fueron de Europa para establecer un nuevo hogar en EE UU.

---

smile [smaɪl] *n, v/i opp:* frown
The landlady welcomed us with a friendly **smile**.
She **smiled** at the baby, and it smiled back.

sonrisa, sonreír
La propietaria nos recibió con una acogedora sonrisa.
Ella sonrió al bebé y éste le devolvió la sonrisa.

---

laugh [lɑːf] *v/i opp:* cry
It was so funny that we had to **laugh**.

reír(se)
Fue tan divertido que tuvimos que reírnos.

cry [kraɪ] *v/i opp:* laugh
She **cried** when she got the news of her husband's death.

llorar
Lloró cuando recibió la noticia de la muerte de su marido.

«2001-4000»

affair [əˈfeə] *n syn:* matter, business
Stop poking your nose into my private **affairs**!

asunto

¡Deja de meter la nariz en mis asuntos privados!

way [weɪ] *n*
I don't like the **way** people treat foreigners in this country.

Eating less is the only **way** to lose weight.

modo, manera, forma
No me gusta el modo en que la gente trata a los extranjeros en este país.
Comer menos es la única manera de perder peso.

behave [bɪˈheɪv] *v/i, v/refl syn:* act
She **behaved** as if she had never seen me before.
Children, please **behave** (yourselves)!

comportarse, portarse bien

Se comportaba como si nunca me hubiera visto antes.
¡Niños! ¡Comportaos bien, por favor!

behaviour, *US* **behavior** [bɪˈheɪvjə] *n*
You ought to apologize for your rude **behaviour**.

comportamiento, conducta

Deberías disculparte por tu comportamiento tan grosero.

manners [ˈmænəz] *pl*
It's very bad **manners** to smoke while you eat.

modal(es), educación
Fumar mientras se come es de muy mala educación.

habit [ˈhæbɪt] *n*
Cigarette-smoking is a dangerous **habit**.

hábito, costumbre
Fumar cigarrillos es un hábito peligroso.

look after [ˈlʊk ˌɑːftə] *syn:* take care of
Could you **look after** the cats while I'm away?

cuidar, encargarse de, vigilar

¿Podrías cuidar de los gatos mientras estoy fuera?

be in charge (of) [ˌbɪ ɪn ˈtʃɑːdʒ(əv)] *syn:* manage, run
In the USA a sheriff is **in charge of** the police in a county.

estar a cargo de, ser responsable de
En EE UU el sheriff está a cargo de la policía de un condado.

dare [deə] v/i
After the two murders, no one **dared** to go out in the dark.

atreverse, osar
Después de los dos asesinatos, nadie se atrevía a salir en la oscuridad.

stand [stænd] v/t syn: bear
⚠ **stood** [stʊd], **stood** [stʊd]
Please close the window – I can't **stand** the noise of that lawnmower! → support

soportar, aguantar, tolerar
Por favor, cierra la ventana, no puedo soportar el ruido de esa cortadora de césped.

effort ['efət] n
I will make every **effort** to get you there on time.

esfuerzo
Haré todos los esfuerzos posibles para que llegues a tiempo.

watch [wɒtʃ] v/t
We **watched** the pavement artist draw(ing) his picture.
Watch that boy carefully – I think he's a shoplifter.

mirar, observar
Miramos como el pintor callejero pintaba su cuadro.
Observa a ese chico con atención; creo que es un ladrón (de tiendas).

neglect [nɪ'glekt] v/t opp: take care of
He was away most of the time, **neglecting** his wife and children.

desatender, descuidar
Pasaba la mayoría del tiempo fuera de casa, desatendiendo a su mujer y a sus hijos.

miss [mɪs] v/t
My daughter has gone to Canada, and I **miss** her very much.

echar de menos, echar a faltar, extrañar
Mi hija se ha ido a Canadá y la echo mucho de menos

memory ['meməri] n
Looking at these toys brings back **memories** of my childhood.

recuerdo
Mirar esos juguetes me trae muchos recuerdos de la infancia.

laughter ['lɑːftə] n
The clowns were so funny that the audience roared with **laughter**.

risa
Los payasos eran tan divertidos que el público se partía de risa.

Actitud hacia otras personas

«1-2000»

power ['paʊə] n
Many people think that politicians have too much **power**.

poder, fuerza
Muchas personas piensan que los políticos tienen demasiado poder.

kind [kaɪnd] *adj syn:* good, *opp:* unkind
She is very **kind** to old people.

amable, agradable, bueno
Es muy amable con la gente mayor.

---

help [help] *n syn:* assistance, aid
We need your **help**.

ayuda
Necesitamos su ayuda.

---

help [help] *v/t, v/i syn:* assist
Lots of young people **help** old people who live alone.

ayudar
Mucha gente joven ayuda a la gente mayor que vive sola.

---

remind (of) [rɪ'maɪnd (ɒv)] *v/t*

Please **remind** (⚠ no: remember) me to phone him.
You **remind** me of your mother – you've got her eyes.

recordar (a alguien), hacer recordar
Por favor, recuérdame que le llame.
Me recuerdas a tu madre; tienes sus mismos ojos.

☞ **remind** y **remember** *suelen prestarse a confusión.* **remember** *significa 'acordarse de algo', o 'no olvidar algo'.* **remind** *someone, en cambio, tiene el significado de 'hacer recordar algo a una persona', o 'traerle un recuerdo'. Por ej.:* **Remember to lock the back door** *(Acuérdate de cerrar la puerta trasera), pero* **Remind me to lock the back door** *(Recuérdame que cierre la puerta trasera).*

---

promise ['prɒmɪs] *n, v/t*
Politicians are always making **promises** and then breaking them.
His parents have **promised** him a car if he passes the exam.

promesa, prometer
Los políticos siempre están haciendo promesas y rompiéndolas después.
Sus padres le han prometido un coche si aprueba el examen.

---

excuse [ɪk'skjuːz] *v/t opp:* blame
I wrote this in a hurry - please **excuse** the mistakes.

disculpar, perdonar, excusar
Lo he escrito con prisas; disculpa los errores, por favor.

---

excuse [ɪk'skjuːs] *n opp:* blame
There is no **excuse** for hurting a helpless person.

excusa, disculpa, pretexto
Herir a una persona indefensa no tiene disculpa.

---

follow ['fɒləʊ] *v/t*
We **followed** the waiter to our table.
I think a car is **following** us.

seguir, perseguir
Seguimos al camarero hasta nuestra mesa.
Creo que un automóvil nos está siguiendo.

---

disturb [dɪ'stɜːb] *v/t syn:* bother
Don't **disturb** her when she's working.

molestar, estorbar
No la molestes cuando está trabajando.

silent ['saɪlənt] *adj syn:* quiet,
opp: noisy
You have a right to remain **silent**
when you are arrested.

callado, silencioso

Si lo arrestan, tiene derecho a
permanecer callado.

silence ['saɪləns] *n syn:* quiet,
opp: noise
The corrupt politician offered her
£10,000 for her **silence**.
After a moment of absolute
silence there was enthusiastic
applause.

silencio

El político corrupto le ofreció
diez mil libras por su silencio.
Después de un momento de
silencio absoluto, hubo un
aplauso entusiasta.

«2001-4000»

influence ['ɪnfluəns] *n, v/t*
Young people can easily come
under the **influence** of religious
sects.
There are hardly any pop groups
that weren't **influenced** by the
Beatles.

influencia, influenciar
Los jóvenes pueden caer bajo la
influencia de sectas religiosas
muy fácilmente.
Casi no hay grupos de pop que
no hayan tenido la influencia de
los Beatles.

impress [ɪm'pres] *v/t*
I was **impressed** by her nearly
perfect pronunciation.

impresionar
Estaba impresionado por su pronunciación casi perfecta.

confuse [kən'fjuːz] *v/t*
Waking up in strange surroundings really **confused** me.

The twins look so much alike
that I'm always **confusing** them.

desconcertar, confundir
Despertarme en un entorno desconocido me desconcertó completamente.
Los gemelos son tan parecidos
que siempre los estoy confun-
diendo.

persuade [pə'sweɪd] *v/t syn:*
convince
He couldn't **persuade** her to go
climbing – she was too afraid.

convencer, persuadir

No pudo convencerla para ir a
escalar; tenía demasiado miedo.

control [kən'trəʊl] *n*
When football fans start drinking,
things often get out of **control**.

control, dominio
Cuando los hinchas de fútbol
beben, pierden el control.

☞ *'control' en el sentido de comprobación o revisión no se traduce por* **control** *sino por* **check***, por ej.:* **An airport security check**
(Un control de seguridad en el aeropuerto).

represent [ˌreprɪˈzent] *v/t*
She will **represent** our school at the conference.

representar
Ella representará a nuestra escuela en la reunión.

---

lead [liːd] *v/i, v/t*
⚠ **led** [led], **led** [led]
Two women were **leading** the demonstrators.

conducir, dirigir

Dos mujeres dirigían a los manifestantes.

---

guide [gaɪd] *v/t syn:* lead
The dog **guided** the blind man across the street.

guiar
El perro guiaba al hombre ciego a través de la calle.

---

imitate [ˈɪmɪteɪt] *v/t syn:* copy
He can **imitate** Marlon Brando's mumbling speech perfectly.

imitar, copiar
Sabe imitar el hablar entre dientes de Marlon Brando a la perfección.

---

favour, US **favor** [ˈfeɪvə] *n*
Would you do me a **favour** and lend me your bike?

favor
¿Me harías el favor de dejarme tu bici?

---

reward [rɪˈwɔːd] *n*

His parents gave him a new car as a **reward** for passing his exams.

premio, recompensa, compensación
Sus padres le regalaron un coche nuevo como recompensa por haber aprobado los exámenes.

---

spoil [spɔɪl] *v/t*
⚠ **spoilt*** [spɔɪlt], **spoilt*** [spɔɪlt]
Grandparents tend to **spoil** their grandchildren.

mimar, consentir

Los abuelos tienden a consentir a sus nietos.

---

encourage [ɪnˈkʌrɪdʒ] *v/t opp:* discourage
I thought I had no chance but she **encouraged** me to apply for the job.

alentar, animar

Yo pensaba que no tenía ninguna posibilidad pero ella me animó a que solicitara el puesto de trabajo.

---

trust [trʌst] *n syn:* confidence
His daughter would do anything he says – she has perfect **trust** in him.

confianza
Su hija haría cualquier cosa que le pidiera; tiene plena confianza en él.

---

trust [trʌst] *v/t*

I didn't lend him any money because I don't **trust** him.

confiar, tener confianza en, fiarse de
No le presté dinero porque no me fío de él.

---

confidence [ˈkɒnfɪdəns] *n syn:* trust
The people lost **confidence** in the President and voted him out of office.

confianza, esperanza

La gente perdió su confianza en el presidente y votó para que perdiera el cargo.

rely on [rɪ'laɪ ɒn] v/t
You can **rely on** her when you need help.

contar con, confiar en
Puedes contar con ella siempre que necesites ayuda.

respect [rɪ'spekt] n, v/t
Native Americans have great **respect** for the old.

He has hardly any friends, but he's much **respected** as an expert.

respeto, respetar
Los indígenas americanos tienen mucho respeto por la gente mayor.
Casi no tiene amigos pero es muy respetado como experto.

example [ɪg'zɑːmpl] n
A teacher should be punctual to set an **example** to his students.

ejemplo, modelo
Un maestro debería ser puntual para dar ejemplo a sus alumnos.

honour, US **honor** ['ɒnə] n
It's a great **honour** to have the Queen with us today.

honor, honra
Es un verdadero honor tener a la Reina hoy con nosotros.

worship ['wɜːʃɪp] v/t
She **worships** her son and doesn't see his faults.

adorar, venerar
Adora a su hijo y no ve sus defectos.

shame [ʃeɪm] n
He has no **shame** and never feels guilty.

vergüenza
No tiene vergüenza y nunca se siente culpable.

apologize [ə'pɒlədʒaɪz] v/i

She's still angry although he's **apologized** (⚠no: excused himself) for his behaviour.

disculparse, presentar disculpas, pedir perdón
Ella todavía está enfadada aunque él ya se haya disculpado por su comportamiento.

forgive [fə'gɪv] v/t
⚠**forgave** [fə'geɪv], **forgiven** [fə'gɪvən]
She'll never **forgive** you (for) your rude remarks.

perdonar, disculpar

Nunca te perdonará tus comentarios groseros.

blame [bleɪm] v/t opp: excuse
Don't **blame** me – it's not my fault that we lost.

culpar, echar la culpa
No me culpes a mí; no es culpa mía que perdiéramos.

gossip ['gɒsɪp] n
The papers are full of **gossip** about the royal family.

chisme, cotilleo, habladuría
Los periódicos están llenos de chismes sobre la familia real.

boast [bəʊst] v/i syn: brag
She's always **boasting** about how clever her children are.

alardear, ostentar
Siempre está alardeando sobre lo listos que son sus hijos.

secret ['siːkrɪt] n, adj
Don't tell anybody – these plans must be kept **secret**.

secreto
No se lo digas a nadie; estos planes deben mantenerse en secreto.

lie [laɪ] *n opp:* truth
She said she was busy, and I knew that was a **lie**.

mentira
Dijo que estaba muy ocupada y yo sabía que era mentira.

lie [laɪ] *v/i opp:* tell the truth
She's **lying** – there isn't a grain of truth in what she says.

mentir
Está mintiendo; no hay ni una pizca de verdad en lo que dice.

☞ **to lie, lied, lied** *(mentir) es un verbo regular y no se debe confundir con* **to lie, lay, lain** *(echarse, estar echado). El gerundio de ambos es* **lying** *(¡con y!).*

---

swear [sweə] *v/i syn:* curse
⚠ **swore** [swɔː], **sworn** [swɔːn]
He **swore** loudly when his car broke down for the third time.

jurar, maldecir, blasfemar
Maldijo en voz alta cuando su automóvil se averió por tercera vez.

curse [kɜːs] *v/t*
He **cursed** the second-hand car dealer for his dishonesty.

maldecir a, echar pestes de
Maldijo al proveedor de automóviles de segunda mano por su falta de honradez.

damn(ed) [dæm(d)] *adj, adv*
Some **damn** fool left the door open and the dog got out!

maldito
¡Algún maldito imbécil dejó la puerta abierta y el perro se ha escapado!

offend [ə'fend] *v/t syn:* hurt, upset, insult
She was very **offended** that you didn't invite her.

ofender, herir

Estaba muy ofendida porque no la invitaste.

insult [ɪn'sʌlt] *v/t syn:* offend
Your refusal to shake hands with him **insulted** him.

insultar, ofender
Lo has insultado al negarte a estrechar su mano.

insult ['ɪnsʌlt] *n*
Calling a native American a "redskin" is an **insult**.

insulto, ofensa
Llamar "piel roja" a un indígena americano es un insulto.

trick [trɪk] *n*
She got the money from an old woman by a **trick**.

truco, engaño, estafa
Le sacó dinero a una anciana con un engaño.

cheat [tʃiːt] *v/i*
He always wins at cards – he must be **cheating**!

hacer trampas
Siempre gana a las cartas; ¡debe estar haciendo trampas!

threat [θret] *n*
Violent racism is a **threat** to the peace of the whole nation.

amenaza
El racismo violento es una amenaza a la paz de toda la nación.

threaten ['θretn] *v/i, v/t*
The terrorists **threatened** to blow up the building.

amenazar
Los terroristas amenazaron con volar el edificio.

quarrel ['kwɒrəl] *n, v/i syn:* fight
They're always **quarrelling** about money.
They're **quarrelling** about what programme to watch on TV.

pelea, riña, pelearse, reñir
Siempre discuten por el dinero.

Se están peleando por qué programa de televisión mirar.

struggle ['strʌgl] *n, v/i syn:* fight
The black civil rights movement in the USA has been a long **struggle**.
After the war they had to **struggle** hard to survive.

lucha, luchar
El movimiento para los derechos humanos de los negros en EE UU ha sido una larga lucha.
Después de la guerra tuvieron que luchar duro para sobrevivir.

give in [ˌgɪv 'ɪn] *v/i*

They can't stop fighting because neither of them wants to **give in**.

ceder, rendirse, darse por vencido
No pueden dejar de pelearse porque ninguno quiere ceder.

EL LENGUAJE Y SUS USOS

Lenguaje

«1-2000»

speak [spiːk] *v/i, v/t syn:* talk
⚠**spoke** [spəʊk], **spoken** ['spəʊkən]
I'd like to **speak** to the manager.

I understand German but I don't **speak** it. → *talk*

hablar

Me gustaría hablar con el gerente.

Entiendo el alemán pero no lo hablo.

☞ *Por lo común, hay poca diferencia entre* **to speak** *y* **to talk**. *No obstante, se dice* **to speak a language** *(hablar un idioma). Se prefiere* **to talk** *cuando se trata de una conversación o se habla sobre algún tema:* **What are you talking about?** *(¿De qué estás hablando?). Obsérvense expresiones como* **talk nonsense** *(decir tonterías),* **talk business** *(hablar de negocios) y* **talk shop** *(hablar de trabajo).*

talk [tɔːk] *v/i syn:* speak
He's always **talking** about paying me back but he never does.

hablar
Siempre habla de devolverme el dinero pero nunca lo hace.

talk [tɔːk] *n syn:* conversation
Mother and I had a long **talk**.

conversación, charla
Mamá y yo tuvimos una larga conversación.

say [seɪ] *v/t*
⚠ **said** [sed], **said** [sed]
How do you **say** "Buen provecho" in English?

decir

¿Cómo se dice "Buen provecho" en inglés?

tell [tel] *v/t*
⚠ **told** [təʊld], **told** [təʊld]
I can't **tell** you how glad I am to see you.
She always **tells** the children a story before they go to bed.

decir, contar, explicar

No sé cómo decirte lo contento que estoy de verte.
Siempre les cuenta un cuento a los niños antes de ir a la cama.

call [kɔːl] *n, v/i, v/t syn:* shout, cry
We heard a **call** for help but didn't see anybody.
I **called** his name but he didn't hear me.

grito, llamada, llamar, gritar

Oímos un grito pidiendo ayuda pero no vimos a nadie.
Grité su nombre pero no me oyó.

cry [kraɪ] *n, v/i, v/t syn:* shout
She gave a **cry** of joy when she won the match.
Babies **cry** when they are hungry.

grito, gritar, vocear, llorar

Soltó un grito de alegría cuando ganó el partido.
Los bebés lloran cuando tienen hambre.

word [wɜːd] *n*
I couldn't think of the French **word** for it.

palabra, vocablo, voz
No me salía la palabra francesa para decir eso.

spell [spel] *v/i, v/t*
⚠ **spelt*** [spelt], **spelt*** [spelt]
Could you please **spell** your name? – Yes, it's S-á-n-c-h-e-z.

deletrear

¿Podría deletrear su nombre, por favor? –Sí, S-á-n-c-h-e-z.

«2001-4000»

speech [spiːtʃ] *n*
Speech therapists help people with **speech** defects.

habla
Los logopedas ayudan a la gente con defectos del habla.

express [ɪk'spres] *v/t*
Don't copy from the text – try to **express** it in your own words.

expresar
No copiéis del texto; intentad expresarlo con vuestras propias palabras.

expression [ɪk'spreʃn] *n syr:*
phrase, word
The **expression** "in a fix" means
"in a difficult situation".

expresión, locución

La expresión "en un aprieto" significa "en una situación difícil".

mention ['menʃn] *v/t*
The boss owes him so much but
doesn't **mention** him in his report.

mencionar, nombrar, aludir a
El jefe le debe mucho, pero no lo
menciona en su informe.

declare [dɪ'kleə] *v/t*
A state of emergency was **de-
clared** throughout the country.

declarar, pronunciar
Se declaró un estado de emergencia en todo el país.

conversation [ˌkɒnvə'seɪʃn] *n*
syn: talk
The conference should allow
enough time for private **conver-
sations**.

conversación

La conferencia debería conceder
tiempo suficiente para las conversaciones privadas.

discuss [dɪ'skʌs] *v/t*
In tonight's talk show the guests
will **discuss** (⚠ no: about) the
problems of drug addiction.

hablar de/sobre, tratar de
En el coloquio de esta noche los
invitados hablarán sobre los problemas de la drogadicción.

discussion [dɪ'skʌʃn] *n*
I watched an interesting **discussion** about new Immigration laws.

discusión, debate
Miré un debate interesante sobre
las nuevas leyes de inmigración.

☞ **discuss** y **discussion** *no se refieren a una conversación violen-
ta o a una pelea. Para esta acepción generalmente se usarán* **argue**
y **argument** *respectivamente.*

---

argue ['ɑːɡjuː] *v/i syn:* quarrel,
fight
The kids are **arguing** over which
TV programme they should
watch. → *discussion*

discutir, pelear

Los niños están discutiendo sobre qué programa de televisión
deberían mirar.

argument ['ɑːɡjuːmənt] *n syn:*
quarrel, fight
The football coach got into an
argument with the referee about
his decision. → *discussion*

discusión, pelea, disputa

El entrenador de fútbol se enzar-
zó en una discusión con el árbitro por la decisión de éste.

sound [saʊnd] *n*
The English "sh" is a **sound** that
many Spanish speakers can't
pronounce.

sonido
El sonido inglés "sh" es un sonido que muchos hispanohablantes no saben pronunciar.

voice [vɔɪs] *n*
I love listening to her – she's got
a beautiful **voice**.

voz
Me encanta escucharla; tiene
una voz preciosa.

whisper ['wɪspə] v/t
She **whispered** in my ear so the others couldn't hear her.

cuchichear, susurrar
Cuchicheó en mi oído para que los demás no pudieran oírla.

---

shout [ʃaʊt] n, v/i, v/t syn: call, cry
He gave a **shout** of joy.
There's no need to **shout** at the boy.

grito, gritar, vocear

Dio un grito de alegría.
No es necesario gritarle al chico.

---

pronounce [prə'naʊns] v/t
"Our" and "hour" are spelt differently but **pronounced** the same.

pronunciar
"Our" y "hour" se escriben diferente pero se pronuncian igual.

---

pronunciation [prə,nʌnsɪ'eɪʃn] n
The **pronunciation** of "Gary" is different from that of "Gerry".

pronunciación
La pronunciación de "Gary" es diferente de la de "Gerry".

---

spelling ['spelɪŋ] n syn: orthography
He writes in an excellent style but his **spelling** is terrible.

ortografía

Escribe con un estilo excelente pero su ortografía es fatal.

---

sentence ['sentəns] n
Please answer the questions using complete **sentences**.

frase, oración
Por favor, respondan a las preguntas usando frases completas.

Usos del lenguaje

Dar y pedir información

«1-2000»

---

ask [ɑːsk] v/t opp: answer, reply
When young people order a beer in the USA, the barman **asks** them how old they are.

preguntar
Cuando la gente joven pide una cerveza en EU UU, el barman les pregunta cuántos años tienen.

---

question ['kwestʃn] n opp: answer, reply
I asked him but he didn't answer my **question**.

pregunta

Le pregunté pero no respondió a mi pregunta.

---

answer ['ɑːnsə] v/i, v/t syn: reply, opp: ask
He's going to **answer** all the questions you ask him.

responder

Él responderá a todas las preguntas que usted le haga.

answer ['ɑːnsə] *n syn:* reply, *opp:* question
If you are asking me, the **answer** is yes.

respuesta
Si me preguntan a mí, la respuesta es sí.

---

show [ʃəʊ] *v/t*
⚠ **showed** [ʃəʊd], **shown** [ʃəʊn]
You must **show** your passport before you board the plane.

mostrar, enseñar

Debe mostrar su pasaporte antes de subir al avión.

---

information [ˌɪnfə'meɪʃn] *n*
I'd like some **information** about rafting on the Colorado River.
→ *advice*

información
Desearía información sobre el descenso por las aguas rápidas del río Colorado.

---

news [njuːz, *US* nuːz] *n*
This is (⚠ no: are) the **news**.
→ *advice*

noticia(s), novedad(es)
Éstas son las noticias.

---

report [rɪ'pɔːt] *v/i, v/t*

As the US correspondent of "The Guardian" he **reported** on the San Francisco earthquake.

informar acerca de, relatar, dar parte de, hacer una crónica
Como corresponsal en EE UU del periódico *The Guardian*, informó acerca del terremoto en San Francisco.

---

report [rɪ'pɔːt] *n syn:* account
I watched the TV **report** of the bombing.

informe, reportaje, crónica
Ví el reportaje de televisión sobre el etentado con bomba.

---

explain [ɪk'spleɪn] *v/t*
Can you **explain** to me (⚠ no: explain me) what this word means?

explicar, aclarar
¿Puedes aclararme lo que significa esta palabra?

---

mean [miːn] *v/t*
⚠ **meant** [ment], **meant** [ment]
The three stars in the guide **mean** that it's a very fine restaurant.

significar

Las tres estrellas en la guía significan que es un restaurante muy bueno.

---

meaning ['miːnɪŋ] *n syn:* sense
Most words have several **meanings**.

significado
La mayoría de las palabras tienen varios significados.

---

tip [tɪp] *n*
This travel guide is full of useful **tips**.

consejo, aviso, indicación
Esta guía de viaje está llena de consejos útiles.

---

advice [əd'vaɪs] *n*
He took his doctor's **advice** and gave up smoking.
Let me give you a piece of **advice** (⚠ no: an advice).
→ *advise*

consejo
Siguió el consejo de su médico y dejó de fumar.
Déjame darte un consejo.

☞ **advice**, **information** y **news** *sólo se usan en singular y sin artículo indeterminado. Cuando se quiera hablar de un solo consejo, una información o una noticia se utiliza* **a piece of...**, *por ej.:* **an important piece of news** *(una noticia importante).*

«2001-4000»

inquiry [ɪnˈkwaɪərɪ] *n*
The police are making **inquiries** about the murdered woman's life.

pregunta, investigación
La policía está haciendo preguntas sobre la vida de la mujer asesinada.

inquire [ɪnˈkwaɪə] *v/i syn:* ask
I'd like to **inquire** about cheap flights to Florida.

preguntar, pedir información
Me gustaría pedir información sobre los vuelos baratos hacia Florida.

statement [ˈsteɪtmənt] *n*

The politicians made a **statement**.

declaración, afirmación, manifestación
Los políticos hicieron una declaración.

remark [rɪˈmɑːk] *n*
He can't stop making nasty **remarks**.

comentario, observación
No puede parar de hacer comentarios desagradables.

message [ˈmesɪdʒ] *n*
Send him a **message** by fax.

mensaje, recado, aviso
Envíale un mensaje por fax.

inform [ɪnˈfɔːm] *v/t syn:* tell
She told her boss about the missing money but didn't **inform** the police.

informar, comunicar
Le dijo a su jefe lo del dinero desaparecido pero no informó a la policía.

explanation [ˌekspləˈneɪʃn] *n*
The police know the murderer but have no **explanation** for his motives.

explicación
La policía conoce al asesino pero no encuentran una explicación a su móvil.

point [pɔɪnt] *v/i*
A compass needle **points** north.

señalar, indicar, apuntar
La aguja de una brújula señala el norte.

refer to [rɪˈfɜː tʊ]
When we speak of the greenhouse effect, we are **referring to** the global warming caused by pollution.

referirse a, hablar de, aludir a
Cuando hablamos del efecto invernadero nos referimos al recalentamiento global causado por la contaminación.

advise [əd'vaɪz] *v/t*
The doctor **advised** him to stop smoking.

aconsejar
El médico le aconsejó que dejara de fumar.

☞ *El verbo* **advise** *y su sustantivo* **advice** *no equivalen a las palabras españolas 'avisar' y 'aviso'. Éstas se suelen traducir por* **warn** *y* **warning**, *respectivamente.*

recommend [ˌrekə'mend] *v/t*
Can you **recommend** a good restaurant?

recomendar
¿Me puede recomendar un buen restaurante?

Asentir y rechazar

«1-2000»

opinion [ə'pɪnjən] *n syn:* view
Everybody thinks she's great, but in my **opinion** her books are boring.

opinión, parecer, juicio
Todo el mundo piensa que es fantástica pero, en mi opinión, sus libros son aburridos.

mean [miːn] *v/t*
⚠ **meant** [ment], **meant** [ment]
I don't understand what you **mean** by that.
Do you **mean** me? – Yes, I **mean** you.
I **mean** what I say.

querer decir, pretender, referirse a, pensar (en serio, de verdad)
No entiendo lo que usted quiere decir con eso.
¿Te refieres a mí? –Sí, me refiero a ti.
Pienso de verdad lo que digo.

for [fɔː] *prep syn:* in favour of, *opp:* against
Are you **for** nuclear energy or against it?

a favor de, en pro de
¿Estás a favor de la energía nuclear o en contra de ella?

against [ə'genst] *prep opp:* for, in favour of
Pacifists are **against** violence of any kind.

en contra de
Los pacifistas están en contra de cualquier tipo de violencia.

yes [jes] *adv opp:* no
Are you Spanish? – **Yes**, I am.

sí
¿Es usted español? –Sí.

☞ *Resulta descortés responder preguntas simplemente con* **yes** *o* **no**. *Para contestar a ofrecimientos es más adecuado decir* **yes, please** *o* **no, thank you**. *Para contestar a otro tipo de preguntas se utilizan las correspondientes repuestas cortas, por ej.:* **Are you enjoying your visit? – Yes, we are**.

of course [əv'kɔːs] *adv syn:* certainly
May I borrow this book? – Yes, **of course**.

por supuesto, naturalmente, desde luego
¿Puedo tomar este libro prestado? –Sí, por supuesto.

---

no [nəʊ] *adv opp:* yes
Do you live here? – **No**, I don't. → *yes*

no
¿Vive usted aquí? –No.

---

not [nɒt] *adv*
You are **not** old enough to drink.

no
No eres lo suficientemente mayor para beber.

---

right [raɪt] *adj syn:* correct, true, *opp:* wrong, false
A successful politician always says the **right** things and knows the **right** people.

correcto, adecuado, apropiado
Un político exitoso siempre dice las cosas apropiadas y conoce a la gente adecuada.

---

correct [kə'rekt] *adj syn:* right, *opp:* wrong, false
You did a good job – 9 out of 10 answers are **correct**.

correcto
Hiciste un buen trabajo; nueve de las diez respuestas son correctas.

---

true [truː] *adj syn:* real, right, correct, *opp:* false, wrong
It sounds strange but it's a **true** story.

verdadero, verídico, real, auténtico
Suena extraño pero es una historia verídica.

---

truth [truːθ] *n opp:* lie
They didn't believe her although she was telling the **truth**.

verdad
No la creyeron a pesar de que estaba diciendo la verdad.

---

be right [bɪ 'raɪt] *opp:* be wrong
I think you**'re right**. → *reason*

tener razón, estar en lo cierto
Creo que tienes razón.

---

admit [əd'mɪt] *v/t syn:* confess, *opp:* deny
He had to **admit** that his opponent was better than he was.

admitir, reconocer
Tuvo que admitir que su adversario era mejor que él.

---

wrong [rɒŋ] *adj syn:* false, *opp:* right, correct
Turn round, we're going in the **wrong** direction.

equivocado, falso
¡Gira, vamos en dirección equivocada!

---

mistake [mɪ'steɪk] *n syn:* error, fault
Except for a few spelling **mistakes** it's an excellent piece of work.

error, equivocación, fallo
Aparte de un par de errores ortográficos, es un trabajo excelente.

---

be wrong [bɪ 'rɒŋ] *opp:* be right
I was **wrong** when I thought I could do it without any help.

estar equivocado
Estaba equivocado cuando pensé que podría hacerlo sin ayuda.

«2001-4000»

view [vjuː] *n syn:* idea, opinion, belief
In a democracy everybody has a right to his own political **views**.

opinión, parecer, punto de vista

En una democracia todo el mundo tiene derecho a tener sus propias opiniones políticas.

---

argument ['ɑːgjuːmənt] *n*
What **arguments** are there for and against nuclear power?

argumento
¿Qué argumentos hay a favor y en contra de la energía nuclear?

---

reply [rɪ'plaɪ] *n, v/i, v/t syn:* answer
I wrote to the British Tourist Authority and got an immediate **reply**.
We sent them a letter and they **replied** by fax.

respuesta, contestación, responder, contestar
Escribí a la oficina de turismo británica y recibí una respuesta inmediata.
Les enviamos una carta y nos respondieron por fax.

---

in favo(u)r (of) [ɪn 'feɪvə (rəv)] *syn:* for, *opp:* against
Will those **in favour** (**of** the proposal) please raise their hands.

a favor de, en pro de

Aquellos que estén a favor (de la propuesta) que levanten las manos, por favor.

---

agree [ə'griː] *v/i opp:* disagree
You said the film was boring – I **agree** with you.

estar de acuerdo, acordar
Dijiste que la película era aburrida; estoy de acuerdo contigo.

---

agreement [ə'griːmənt] *n*
It's difficult to reach an **agreement** on protecting whales.

acuerdo, pacto, convenio
Es difícil llegar a un acuerdo en cuanto a la protección de las ballenas.

---

approve (of) [ə'pruːv (əv)] *v/i, v/t opp:* object (to)
I don't **approve** of elitist private schools.
The plans must be **approved** by the city council.

ser partidario de, aprobar, dar por bueno
No soy partidario de las escuelas privadas elitistas.
Los planes tienen que ser aprobados por el concejo municipal.

---

praise [preɪz] *v/t opp:* criticize
The press **praised** the firefighters' prompt action

alabar, elogiar
La prensa elogió la acción inmediata de los bomberos.

---

praise [preɪz] *n opp:* criticism
Webber's new musical received a lot of **praise**.

alabanza, elogio
El nuevo musical de Webber recibió muchos elogios.

---

admire [əd'maɪə] *v/t opp:* despise
Many people **admire** Greenpeace.

admirar

Mucha gente admira Greenpeace.

admiration [ˌædməˈreɪʃn] *n opp:* contempt
His work has always filled me with **admiration**.

admiración
Su trabajo siempre me ha llenado de admiración.

---

correct [kəˈrekt] *v/t*
Please **correct** me if I make a mistake.

corregir, rectificar
Por favor, corrígeme si me equivoco.

---

mind [maɪnd] *v/t syn:* object to
It's so hot – would you **mind** opening the window?

importar *(+ ger)*, **molestar a uno, tener algún inconveniente**
Hace mucho calor, ¿te importaría abrir la ventana?

---

complain [kəmˈpleɪn] *v/i*
Our neighbours are often very noisy but we don't **complain** (about it).

quejarse
Nuestros vecinos a menudo son muy ruidosos, pero nosotros no nos quejamos (de ello).

---

complaint [kəmˈpleɪnt] *n*
The police received lots of **complaints** about the noise.

queja
La policía recibió muchas quejas por el ruido.

---

deny [dɪˈnaɪ] *v/t opp:* admit
He **denies** ever having been there.

negar
Niega haber estado allí antes.

---

object (to) [əbˈdʒekt (tuː)] *v/i opp:* approve (of)
I'd like to close the meeting if no one **objects** (to that).

oponerse (a), hacer objeciones
Me gustaría concluir la reunión si nadie se opone (a ello).

---

protest [prəˈtest] *v/i*
Greenpeace organized a march to **protest** against dumping in the North Sea.

protestar
Greenpeace organizó una manifestación para protestar contra los vertidos tóxicos en el Mar del Norte.

---

protest [ˈprəʊtest] *n*
It was mainly the **protest** of young people that ended the war in Vietnam.

protesta
Fue principalmente la protesta de la gente joven lo que terminó con la guerra en Vietnam.

---

refuse [rɪˈfjuːz] *v/i, v/t*
When the demonstrators **refused** to get up and leave, the police carried them off.

negarse, rechazar, rehusar
Cuando los manifestantes se negaron a levantarse e irse, la policía se los llevó a la fuerza.

---

refusal [rɪˈfjuːzl] *n*
His **refusal** annoyed her.

negativa, denegación
Su negativa la molestó.

Asegurar y dudar

«1-2000»

proof [pruːf] *n syn:* evidence
Do you have any **proof** that you weren't at the scene of the crime?

prueba, evidencia
¿Tiene usted alguna prueba de que no estaba en el lugar del crimen?

sure [ʃʊə] *adj syn:* certain, *opp:* uncertain
I think he'll come, but I'm not **sure**.

seguro

Creo que vendrá, pero no estoy seguro.

certain [ˈsɜːtn] *adj syn:* sure, *opp:* uncertain
I think they are open, but I'm not absolutely **certain**.

seguro

Creo que tienen abierto pero no estoy seguro del todo.

certainly [ˈsɜːtnlɪ] *adv syn:* of course
It's **certainly** a good car, but it's far too expensive.

desde luego, ciertamente

Desde luego que es un buen coche, pero es demasiado caro.

suppose [səˈpəʊz] *v/t syn:* think, believe
Since she's not here, I **suppose** she's ill.

suponer, imaginarse

Como no está aquí, supongo que estará enferma.

seem [siːm] *v/i syn:* appear
She's not as cool as she **seems** to be.

parecer, aparentar
No es tan tranquila como parece.

probable [ˈprɒbəbl] *adj syn:* likely, *opp:* improbable
It's possible that he'll win but not very **probable**.

probable

Es posible que gane pero no muy probable.

probably [ˈprɒbəblɪ] *adv*
I'm not sure yet, but we'll **probably** leave on Friday.

probablemente
Todavía no estoy seguro pero probablemente nos iremos el viernes.

possible [ˈpɒsəbl] *adj opp:* impossible
Further showers are **possible** but not probable.

posible

Es posible pero no probable que haya más chubascos.

perhaps [pəˈhæps] *adv syn:* maybe
I haven't seen Bob today – **perhaps** he's ill.

quizá(s), tal vez

Hoy no he visto a Bob; quizá esté enfermo.

impossible [ɪmˈpɒsəbl] *adj opp:* possible
Experts thought it was **impossible** to run a mile in under four minutes.

imposible
Los expertos pensaban que era imposible correr una milla en menos de cuatro minutos.

«2001-4000»

obvious [ˈɒbvɪəs] *adj syn:* clear
It's **obvious** that they are in love with each other.

obvio, evidente
Es obvio que están enamorados el uno del otro.

clear [klɪə] *adj syn:* obvious
It's becoming **clear** that the climate is changing.

claro, evidente
Cada vez es más evidente que el clima está cambiando.

prove [pruːv] *v/t*
His fingerprints **prove** that he was at the scene of the crime.

demostrar, probar
Sus huellas dactilares demuestran que estuvo en la escena del crimen.

fact [fækt] *n*
It's a novel but it's based on **fact**.

realidad, hecho
Es una novela pero está basada en la realidad.

reality [rɪˈælətɪ] *n opp:* fiction
What used to be science fiction is now **reality**.

realidad
Lo que antes era ciencia ficción ahora es realidad.

decide [dɪˈsaɪd] *v/t*
A goal in the last minute **decided** the match.

decidir, determinar
Un gol en el último minuto decidió el partido.

decision [dɪˈsɪʒn] *n*
Let's come to a **decision** now.

decisión, resolución
Tomemos una decisión ya.

determined [dɪˈtɜːmɪnd] *adj*
When he's **determined** to win, no one can stop him.

resuelto, decidido
Cuando está decidido a ganar, nadie puede pararle.

actual [ˈæktʃʊəl] *adj syn:* real
In the election there was a big difference between the predicted results and the **actual** results.

real, verdadero, efectivo
En la elección hubo una gran diferencia entre los resultados pronosticados y los resultados reales.

☞ **actual** *no equivale al español 'actual', que se traduce por* **topical** *(de interés actual),* **current/current** *(de hoy en día) o* **up-to-date** *(al día).*

actually [ˈæktʃʊəlɪ] *adv syn:* really
The Queen's official birthday is in June, although **actually** her birthday is in April.

en realidad, realmente

El cumpleaños oficial de la Reina es en junio aunque, en realidad, su cumpleaños es en abril.

convince [kənˈvɪns] *v/t syn:* persuade
He failed to **convince** the management that he was the right man for the job.

convencer

No consiguió convencer a la dirección de que era el hombre adecuado para el puesto de trabajo.

claim [kleɪm] *v/i, v/t syn:* maintain
Several scientists **claim** to have been the first to find the AIDS virus.

afirmar, sostener, reivindicar

Varios científicos afirman haber sido los primeros en descubrir el virus del SIDA.

appear [əˈpɪə] *v/i syn:* seem
He **appeared** (to be) quite calm, but actually he was nervous.

parecer
Parecía bastante tranquilo pero en realidad estaba nervioso.

estimate [ˈestɪmeɪt] *v/t*
The population of Mexico City is **estimated** at 20 million or higher.

estimar, calcular
La población de México D.F. se estima en veinte millones o más.

maybe [ˈmeɪbɪ] *adv syn:* perhaps
I don't think so, but **maybe** you're right.

quizá(s), tal vez
No lo creo, pero tal vez tengas razón.

possibility [ˌpɒsəˈbɪlətɪ] *n*
The weather will be fine but there's a **possibility** of some rain in the evenings.

posibilidad
El tiempo será bueno, pero hay posibilidades de que llueva un poco por las tardes.

guess [ges] *v/i, v/t*

Do you know how old London is? – I can only **guess** – about 2000 years? – You've **guessed** it!

hacer conjeturas, adivinar, acertar
¿Sabes cuántos años hace que existe Londres? –Sólo puedo hacer conjeturas: ¿unos 2.000 años? –¡Acertaste!

hesitate [ˈhezɪteɪt] *v/i*
If you have any questions, don't **hesitate** to ask.

dudar
Si tienen algún interrogante, no duden en preguntar.

doubt [daʊt] *n, v/t*
Everybody says that he'll win but I have my **doubts** (about it).

She may get the job but I **doubt** it.

duda, dudar
Todo el mundo dice que ganará pero yo tengo mis dudas (sobre ello).
Quizás consiga el puesto de trabajo pero lo dudo.

Valorar y opinar

«1-2000»

choose [tʃuːz] *v/i, v/t syn:* select, pick
⚠ **chose** [tʃəʊz] **chosen** ['tʃəʊzən]
You can **choose** between soup and a salad.

elegir, escoger

Puede elegir entre sopa y ensalada.

---

prefer [prɪ'fɜː] *v/t*
I'm not a vegetarian, but I **prefer** vegetables to meat.

preferir
No soy vegetariano pero prefiero la verdura a la carne.

---

good [gʊd] *adj opp:* bad
He's a **good** golfer but a bad tennis player.

bueno
Es un buen jugador de golf pero un mal jugador de tenis.

---

well [wel] *adv opp:* badly
She's a good dancer and she sings very **well**, too.

bien
Es una buena bailarina y también canta muy bien.

---

better ['betə] *adj, adv opp:* worse
She's a much **better** driver than he is, and plays better tennis, too.

mejor

Es mucho mejor conductora que él y también juega mejor al tenis.

---

best [best] *adj, adv opp:* worst
Jesse Owens, the **best** athlete of his time, set six world records in 45 minutes.

(el/la) mejor
Jesse Owens, el mejor atleta de su tiempo, estableció seis récords mundiales en 45 minutos.

---

nice [naɪs] *adj*
Thank you for the photograph – it's a very **nice** present.

bonito, lindo
Gracias por la fotografía; es un regalo muy bonito.

---

fine [faɪn] *adj syn:* excellent, beautiful
The Guggenheim in New York is one of the **finest** museums of its kind.

selecto, bueno, bello, elegante

El Guggenheim de Nueva York es uno de los museos más selectos entre los de su estilo.

---

great [greɪt] *adj syn:* excellent, wonderful
Shakespeare was the **greatest** dramatist of all time.
The new film is really **great**.

grande, excelente, fantástico

Shakespeare fue el mayor dramaturgo de todos los tiempos.
La nueva película es realmente fantástica.

---

wonderful ['wʌndəfʊl] *adj syn:* lovely, *opp:* awful
It's a **wonderful** book – I could read it over and over again.

maravilloso, estupendo

Es un libro maravilloso; podría leerlo una y otra vez.

bad [bæd] *adj opp:* good
The hotel was good but the food
was **bad**.

malo
El hotel era bueno pero la comida era mala.

worse [wɜːs] *adj, adv opp:* better
Last year the economy was bad,
but this year it is even **worse**.

peor
El año pasado la economía fue
mala, pero este año es incluso
peor.

worst [wɜːst] *adj, adv opp:* best
The earthquake and fire of 1906
was the **worst** disaster in San
Francisco's history.

(el/la) peor
El terremoto y el incendio de
1906 fueron el peor desastre en
la historia de San Francisco.

awful [ˈɔːfʊl] *adj syn:* terrible
New York has an **awful** climate –
it's either too hot or too cold.

horroroso, horrible, terrible
Nueva York tiene un clima horrible; siempre hace o demasiado
calor o demasiado frío.

interesting [ˈɪntrɪstɪŋ] *adj opp:*
boring, dull
He travels a lot - he's got a very
interesting job.

interesante

Viaja mucho; tiene un trabajo
muy interesante.

important [ɪmˈpɔːtnt] *adj opp:*
unimportant
A large vocabulary is more
important than perfect pronunciation.

importante

Un vocabulario amplio es más
importante que una pronunciación perfecta.

valuable [ˈvæljuːbl] *adj syn:*
precious, *opp:* worthless
The delay will cost us **valuable**
time.

valioso

El retraso nos costará un tiempo
valioso.

useful [ˈjuːsfəl] *adj opp:* useless
Phonecards are very **useful**
when you're out of change.

útil, provechoso
Las tarjetas de teléfono son muy
útiles cuando no se tiene cambio.

use [juːs] *n*
Nothing is of as much **use** in an
office as a computer.

uso, utilidad
Nada tiene tanta utilidad en una
oficina como una computadora.

easy [ˈiːzɪ] *adj syn:* simple, *opp:*
difficult, hard
Spanish speakers find it **easier**
to learn French than English.

fácil, sencillo

Los hispanohablantes encuentran más fácil aprender francés
que aprender inglés.

simple [ˈsɪmpl] *adj syn:* plain,
easy, *opp:* difficult, complicated
I thought it was **simple** but I
couldn't do it.

sencillo, simple, fácil

Creía que era sencillo pero no
pude hacerlo.

difficult ['dɪfɪkəlt] *adj syn:* hard, *opp:* easy
Let's begin with some easy questions before we turn to the **difficult** ones.

difícil

Empecemos con algunas preguntas fáciles antes de pasar a las difíciles.

---

strange [streɪndʒ] *adj, syn:* funny, odd, *opp:* normal
I can't explain his **strange** behaviour – he's never done that before.

extraño, raro, curioso

No puedo explicarme su extraño comportamiento; nunca ha hecho esto antes.

---

too [tuː] *adv*
The radio's **too** loud – turn it down, please.

demasiado
El volumen de la radio está demasiado alto; bájalo, por favor.

«2001-4000»

---

choice [tʃɔɪs] *n*
I think we made the right **choice** (in) buying this car.

elección
Creo que hicimos una buena elección comprando este automóvil.

---

purpose ['pɜːpəs] *n*
My car is small and slow but it serves its **purpose**.

finalidad, propósito, intención
Mi automóvil es pequeño y lento pero cumple con su finalidad.

---

prove [pruːv] *v/i syn:* turn out
I hope this book will **prove** (to be) useful for your English.

resultar
Espero que este libro resulte (ser) útil para tu inglés.

---

deserve [dɪ'zɜːv] *v/t*
You've been working hard – you really **deserve** a rest.

merecer
Has estado trabajando duro; mereces realmente un descanso.

---

check [tʃek] *v/t*
Airport security **checked** (⚠ no: controlled) our luggage.

Fill her up, please, and **check** (⚠ no: control) the oil. → *control*

inspeccionar, comprobar
Los agentes de seguridad del aeropuerto inspeccionaron nuestro equipaje.
Llena el depósito, por favor, y comprueba el nivel de aceite.

---

criticize ['krɪtɪsaɪz] *v/t opp:* praise
In a democracy anybody has the right to **criticize** the government.

criticar

En una democracia todos tienen derecho a criticar al gobierno.

---

criticism ['krɪtɪsɪzm] *n opp:* praise
A politician must be open to **criticism** (⚠ no: critic).

crítica

Un político debe estar abierto a la crítica.

critic ['krɪtɪk] *n*
"Schindler's List" was a success with the public as well as the **critics**.

crítico
La lista de Schindler fue todo un éxito de público y crítica.

satisfactory [ˌsætɪsˈfæktərɪ] *adj*
opp: unsatisfactory
The results aren't sensational but **satisfactory**.

satisfactorio
Los resultados no son sensacionales pero sí satisfactorios.

satisfied ['sætɪsfaɪd] *adj syn:*
content, pleased, *opp:*
dissatisfied
He gets everything he wants, but he never seems to be **satisfied**.

satisfecho
Consigue todo lo que quiere pero nunca parece estar satisfecho.

improve [ɪmˈpruːv] *v/i, v/t*
This book will help you to **improve** your English.

mejorar
Este libro te ayudará a mejorar tu inglés.

excellent ['eksələnt] *adj syn:*
outstanding
Congratulations! Your exam results are **excellent**. → *brave*

excelente
¡Felicidades! Los resultados de tu examen son excelentes.

first-class [ˌfɜːst ˈklɑːs] *adj syn:*
excellent
Her work is **first-class** – she's my best student.

de primera clase
Su trabajo es de primera clase; es mi mejor alumna.

perfect ['pɜːfɪkt] *adj*
Her English is excellent but not **perfect**.

perfecto
Su inglés es excelente pero no es perfecto.

ideal [aɪˈdɪəl] *adj syn:* perfect
This is an **ideal** place for a holiday.

ideal, perfecto
Éste es un lugar ideal para unas vacaciones.

amazing [əˈmeɪzɪŋ] *adj*
The Intercity Express train goes at an **amazing** speed.

asombroso, extraordinario
El tren rápido de largo recorrido va a una velocidad asombrosa.

extraordinary [ɪkˈstrɔːdənərɪ] *adj*
opp: ordinary
Snow in May – what **extraordinary** weather!

extraordinario, excepcional, poco común
Nieve en mayo, ¡qué tiempo más extraordinario!

delightful [dɪˈlaɪtfəl] *adj*
She's such a **delightful** little girl.

encantador, precioso
Es una jovencita encantadora.

lovely ['lʌvlɪ] *adj syn:* beautiful,
opp: ugly
Thank you for a **lovely** evening.

encantador, precioso
Gracias por esta noche tan encantadora.

boring ['bɔːrɪŋ] *adj syn:* dull, *opp:* exciting, interesting
Nothing much happens in this town – it's so **boring**.

aburrido
En este pueblo nunca pasa nada, ¡es tan aburrido!

dull [dʌl] *adj syn:* boring, *opp:* interesting, exciting
Everybody talks about her new book, but I find it rather **dull**.

soso, insípido
Todo el mundo habla de su nuevo libro, pero yo lo encuentro bastante soso.

terrible ['terəbl] *adj syn:* awful
The starving children were a **terrible** sight.

terrible, horrible
Los niños muriendo de hambre fueron un espectáculo terrible.

practical ['præktɪkl] *adj opp:* theoretical
He knows a lot, but he lacks **practical** experience.

práctico
Sabe mucho pero carece de experiencia práctica.

proper ['prɒpə] *adj syn:* right, suitable
Putting it in your mouth is not the **proper** way to eat with a knife.

apropiado, correcto, indicado
La manera apropiada de comer con un cuchillo no es poniéndoselo en la boca.

suitable ['suːtəbl] *adj syn:* proper, *opp:* unsuitable
One-room studios aren't **suitable** for families with children.

adecuado, idóneo, indicado
Los estudios de una sola habitación no son adecuados para familias con niños.

suit [suːt] *v/t*
Friday will **suit** me fine.
I have red hair, and pink doesn't **suit** me.

ir bien, convenir, sentar bien
El viernes me va bien.
Soy pelirroja y el color rosa no me sienta bien.

convenient [kən'viːnjənt] *adj syn:* suitable, *opp:* inconvenient
You didn't pick a very **convenient** moment to talk to him.

oportuno
No elegiste un momento muy oportuno para hablar con él.

importance [ɪm'pɔːtns] *n*
Before the gold rush San Francisco was a town of little **importance**.

importancia
Antes de la fiebre del oro, San Francisco era una población de escasa importancia.

precious ['preʃəs] *adj syn:* valuable, *opp:* worthless
Oil is too **precious** to be burned.

precioso, valioso
El petróleo es demasiado valioso para ser quemado.

slight [slaɪt] *adj*
His Spanish is excellent, but he has a **slight** English accent.

ligero, pequeño, leve
Su español es excelente pero tiene un ligero acento inglés.

considerable [kən'sɪdərəbl] adj
No one got hurt, but the storm caused **considerable** damage to the building.

considerable
Nadie salió herido, pero la tormenta causó daños considerables al edificio.

false [fɒls] adj syn: wrong, opp: true, correct
A dolphin is a whale – true or **false**?

falso
Un delfín es una ballena, ¿verdadero o falso?

fault [fɒlt] n
Don't blame yourself – it isn't your **fault**.

culpa
No te culpes a ti mismo; no es culpa tuya.

mistake for [mɪ'steɪk fɔː]
⚠ **mistook** [mɪ'stʊk], **mistaken** [mɪ'steɪkən]
She looks so young that people often **mistake** her for her daughter.

confundir con

Parece tan joven que la gente suele confundirla con su hija.

useless ['juːslɪs] adj opp: useful
It's **useless** to complain – they won't do anything about it.

inútil
Es inútil quejarse; no van a hacer nada al respecto.

failure ['feɪljə] n opp: success
After several **failures** he found the right method.

fracaso
Después de varios fracasos encontró el método correcto.

nonsense ['nɒnsəns] n
To say that higher taxes will help the economy is **nonsense**.

disparate, tontería
Decir que los impuestos altos ayudarán a la economía es una tontería.

Mandar y prohibir

«1-2000»

let [let] v/aux
⚠ **let** [let] **let** [let]
She's **letting** her hair grow.
Don't **let** the dog out!

dejar, permitir

Se está dejando crecer el pelo.
¡No dejes salir al perro!

allow [ə'laʊ] v/t syn: permit, opp: forbid, prohibit
The landlord doesn't **allow** pets in the house.

permitir, dar permiso

El propietario no permite animales domésticos en la casa.

be allowed [bɪ ə'laʊd] *syn:* be permitted
You're not **allowed** to smoke in here. → *may, must not*

tener permiso, estar permitido

No se permite fumar aquí dentro.

---

tell [tel] *v/t syn:* order, *opp:* ask
⚠ **told** [təʊld], **told** [təʊld]
I **told** you to stay here.

decir, ordenar, mandar

He dicho que te quedes aquí.

---

order ['ɔːdə] *n, v/t syn:* command
The chief of police gave the **order** to storm the plane.

orden, ordenar

El jefe de policía dio la orden de asaltar el avión.

«2001-4000»

---

permit [pə'mɪt] *v/t syn:* allow, *opp:* forbid, prohibit
Dogs are not **permitted** in the house.

permitir

Los perros no están permitidos en la casa.

---

permission [pə'mɪʃn] *n opp:* prohibition
Before landing a pilot has to ask for **permission**.

permiso, autorización

Un piloto tiene que pedir autorización antes de aterrizar.

---

have something done ['hæv ˌsʌmθɪŋ 'dʌn]
We used to **have the house painted**, but now we do it ourselves.

mandar hacer algo

Antes mandábamos a alguien pintar la casa, pero ahora lo hacemos nosotros mismos.

---

command [kə'mɑːnd] *n, v/t syn:* order
Prince Philip **commanded** a British warship in World War II.

mando, mandar, comandar, dirigir

El príncipe Felipe de Inglaterra comandaba un barco de guerra en la Segunda Guerra Mundial.

---

obey [əʊ'beɪ] *v/t syn:* follow, *opp:* order, command
Soldiers have to **obey** their orders without question.

obedecer

Los soldados tienen que obedecer órdenes sin cuestionarlas.

---

make [meɪk] *v/t*
⚠ **made** [meɪd], **made** [meɪd]
Being in a crowd **makes** young people feel much stronger.

hacer, causar

Formar parte de un grupo hace que los jóvenes se sientan mucho más fuertes.

force [fɔːs] *v/t syn:* make
The hijackers **forced** the pilot to change the plane's course.

obligar, forzar
Los secuestradores obligaron al piloto a cambiar el rumbo del avión.

---

insist on [ɪn'sɪst ɒn]
He thanked me for my help and **insisted on** paying for my dinner.

insistir en
Me dio las gracias por mi ayuda e insistió en pagarme la cena.

---

warn [wɔːn] *v/t*
They **warned** me not to touch the wire. → *advise*

advertir
Me advirtieron de que no tocara el cable.

prevent [prɪ'vent] *v/t opp:* allow, cause
Crash helmets must be worn to **prevent** head injuries.

prevenir, evitar, impedir

Deben llevarse cascos protectores para evitar lesiones en la cabeza.

---

forbid [fə'bɪd] *v/t syn:* prohibit, *opp:* allow, permit ⚠ **forbade** [fə'bæd], **forbidden** [fə'bɪdn]
It is **forbidden** to carry guns.

prohibir

Está prohibido llevar armas.

Desear y pedir

«1-2000»

want [wɒnt] *v/t*
I **wanted** to leave but they asked me to stay. → *will*
What do you **want** for Christmas?

querer, desear
Quería irme pero me pidieron que me quedara.
¿Qué quieres para Navidad?

---

ask [ɑːsk] *v/t opp:* tell
I **asked** her to help with the dishes, but she said she had no time.
Oliver **asked** for more.

pedir
Le pedí que me ayudara con los platos, pero ella dijo que no tenía tiempo.
Oliver pidió más.

«2001-4000»

will [wɪl] *n*
She married a foreigner against her parents' **will**.

voluntad, deseo
Se casó con un extranjero contra la voluntad de sus padres.

wish [wɪʃ] *n syn:* desire
To visit the Grand Canyon has been my greatest **wish** for years.

deseo, sueño
Visitar el Gran Cañón ha sido mi gran sueño durante años.

wish [wɪʃ] *v/t syn:* want, desire
That town was terrible, and I **wished** I had never gone there.

desear
Aquella ciudad era horrible y deseé no haber ido nunca allí.

aim [eɪm] *n syn:* goal
The **aim** of the project is to help unemployed young people.

propósito, intención, meta
El propósito del proyecto es ayudar a los jóvenes sin empleo.

suggest [sə'dʒest] *v/t*
As it was a sunny day, Tom **suggested** going to the beach.

sugerir, proponer
Como hacía un día soleado, Tom sugirió ir a la playa.

suggestion [sə'dʒestʃən] *n syn:* proposal
We don't know what to give him for Christmas – do you have any **suggestions**?

sugerencia, propuesta

No sabemos qué regalarle por Navidad, ¿tienes alguna sugerencia?

request [rɪ'kwest] *n*
We will send you more details on **request**.

petición, deseo, ruego
Le enviaremos más detalles a petición suya.

demand [dɪ'mɑːnd] *n, v/t, syn:* claim
The employers refused the workers' **demand** for higher wages.

petición, solicitud

Los empresarios rechazaron la petición de los trabajadores de sueldos más altos.

Saludar y despedirse

«1-2000»

Hello! [hə'ləʊ]	**¡Hola!**
Hi! [haɪ]	**¡Hola!**
Good morning! [gʊd'mɔːnɪŋ]	**¡Buenos días!**
Good afternoon! [gʊd,ɑːftə'nuːn]	**¡Buenas tardes!**
Good evening! [gʊd'iːvnɪŋ]	**¡Buenas tardes!**
Good night! [gʊd'naɪt]	**¡Buenas noches!**
Goodbye! [gʊd'baɪ]	**¡Adiós!, ¡Hasta la vista!**
Bye!, Bye-bye! [baɪ ,baɪ'baɪ]	**¡Adiós!**

Miss [mɪs] I had **Miss** Phillips for art and Mrs Hicks for English.	**Señorita** Tuve a la señorita Phillips en arte y a la señora Hicks en inglés.
Mrs, Mrs. ['mɪsɪz] **Mrs** Young wants to see you. → *Mr*	**Señora** La señora Young quiere verle.

☞ *En inglés británico suele escribirse **Mr**, **Mrs** y **Ms** sin punto.*

Mr, Mr. ['mɪstə] Thank you, **Mr** Coolidge! Welcome, **Mr** President!	**Señor** ¡Gracias, señor Coolidge! ¡Bienvenido, señor Presidente!
madam ['mædəm] Are you being waited on, **madam**?	**señora** ¿Ya la sirven, señora?
sir [sɜː] Can I help you, **sir**?	**señor** ¿En qué puedo ayudarle, señor?

«2001-4000»

How do you do? [ˌhaʊ də jʊ 'duː]	**Encantado (de conocerle(s)/a(s),** **Mucho gusto** **(en conocerle(s)/a(s)** (⚠ no: ¿Cómo está usted?)
Ms, Ms. [mɪz] Please sign here, **Ms** Usher. → *Mr*	**Señora, Señorita** Por favor, firme aquí, señora Usher.

☞ *Ms o Ms. no indica si se trata de una mujer casada o no.*

Frases frecuentes

«1-2000»

How are you?	**¿Cómo estás/estáis/está usted/están ustedes?**
I'm fine, thanks.	**Bien, gracias.**

And how are you?	¿Y cómo estás tú/estáis vosotros(as)/está usted/están ustedes?
Excuse me!	¡Perdón! ¡Disculpe! ¡Con permiso!
(I'm) sorry.	¡Perdón!, ¡Lo siento!
Sorry?	¿Perdón?, ¿Cómo?
Pardon ['pɑːdn]	¿Perdón?, ¿Cómo?
Thank you.	Gracias.
Thank you very much.	Muchas gracias.
Thanks (a lot).	Muchas gracias.
Not at all.	De nada. No hay de qué.
You're welcome.	De nada. No hay de qué.
That's all right.	De nada (informal).
Come in!	¡Pasa(d)/Pase(n)! ¡Entra(d)/Entre(n).
Have a seat.	Toma(d)/Tome(n) asiento, Siéntate/Sentaos/Siéntese/Siéntense.
I'd like (to) ...	Me gustaría...
Could I please ...?	Por favor, ¿podría...?
Would you please ...?	¿Querrías/Querríais/Querría usted/Querrían ustedes, por favor,...?
How much is/are ...?	¿Cuánto vale/valen...?
Help yourself!	¡Sírvete/Servíos/Sírvase usted!/Sírvanse ustedes!
Would you like (to) ...?	¿Te/Os/Le/Les gustaría...?
Yes, please.	Sí, por favor.
No, thank you.	No, gracias.
I think so.	Creo que sí.
I hope so.	Espero que sí.
What's the matter?	¿Qué hay? ¿Qué pasa?
Well!	¡Bien! ¡Bueno! ¡Vaya!
Never mind.	No importa. No pasa nada.
All right/OK!	¡Muy bien! ¡De acuerdo!

«2001-4000»

Can I help you?	¿Puedo ayudar(te)/os/le(s)?
What can I do for you?	¿En qué puedo ayudar(te)/os/le(s)? ¿Qué deseas/deseáis/desea(n)?
Here you are!	¡Aquí tienes/tenéis/tiene(n)!
That will do.	Está bien así. Con eso basta.
Me, too/So do I.	Yo también.
Nor am I/Neither do I.	Yo tampoco.
Have a good time!	¡Que lo pases/paséis/pase(n) bien!
Have a nice day!	¡Que pases/paséis/pase(n) un buen día!
(To) your health!	¡A tu/vuestra/su salud! ¡Salud!
Here's to (Gordon)/to your future!	¡Por Gordon! ¡Por tu futuro!
Oh dear!	¡Dios mío! ¡Qué pena!
Oh (my) God!	¡Oh Dios mío!
For heaven's sake!	¡Por el amor de Dios!
Leave me alone!	¡Déjame/Dejadme /Déjeme/Déjenme en paz!
Get out!	¡Fuera de aquí!
Beat it!/Get lost!	¡Lárgate/Lárgaos/Lárguese/ Lárguense! ¡Desaparece(d)/Desaparezca(n)!

EL SER HUMANO Y LA SOCIEDAD

Identificación

«1-2000»

call [kɔːl] *v/t* They **call** their cat Billy.	**llamar, nombrar** Llaman Billy a su gato.
be called [bɪ 'kɔːld] He's **called** Mario; all his brothers have Italian names.	**llamarse** Se llama Mario; todos sus hermanos tienen nombres italianos.

name [neɪm] *n*
What's his **name**? – It's John, but everybody calls him Jack.

nombre
¿Cuál es su nombre? –Su nombre es John, pero todos le llaman Jack.

family name ['fæməlɪ neɪm] *syn:* surname
My **family name** is Callahan – it's Irish.

apellido

Mi apellido es Callahan; es irlandés.

age [eɪdʒ] *n*
In England children start school at the **age** of five.

edad
En Inglaterra los niños empiezan a ir a la escuela a la edad de cinco años.

baby ['beɪbɪ] *n*
He's nervous – his wife's expecting her first **baby**.

bebé, niño
Está nervioso, su esposa espera su primer niño.

child [tʃaɪld] *n opp:* adult
△ *pl* **children** ['tʃɪldrən]
They have two **children**: a boy and a girl.

niño/a, hijo/a

Tienen dos hijos: un niño y una niña.

girl [gɜːl] *n opp:* boy
Do boys and **girls** always have to be in the same class?

niña, chica
¿Tienen que estar los chicos y las chicas siempre en la misma clase?

boy [bɔɪ] *n opp:* girl
They have three children: two girls and one **boy**.

niño, chico
Tienen tres hijos: dos niñas y un niño.

youth [juːθ] *n opp:* old age
He spent his childhood and his **youth** in India.

juventud
Pasó su infancia y su juventud en la India.

woman ['wʊmən] *n opp:* man
△ *pl* **women** ['wɪmɪn]
He's a good-looking man, and she's a very attractive **woman**.

mujer

Es un hombre muy guapo y ella es una mujer muy atractiva.

man [mæn] *n opp:* woman △ *pl* **men** [men]
He was a boy when I last saw him, and he's a **man** now.

hombre

Era un niño cuando lo vi por última vez y ahora es un hombre.

lady ['leɪdɪ] *n opp:* gentleman
Two old **ladies** were sitting on a park bench.

señora, dama
Dos ancianas estaban sentadas en un banco del parque.

gentleman ['dʒentlmən] *n opp:* lady
△ *pl* **gentlemen** ['dʒentlmən]
I will wait – this **gentleman** was here before me.

señor, caballero

Ya me espero; este caballero estaba antes que yo.

black [blæk] *n*
Martin Luther King fought for the civil rights of the **blacks** (⚠ no: Negroes).

negro/a
Martin Luther King luchó por los derechos civiles de los negros.

☞ *Para designar una persona negra en inglés se utiliza* **a black, a black man** *(un hombre negro),* **a black woman** *(una mujer negra),* **a black boy** *(un chico negro),* **a black girl** *(una chica negra), etc. En plural se suele usar* **the blacks** *(los negros) o* **black people** *(la gente negra). Se debe evitar el uso de* **Negro**, *puesto que esta forma se considera despectiva.*

«2001-4000»

man [mæn] *n syn:* human being
⚠ *pl* **men** [men]
Neil Armstrong was the first **man** on the moon.

hombre, ser humano

Neil Armstrong fue el primer hombre en pisar la Luna.

human ['hjuːmən] *adj*
The disaster was caused by **human** error.

humano
El desastre fue causado por un error humano

race [reɪs] *n*
The law forbids discrimination on the basis of colour or **race**.

raza
La ley prohíbe cualquier discriminación basada en el color o en la raza.

sex [seks] *n*
Nowadays parents can find out the **sex** of a child a long time before it's born.

sexo
Hoy en día los padres pueden saber cuál es el sexo de su hijo mucho antes de que nazca.

person ['pɜːsn] *n*
⚠ *pl* **people** ['piːpl]
The portions in this Chinese restaurant are too big for one **person**. → *people*

persona

Las raciones de este restaurante chino son demasiado grandes para una persona.

personal ['pɜːsnəl] *adj syn:* private
I'd like to speak to you about a **personal** matter.

personal, privado

Me gustaría hablar contigo sobre un asunto personal.

first name ['fɜːst neɪm] n syn: forename, opp: family name, surname
Lindbergh's **first name** was Charles.

nombre (de pila)
El nombre de pila de Lindbergh era Charles.

---

surname ['sɜːneɪm] n syn: family name, opp: first name
His first name – Michael – is English, and his **surname** – Tan – is Chinese.

apellido
Su nombre de pila –Michael– es inglés y su apellido –Tan– es chino.

---

female ['fiːmeɪl] adj, n opp: male
Mainly **female** workers are employed in the clothing industry.

femenino, hembra
En la industria textil trabajan mujeres en su mayoría.

---

male [meɪl] adj, n opp: female
We have one **male** and two female rabbits.

masculino, macho
Tenemos un conejo macho y dos hembras.

Familia

«1-2000»

family ['fæməlɪ] n
The whole **family** is/are coming to visit us at Christmas.

familia
La familia al completo viene a visitarnos por Navidad.

> ☞ **family**, así como **government, staff** o **team**, pertenece a un tipo de palabras que –sobre todo en inglés británico– se pueden considerar tanto singulares como plurales. Por ej.: **The team is/are playing well** (El equipo está jugando bien).

---

parents ['peərənts] pl opp: children
His **parents** were from Russia.

padres
Sus padres eran de Rusia.

> ☞ No hay que confundir **parents** con 'parientes', que se traduce por **relatives**.

---

mother ['mʌðə] n opp: father
Her father was an actor and her **mother** an opera singer.

madre
Su padre era actor y su madre cantante de ópera.

father ['fɑːðə] *n opp:* mother
Her **father** died when she was five.

padre
Su padre murió cuando ella tenía cinco años.

daughter ['dɔːtə] *n opp:* son
They have two children: a son and a **daughter**.

hija
Tienen dos hijos: un hijo y una hija.

son [sʌn] *n opp:* daughter
Prince Charles is Queen Elizabeth's oldest **son**.

hijo
El príncipe Carlos es el hijo mayor de la Reina Isabel.

brother ['brʌðə] *n opp:* sister
She has two sisters and one **brother**.

hermano
Tiene dos hermanas y un hermano.

sister ['sɪstə] *n opp:* brother
Jane Fonda is Peter Fonda's **sister**.

hermana
Jane Fonda es la hermana de Peter Fonda.

☞ **brothers and sisters** *equivale al término genérico español 'hermanos' (chicos y chicas), por ej.:* **Do you have any brothers and sisters?** *(¿Tienes hermanos?).*

---

aunt [ɒnt] *n opp:* uncle
John Lennon was brought up by **Aunt** Mimi, his mother's sister.

tía
John Lennon fue criado por su tía Mimi, la hermana de su madre.

uncle ['ʌŋkl] *n opp:* aunt
My **Uncle** Scott is my mother's younger brother.

tío
Mi tío Scott es el hermano pequeño de mi madre.

cousin ['kʌzn] *n*
I have three **cousins**: my uncle's son and my aunt's twin daughters.

primo/a
Tengo tres primos: el hijo de mi tío y las hijas gemelas de mi tía.

grandparents ['grænd,peərənts] *pl opp:* grandchildren
Grandparents often spoil their grandchildren.

abuelos

Los abuelos suelen consentir a sus nietos.

grandfather ['grænd,fɑːðə]

abuelo

grandpa ['grændpɑː]

abuelito

grandmother ['grænd,mʌðə]

abuela

grandma ['grændmɑː]

abuelita

grandchild ['grændtʃaɪld]

nieto/a

grandson ['grændsʌn]

nieto

granddaughter [ˈgræn,dɔːtə]

nieta

engaged [ɪnˈɡeɪdʒd] *adj*
They aren't married yet, but they've been **engaged** for one year.

prometido
Todavía no se han casado pero hace un año que están prometidos.

married [ˈmærɪd] *adj opp:* unmarried, single
"Mrs" is used to address a **married** woman.

casado

"Mrs" se usa para dirigirse a mujeres casadas.

wife [waɪf] *n opp:* husband
⚠ *pl* **wives** [waɪvz]
He's a teacher and his **wife** (⚠ no: woman) is a successful architect.

esposa, mujer

Él es profesor y su esposa es una arquitecto con mucho éxito.

husband [ˈhʌzbənd] *n opp:* wife
He would make an ideal **husband** (⚠ no: man) for her.

esposo, marido

Sería un esposo ideal para ella.

«2001-4000»

relative [ˈrelətɪv] *n*
They invited all their **relatives** to their golden wedding anniversary. → *parents*

pariente, familiar
Invitaron a todos sus familiares a sus bodas de oro.

related [rɪˈleɪtɪd] *adj*
He has the same family name as me, but we aren't **related**.

emparentado
Tiene el mismo apellido que yo pero no estamos emparentados.

nephew [ˈnefjuː] *n opp:* niece
His sister's youngest son is his favourite **nephew**.

sobrino
El hijo más pequeño de su hermana es su sobrino favorito.

niece [niːs] *n opp:* nephew
Lindy has only one **niece**, her sister's daughter.

sobrina
Lindy tiene sólo una sobrina, la hija de su hermana.

single [ˈsɪŋɡl] *adj syn:* unmarried, *opp:* married
All his brothers and sisters are married but he's still **single**.

soltero

Todos sus hermanos están casados pero él todavía está soltero.

couple [ˈkʌpl] *n*
In the USA lots of newly-wed **couples** go to Niagara Falls for their honeymoon.

pareja
En EE UU muchas parejas de recién casados van a las cataratas del Niágara en su luna de miel.

bride [braɪd] *n opp:* (bride)groom
The **bride** was wearing a white dress.

novia
La novia llevaba un vestido blanco.

(bride)groom [('braɪd)gruːm] *n opp:* bride
The wedding ring is put on the bride's finger by the **bridegroom**.

novio
El anillo de bodas lo pone el novio en el dedo de la novia.

father-in-law ['fɑːðərɪn,lɔː] *n*
My **father-in-law** is a very well-known painter.

suegro
Mi suegro es un pintor muy conocido.

mother-in-law ['mʌðərɪn,lɔː]

suegra

parents-in-law ['peərəntsɪn,lɔː]

suegros

daughter-in-law ['dɔːtərɪn,lɔː]

nuera

son-in-law ['sʌnɪn,lɔː]

yerno

brother-in-law ['brʌðərɪn,lɔː]

cuñado

sister-in-law ['sɪstərɪn,lɔː]

cuñada

widow ['wɪdəʊ] *n*
Her husband died very young, and she's been a **widow** most of her life.

viuda
Su marido murió muy joven y ella ha estado viuda casi toda su vida.

heir [eə] *n*
He is **heir** to a large fortune.

heredero
Es el heredero de una gran fortuna.

Relaciones sociales

«1-2000»

private ['praɪvɪt] *adj syn:* personal, *opp:* public
I don't like the way newspapers gossip about people's **private** lives.

privado
No me gusta la manera en que los periódicos cotillean sobre la vida privada de las personas.

public ['pʌblɪk] *adj opp:* private
I'm sorry, this is not a **public** meeting.

público
Lo siento, ésta no es una reunión pública.

public ['pʌblɪk] *n*
Buckingham Palace is now open to the **public**.

público
Ahora el palacio de Buckingham está abierto al público.

people ['piːpl] *pl*
There are very few rich and very many poor **people** (⚠ no: peoples) in the Third World.

gente
En el Tercer Mundo hay muy poca gente rica y mucha gente pobre.

☞ **people** *es un sustantivo plural cuyo singular es* **person: one person** *pero* **two people.** *Obsérvese que exige un verbo en plural:* **The people were very nice** *(La gente era muy simpática).*

society [sə'saɪətɪ] *n*
Britain is now a multicultural **society**.

sociedad
Gran Bretaña es ahora una sociedad multicultural.

common ['kɒmən] *adj opp:* different
In spite of some differences the British and the North Americans share a **common** language.

común
A pesar de algunas diferencias, los británicos y los norteamericanos comparten un idioma común.

company ['kʌmpənɪ] *n*
Grandpa is young at heart and prefers the **company** of young people.

compañía
El abuelo es joven de espíritu y prefiere la compañía de la gente joven.

member ['membə] *n*
I can't let you in if you aren't a **member** of the club.

miembro
No puedo dejarle entrar si no es miembro del club.

fellow ['feləʊ] *n syn:* guy

I like him – he's a nice **fellow**.

compañero/a, chico/a, *LA* **compadre**
Me cae bien; es un chico simpático.

neighbour ['neɪbə] *n*
We've got new **neighbours**.

vecino/a
Tenemos vecinos nuevos.

friend [frend] *n opp:* enemy
At first we didn't like each other but now she's my best **friend**.

amigo/a, conocido/a
Al principio no nos caímos bien, pero ahora es mi mejor amiga.

☞ *Para referirse a un conocido, a menudo se prefiere la palabra* **friends** *a* **acquaintance** [ə'kweɪntəns].

stranger ['streɪndʒə] *n*
Teach your children never to get into a **stranger's** car.

forastero, desconocido/a
Enseñen a sus hijos que nunca deben subir al automóvil de un desconocido.

☞ **stranger** *no significa 'extranjero' sino 'forastero'. 'Extranjero' se traduce por* **foreigner**.

---

enemy ['enəmɪ] *n opp:* friend
We're not exactly **enemies** but we aren't friends either.

enemigo/a
No somos enemigos exactamente pero tampoco somos amigos.

---

social ['səʊʃl] *adj*
Social problems, such as unemployment and homelessness, are increasing.

social
Los problemas sociales tales como el desempleo y la falta de vivienda están aumentando.

---

custom ['kʌstəm] *n syn:* tradition
Putting up a Christmas tree is a **custom** about 500 years old.

costumbre, tradición
Poner el árbol de Navidad es una tradición que tiene unos 500 años.

---

neighbourhood, *US*
neighborhood ['neɪbəhʊd] *n*
We live in a quiet **neighbo(u)rhood** with lots of green spaces.

vecindario, vecindad, barrio

Vivimos en un barrio tranquilo con muchas zonas verdes.

---

meet [miːt] *v/t, v/i*
⚠ **met** [met], **met** [met]
I **met** an old friend I hadn't seen for 10 years.
At parties you can **meet** a lot of interesting people.

encontrarse a, tropezar con, conocer
Me encontré a un viejo amigo que no había visto en 10 años.
En las fiestas se puede conocer a mucha gente interesante.

☞ **meet** *significa 'encontrarse con alguien'. 'Encontrar algo' equivale a* **find**.

---

meeting ['miːtɪŋ] *n*
The next **meeting** of the board will be on May 26.

reunión, encuentro
La próxima reunión de la junta directiva será el 26 de mayo.

---

date [deɪt] *n*
I must go – I have a **date** with my girlfriend at eight.

cita, compromiso
Debo irme; tengo una cita con mi novia a las ocho.

---

invite [ɪn'vaɪt] *v/t*
They **invited** all their relatives to the wedding.

invitar
Invitaron a todos sus familiares a la boda.

---

go and see [ˌgəʊ ənd'siː] *syn:* visit
Grandma's ill – we must **go and see** her soon.

ir a ver a, visitar
La abuela está enferma; tenemos que ir a verla pronto.

visit ['vɪzɪt] *n, v/t*
She's coming for a **visit** but she won't stay long.
We **visit** her in hospital every other day.

visita, visitar
Vendrá de visita pero no se quedará mucho rato.
La visitamos en el hospital un día sí y otro no.

---

guest [gest] *n syn:* visitor, *opp:* host
We use this as an extra bedroom when we have **guests**.

invitado, huésped

Ésta la usamos como habitación adicional para los invitados.

---

show [ʃəʊ] *v/t*
⚠ **showed** [ʃəʊd], **shown** [ʃəʊn]
First they **showed** us around (the building) – then they **showed** us to our rooms.

mostrar, enseñar

Primero nos enseñaron todo el edificio y después nos mostraron nuestras habitaciones.

---

party ['pɑːtɪ] *n*
We arranged a surprise **party** for her birthday.

fiesta
Organizamos una fiesta sorpresa por su cumpleaños.

---

congratulations [kənˌgrætʃuː'leɪʃnz] *pl*
Congratulations! You're won the competition.

felicidades, felicitaciones, enhorabuena
¡Felicidades! Ha ganado el concurso.

---

present ['preznt] *n syn:* gift
In English-speaking countries children get their **presents** on Christmas Day.

regalo, presente
En los países de habla inglesa los niños reciben sus regalos el día de Navidad.

---

gift [gɪft] *n syn:* present
At the end of the holidays we bought some **gifts** for our friends.

regalo, presente
Al final de las vacaciones compramos algunos regalos para nuestros amigos.

«2001-4000»

community [kə'mjuːnətɪ] *n*

Politicians should work for the good of the **community**.

comunidad, colectividad, sociedad
Los políticos deberían trabajar por el bien de la comunidad.

---

club [klʌb] *n*
The tennis court may be used by members of the **club** only.

club
La pista de tenis sólo la pueden usar los socios del club.

---

guy [gaɪ] *n syn:* fellow

You'll like Pete – he's a nice **guy**.

chico/a, compañero/a, *LA* compadre
Te gustará Pete; es un chico simpático.

colleague ['kɒliːg] n
One of my **colleagues** will help you when I'm away.

colega
Uno de mis colegas te ayudará cuando yo no esté.

companion [kəm'pænjən] n
He's always been the President's most faithful **companion**.

compañero/a
Siempre ha sido el compañero más leal del presidente.

partner ['pɑːtnə] n
You're invited, and bring your **partner**.

compañero/a, pareja
Está usted invitado, y traiga a su pareja.

boyfriend ['bɔɪfrend] n opp: girlfriend
At weekends she goes to a disco with her **boyfriend**.

novio
Los fines de semana va a la discoteca con su novio.

girlfriend ['gɜːlfrend] n opp: boyfriend
Patty was his **girlfriend** at school and is now his wife.

novia
Patty fue su novia en la escuela y ahora es su esposa.

rival ['raɪvl] n syn: competitor, opponent, opp: partner
The two footballers are **rivals** in sports but friends in private life.

rival, contrincante
Estos dos futbolistas son rivales en el deporte pero amigos en la vida privada.

contact ['kɒntækt] n syn: connection
We used to be good friends but I've lost **contact** with him.

contacto, relación
Solíamos ser buenos amigos pero he perdido el contacto con él.

join [dʒɔɪn] v/t
He **joined** the party as a young man and has been a member for 20 years.

ingresar en, unirse a, entrar en, hacerse miembro de
Ingresó en el partido cuando era joven y ha sido miembro del mismo durante 20 años.

take part (in) [ˌteɪk 'pɑːt (ɪn)] syn: participate (in)
Five very interesting guests will **take part in** the discussion.

tomar parte en, intervenir en, participar en
Cinco invitados muy interesantes intervendrán en el debate.

accompany [ə'kʌmpənɪ] v/t
The gentlemen **accompany** the ladies to their seats.

acompañar
Los caballeros acompañan a las damas a sus asientos.

appointment [ə'pɔɪntmənt] n
I have an **appointment** with my dentist at 3 p.m.

cita, compromiso
Tengo una cita con mi dentista a las tres de la tarde.

invitation [ˌɪnvɪˈteɪʃn] *n*
I thanked her for the **invitation** to her birthday party.

invitación
Le di las gracias por la invitación a su fiesta de cumpleaños.

---

visitor [ˈvɪzɪtə] *n syn:* guest
The Grand Canyon gets millions of **visitors** every year.

visitante
El Gran Cañón recibe millones de visitantes cada año.

---

host [həʊst] *n opp:* guest
We thanked our **host** at the end of the party.

anfitrión
Le dimos las gracias a nuestro anfitrión al final de la fiesta.

---

hostess [ˈhəʊstɪs] *n opp:* guest
The **hostess** welcomed each of her guests personally.

anfitriona
La anfitriona dio la bienvenida a cada uno de sus invitados personalmente.

---

welcome [ˈwelkəm] *n, v/t*

They gave us a warm **welcome**.

The President **welcomed** his guests at the airport.
Welcome to Colombia!

bienvenida, dar la bienvenida a, recibir
Nos dieron una cálida bienvenida.
El presidente dio la bienvenida a sus invitados en el aeropuerto.
¡Bienvenidos a Colombia!

---

greet [griːt] *v/t*

He **greeted** all his guests with a handshake.

saludar, recibir, dar la bienvenida a
Saludó a todos sus invitados con un apretón de manos.

---

introduce [ɪntrəˈdjuːs] *v/t*
May I **introduce** myself? My name is Dennis Young.

presentar
¿Puedo presentarme? Me llamo Dennis Young.

---

formal [ˈfɔːml] *adj opp:* casual, colloquial
It's rather **formal** to say "How do you do".

formal

Decir "How do you do?" es bastante formal.

---

wave [weɪv] *v/i, v/t*

They **waved** goodbye to us from the steps of the front door.

hacer señales con la mano, agitar el brazo, saludar
Agitaron los brazos para decirnos adiós desde los peldaños de la puerta principal.

---

bow [baʊ] *v/i, v/t*

The musicians **bowed** as the audience applauded.

inclinar(se), hacer una reverencia
Los músicos hicieron una reverencia mientras el público aplaudía.

---

congratulate [kənˈɡrætʃuːleɪt] *v/t*
We **congratulated** her on passing her exams.

felicitar
La felicitamos por haber aprobado sus exámenes.

celebrate ['seləbreɪt] *v/i, v/t*
The Queen **celebrates** her birthday in summer, though actually it is in April.

celebrar
La Reina celebra su cumpleaños en verano aunque en realidad es en abril.

---

get along (with) [ˌget əˈlɒŋ (wɪð)]

At first I didn't like her, but now we're **getting along** fine (**with** each other).

entenderse (con), llevarse bien (con)
Al principio ella no me gustaba, pero ahora nos llevamos bastante bien.

---

friendship ['frendʃɪp] *n*
There is no real **friendship** without trust.

amistad
No hay una amistad verdadera si no hay confianza.

---

kiss [kɪs] *n, v/t*
She gave the children a goodnight **kiss**.

beso, besar
Dio un beso de buenas noches a los niños.

---

marry ['mærɪ] *v/i, v/t*
We got **married** last summer, so we've been **married** for one year.

casarse (con)
Nos casamos el verano pasado, así que llevamos un año casados.

---

marriage ['mærɪdʒ] *n*
It's her second **marriage** – her first husband died.

matrimonio, boda
Éste es su segundo matrimonio; su primer esposo murió.

---

wedding ['wedɪŋ] *n syn:* marriage
She's going to wear a white dress for the **wedding**.

boda

Va a llevar un vestido blanco para la boda.

---

separate ['sepəreɪt] *v/i*
They are **separated** and are getting divorced.

separarse
Están separados y se van a divorciar.

---

get divorced [ˌget dɪˈvɔːst]
They **got divorced** after 10 years of marriage.

divorciarse
Se divorciaron tras 10 años de matrimonio.

Oficios y profesiones

«1-2000»

☞ *cuando hablamos de profesiones debemos anteponer siempre el artículo indeterminado* **a(n)**, *por ejemplo,* **My aunt is a doctor** *(Mi tía es médico),* **I want to be an engineer** *(Quiero ser ingeniero).*

worker ['wɜːkə] *n*
The steel**workers** are demanding higher wages.

trabajador/a, obrero/a
Los trabajadores del acero exigen salarios más altos.

---

farmer ['fɑːmə] *n*

In this market the **farmers** sell their own fruit and vegetables.

agricultor/a, granjero/a, *LA*
hacendado/a, *LA* **estanciero/a**
En este mercado los agricultores venden sus propias frutas y verduras.

---

baker's ['beɪkəz] *n*
I bought rolls at the **baker's**.

panadería
Compré panecillos en la panadería.

---

butcher's ['bʊtʃəz] *n*
I bought some lamb chops at the **butcher's**.

carnicería
Compré unas chuletas de cordero en la carnicería.

---

cook [kʊk] *n syn:* chef
They have a very good **cook** at this restaurant. → *cooker*

cocinero/a
En este restaurante tienen un cocinero muy bueno.

«2001-4000»

---

occupation [ˌɒkjuːˈpeɪʃn] *n syn:* job
What's your **occupation**? – I'm a computer programmer.

trabajo, profesión

¿Cuál es tu profesión? –Soy programador informático.

---

profession [prəˈfeʃn] *n syn:* job, career
The legal and medical **professions**.

profesión, oficio

La abogacía y la profesión médica.

---

professional [prəˈfeʃənəl] *n, adj opp:* amateur
Professional footballers make a lot of money.

profesional

Los futbolistas profesionales ganan mucho dinero.

---

apprentice [əˈprentɪs] *n syn:* trainee
My firm takes on a new **apprentice** every year.

aprendiz/a

Mi empresa contrata un aprendiz nuevo cada año.

---

trainee [treɪˈniː] *n syn:* apprentice
She's a **trainee** and will be a nurse in two years.

aprendiz/a

Es aprendiza y será enfermera dentro de dos años.

businessman ['bɪznɪsmən] *n*
pl -men [–men]
A typical **businessman** in Manhattan wears a dark suit and a tie.

hombre de negocios, empresario
El típico hombre de negocios de Manhattan lleva traje oscuro y corbata.

---

businesswoman ['bɪznɪswʊmən] *n pl* -women [–wɪmɪn]
She's a successful **businesswoman**.

mujer de negocios, empresaria

Es una mujer con éxito en los negocios.

---

housewife ['hauswaɪf] *n*
⚠ *pl* **housewives** ['hauswaɪvz]
A **housewife** should earn a fixed salary.

ama de casa

Un ama de casa debería ganar un sueldo fijo.

---

sales representative ['seɪlz ˌreprə'zentətɪv] *n*
Please contact our London **sales representative**.

agente de ventas, representante
Por favor, contacte con nuestro agente de ventas en Londres.

---

shop assistant *GB* ['ʃɒp ə,sɪstənt] *n syn:* salesclerk *(US)*
She started as a **shop assistant** and is now the manager.

dependiente/a, vendedor/a, *LA* **empleado/a de una tienda**
Empezó como empleada de una tienda y ahora es la gerente.

---

secretary ['sekrətrɪ], *US* ['sekrəteri] *n*
Call his **secretary** and make an appointment.

secretario/a

Llama a su secretaria y concierta una cita.

---

typist ['taɪpɪst] *n*
Typists use computers rather than typewriters nowadays.

mecanógrafo/a
Hoy en día los mecanógrafos usan más las computadoras que las máquinas de escribir.

---

mechanic [mɪ'kænɪk] *n*
He works as a **mechanic** in a car repair shop.

mecánico/a
Trabaja de mecánico en un taller de automóviles.

---

engineer [ˌendʒɪ'nɪə] *n*
My grandfather was an **engineer** who built bridges in China.

ingeniero/a
Mi abuelo era ingeniero y construía puentes en China.

---

electrician [ɪˌlek'trɪʃn] *n*
An electric cooker must be installed by a qualified **electrician**.

electricista
Una cocina eléctrica debe ser instalada por un electricista cualificado.

---

plumber ['plʌmə] *n*
We have a burst pipe and need a **plumber** quickly.

fontanero/a, *LA* **plomero/a**
Tenemos una tubería reventada y necesitamos un fontanero rápidamente.

grocer ['grəʊsə] n

Before there were supermarkets, most people did their shopping at the **grocer's**.

tendero/a de ultramarinos, *LA* **abarrotero/a,** *LA* **bodeguero/a**
Antes de que hubiera supermercados, la mayoría de la gente hacía sus compras en la tienda de ultramarinos.

---

hairdresser ['heə,dresə] n syn: hairstylist
I have an appointment at the **hairdresser's** before the party.

peluquero/a

Tengo hora en la peluquería antes de la fiesta.

---

dressmaker ['dres,meɪkə] n
She works as a **dressmaker**.

modista
Trabaja de modista.

---

tailor ['teɪlə] n
I had this suit made by a **tailor** in Hong Kong.

sastre
Este traje me lo hizo un sastre de Hong Kong.

---

photographer [fə'tɒgrəfə] n
Did a professional **photographer** (⚠ no: photograph) take this picture of you?

fotógrafo/a
¿Te hizo esta foto un fotógrafo profesional?

---

chemist ['kemɪst] n
Only a **chemist** is allowed to sell medicine prescribed by a doctor.
→ *pharmacist*

farmacéutico/a, químico/a
Sólo un farmacéutico tiene permiso para vender los medicamentos que receta un médico.

☞ *En inglés británico* **chemist** *significa tanto 'químico' como 'farmacéutico'. Sin embargo, en inglés americano* **chemist** *significa sólo 'químico', mientras que 'farmacéutico' se traduce por* **pharmacist** *o* **druggist**.

---

pharmacist ['fɑ:məsɪst] n syn: chemist *(GB)*, druggist *(US)*
Pharmacists still make up some medicines themselves.

farmacéutico/a
Los farmacéuticos todavía preparan algunos medicamentos ellos mismos.

---

interpreter [ɪn'tɜ:prɪtə] n
She works for the European Parliament as an Italian and French **interpreter**.

intérprete
Trabaja en el Parlamento Europeo como intérprete de italiano y francés.

Posición social

«1-2000»

poor [puə] *adj opp:* rich, wealthy
They are too **poor** to buy food
for their children.

pobre
Son demasiado pobres para
comprar comida para sus hijos.

---

rich [rɪtʃ] *adj syn:* wealthy, *opp:*
poor
My uncle was a millionaire – he
got **rich** as a film producer.

rico

Mi tío era millonario; se hizo rico
haciendo de productor de cine.

---

serve [sɜːv] *v/t*
He **served** his country as an MP
for 30 years.

servir, estar al servicio de
Sirvió a su país como diputado
durante treinta años.

---

service ['sɜːvɪs] *n*
He received a medal for his **services** to the government.

servicio
Recibió una medalla por sus servicios al gobierno.

---

living ['lɪvɪŋ] *n*
He doesn't earn enough to make
a **living**.

vida, sustento, subsistencia
No gana lo suficiente para su
propio sustento.

---

own [əʊn] *adj, pron*
I've always wanted a room of my
own (⚠ no: an own room).
She bakes her **own** bread.

propio
Siempre he querido tener mi pro-
pia habitación.
Hace su propio pan.

---

master ['mɑːstə] *n*
I prefer to work on my own because I like to be my own **master**.

amo/a, dueño/a, señor/a
Prefiero trabajar por mi cuenta
porque me gusta ser mi propio
dueño.

«2001-4000»

civil ['sɪvl] *adj*
My parents celebrated a **civil**
marriage.

civil
Mis padres se casaron por lo
civil.

---

citizen ['sɪtɪzn] *n*
All people born in the USA can
become American **citizens**.

ciudadano/a
Todas las personas nacidas en
EE UU pueden convertirse en
ciudadanos americanos.

---

rank [ræŋk] *n*
A captain is above a lieutenant in
rank.

rango, categoría
Un capitán está por encima de
un teniente en rango.

servant ['sɜːvənt] *n opp:* master
Rich families still have a butler
and other **servants**.

criado/a, sirviente/a
Las familias ricas todavía tienen
mayordomo y otros criados.

---

slave [sleɪv] *n opp:* master
To bring 15 million African **slaves**
to America, 100 million were
killed on the way.

esclavo/a
Para que 15 millones de esclavos africanos llegaran a América,
100 millones perdieron la vida
por el camino.

---

beg [beg] *v/i*
Everywhere in the Third World
poor people live by **begging**.

pedir limosna, pedir, rogar
En todo el Tercer Mundo los pobres viven de pedir limosna.

beggar ['begə] *n*
Nowadays every big city has
beggars asking for money.

mendigo/a, pordiosero/a
Hoy en día en todas las ciudades
grandes hay mendigos pidiendo
dinero.

---

wealthy ['welθɪ] *adj syn:* rich,
opp: poor
It's run-down now but it used to
be a **wealthy** neighbourhood.

rico, adinerado

Ahora ha venido a menos pero
antes era un vecindario rico.

---

boss [bɒs] *n*
She started her own business
because she wants to be her
own **boss**.

jefe/a
Empezó su propio negocio porque quiere ser su propia jefa.

---

leader ['liːdə] *n syn:* head
Martin Luther King was also one
of the **leaders** of the Anti-
Vietnam War movement.

líder, dirigente
Martin Luther King también fue
uno de los líderes del movimiento en contra de la guerra de
Vietnam.

---

chairman ['tʃeəmən],
chairwoman ['tʃeə,wʊmən] *n*
The club chose a **chairman**,
secretary and treasurer.

presidente/a

El club eligió un presidente, un
secretario y un tesorero.

SUERTE Y ADVERSIDAD

«1-2000»

happen ['hæpən] *v/i syn:* occur
He pushed the button but nothing **happened**.

suceder, ocurrir, pasar
Pulsó el botón pero no sucedió nada.

safe [seɪf] *adj opp:* dangerous
Flying is much **safer** than driving.

seguro, fuera de peligro
Volar es mucho más seguro que conducir.

safety ['seɪftɪ] *n opp:* danger
Motorcyclists should wear crash helmets for their own **safety**.

seguridad
Los motociclistas deberían llevar cascos protectores para su propia seguridad.

luck [lʌk] *n opp:* bad luck
With a little bit of **luck** you'll make it.

suerte
Con un poco de suerte lo conseguirás.

be lucky [bɪ'lʌkɪ] *syn:* be fortunate, *opp:* be unlucky
She **was lucky** to survive the accident.

tener suerte, ser afortunado

Tuvo suerte de sobrevivir al accidente.

save [seɪv] *v/t*
The seat belt **saved** my life.

salvar, rescatar
El cinturón de seguridad me salvó la vida.

success [sək'ses] *n opp:* failure
The film "Jurassic Park" was a huge **success**.

éxito, triunfo
La película *Parque Jurásico* tuvo un gran éxito.

successful [sək'sesfl] *adj*
Steven Spielberg is one of the most **successful** film directors and producers.

exitoso, con éxito, próspero
Steven Spielberg es uno de los directores y productores de cine más exitosos.

succeed [sək'siːd] *v/i opp:* fail
The first time she didn't pass the test, but the second time she **succeeded**.

tener éxito, triunfar
La primera vez no aprobó el examen, pero la segunda tuvo éxito.

famous ['feɪməs] *adj*
Henry Ford, the **famous** carmaker, was the son of a farmer.

famoso
Henry Ford, el famoso fabricante de coches, era hijo de un agricultor.

trouble ['trʌbl] *n syn:* difficulty, problem(s)
In winter I often have **trouble** (⚠ no: troubles) getting my car started.

problema, dificultad(es)

En invierno tengo problemas a menudo para arrancar mi automóvil.

danger ['deɪndʒə] *n syn:* risk, *opp:* safety
Cigarette smoking is a **danger** to health.

peligro
Fumar cigarrillos es un peligro para la salud.

dangerous ['deɪndʒərəs] *adj syn:* risky, *opp:* safe
Bull terriers can become **dangerous** weapons.

peligroso
Los bull terriers pueden convertirse en armas peligrosas.

lose [luːz] *v/i, v/t opp:* find, win
⚠ lost [lɒst], lost [lɒst]
I found the ring Mother **lost**.

perder, extraviar
Encontré el anillo que perdió mamá.

fire ['faɪə] *n*
Terrible **fires** destroyed parts of Yellowstone National Park in 1988.

fuego, incendio
Unos incendios terribles destruyeron parte del parque nacional de Yellowstone en 1988.

«2001-4000»

fate [feɪt] *n*
The **fate** of the hostages is in the hands of the hijackers.

destino, sino, suerte
El destino de los rehenes está en manos de los secuestradores aéreos.

mystery ['mɪstərɪ] *n syn:* puzzle
Marilyn's death will always remain a **mystery**.

misterio
La muerte de Marilyn siempre será un misterio.

situation [ˌsɪtʃuːˈeɪʃn] *n syn:* position, state
High unemployment is putting the economy in a very difficult **situation**.

situación, posición
El alto nivel de desempleo está poniendo a la economía en una situación muy difícil.

condition [kənˈdɪʃn] *n syn: state*
I wouldn't buy a house in such a poor **condition**.

condición(es), estado
No me compraría una casa en tan mal estado.

state [steɪt] *n syn:* condition
I'm worried about her **state** of health.

estado
Estoy preocupado por su estado de salud.

chance [tʃɑːns] *n syn:* opportunity
You'll never get another **chance** like this.

posibilidad, ocasión, oportunidad
Nunca se te presentará otra ocasión como ésta.

opportunity [ˌɒpə'tjuːnətɪ] *n syn:* chance, occasion
You must take (seize) this **opportunity**.

oportunidad, ocasión
Tienes que aprovechar esta oportunidad.

occasion [ə'keɪʒn] *n syn:* chance, opportunity
This is no **occasion** for joking.

ocasión, motivo, razón
Esto no es motivo para bromear.

case [keɪs] *n*
The oil spill was a typical **case** of human error.
Take an umbrella in **case** it rains.

caso, ejemplo
La fuga de petróleo fue un ejemplo típico de error humano.
Toma un paraguas en caso de que llueva.

event [ɪ'vent] *n syn:* happening
The fall of the Berlin wall was the most important **event** in 1989.

suceso, acontecimiento, evento
La caída del muro de Berlín fue el acontecimiento más importante de 1989.

on purpose [ɒn'pɜːpəs] *opp:* chance
I'm sure he did it **on purpose**.

a propósito, aposta, adrede
Estoy seguro de que lo hizo a propósito.

by chance [baɪ'tʃɑːns] *syn:* by accident, *opp:* on purpose
I'd never planned it – it happened quite **by chance**.

por casualidad
No lo había planeado de antemano; ocurrió por casualidad.

adventure [əd'ventʃə] *n*
River rafting on the Colorado is a real **adventure**.

aventura
Descender por el río Colorado es una auténtica aventura.

win [wɪn] *v/i, v/t opp:* lose
⚠**won** [wɒn], **won** [wɒn]
Mark Spitz **won** seven Olympic gold medals in 1972.

ganar, vencer
Mark Spitz ganó siete medallas olímpicas de oro en 1972.

☞**win** *se refiere a ganar una competición o ganar dinero en el juego y no debe confundirse con* **beat** *(vencer a otra persona, derrotar) ni con* **earn** *(ganar dinero mediante el trabajo).*

rescue ['reskjuː] *n, v/t*
A **rescue** team found the missing mountain climbers.

rescate, rescatar
Un equipo de rescate encontró a los escaladores perdidos.

advantage [əd'vɑːntɪdʒ] *n opp:* disadvantage
Among the **advantages** of my job are flexible working hours.

ventaja
Entre las ventajas de mi empleo está el horario de trabajo flexible.

fortunately ['fɔːtʃnətlɪ] *adv opp:* unfortunately
The car was badly damaged, but **fortunately** no one was hurt.

afortunadamente, por suerte

El coche estaba muy dañado, pero afortunadamente nadie resultó herido.

---

difficulty ['dɪfɪkltɪ] *n syn:* problem
They got into **difficulties** and had to sell their house.

dificultad, aprieto, apuro
Se encontraron en apuros y tuvieron que vender su casa.

---

need [niːd] *n*
The basic **needs** of man include food and shelter.

necesidad
Las necesidades básicas del hombre incluyen comida y techo.

---

lack [læk] *n*
For **lack** of opportunity, he never learnt to swim.

falta, carencia, ausencia
Por falta de oportunidad, nunca aprendió a nadar.

---

risk [rɪsk] *n, v/t*

You can't insure yourself against all **risks**.
You **risk** losing your job if you criticize the boss.

riesgo, peligro, arriesgar(se), poner en peligro
No es posible asegurarse contra todos los riesgos.
Te arriesgas a perder tu empleo si criticas al jefe.

---

emergency [ɪ'mɜːdʒənsɪ] *n*
This door is an **emergency** exit only.

emergencia
Esta puerta sólo es una salida de emergencia.

---

bad luck [ˌbæd'lʌk] *n opp:* luck
Losing the match by a goal in the last minute was really **bad luck**.

mala suerte
Perder el partido por un gol en el último minuto fue realmente mala suerte.

---

blow [bləʊ] *n*
Losing her job was a terrible **blow** to her.

golpe, bofetada
Perder su empleo fue un golpe terrible para ella.

---

harm [hɑːm] *n, v/t syn:* hurt

Most prisons do more **harm** than good.
It won't **harm** you to work a bit harder.

daño, mal, perjuicio, hacer daño, perjudicar
La mayoría de las cárceles hacen más mal que bien.
No te hará daño trabajar un poco más duro.

---

damage ['dæmɪdʒ] *n, v/t*

The fire caused great **damage** (⚠ no: damages) to the forest.

daño(s), perjuicio(s), desperfecto(s), dañar, perjudicar, estropear
El fuego causó grandes daños al bosque.

---

destroy [dɪ'strɔɪ] *v/t syn:* ruin, *opp:* create
The explosion **destroyed** most of the building.

destruir, destrozar

La explosión destrozó la mayor parte del edificio.

destruction [dɪ'strʌkʃn] *n opp:* creation
Acid rain causes the **destruction** of forests.

destrucción
La lluvia ácida causa la destrucción de los bosques.

---

ruin ['ruːɪn] *n, v/t*

Gambling was his **ruin**.

ruina, perdición, arruinar, asolar, estropear
El juego fue su ruina.

---

explode [ɪk'spləʊd] *v/i syn:* blow up
A bomb **exploded** and killed three people.

explotar

Explotó una bomba y mató a tres personas.

☞ **explode** *sólo tiene la acepción de 'estallar'. Para referirnos a sacar el máximo partido de una cosa o de una persona usamos* **exploit**.

---

explosion [ɪk'spləʊʒn] *n*
A gas pipe **explosion** destroyed two houses.

explosión
Una explosión de la tubería del gas destruyó dos casas.

La vida cotidiana

El HOGAR

Vivienda

«1-2000»

house [haʊs] *n syn:* home
Most people in Britain live in their own **house**.

casa
La mayoría de la gente en Gran Bretaña vive en casa propia.

---

build [bɪld] *v/t* ⚠ **built** [bɪlt], **built** [bɪlt]
The house was **built** in ten months.

construir, edificar

Construyeron la casa en 10 meses.

---

home [həʊm] *n syn:* house
They've just moved into their new **home** and are giving a house-warming party.

hogar, casa, domicilio
Se acaban de mudar a su nueva casa y van a dar una fiesta de inauguración.

---

home [həʊm] *adv*
We want to go **home**.

a casa, en casa
Queremos ir a casa.

live [lɪv] *v/i*
At 28 he's still **living** with his parents.

vivir, residir, habitar
A los 28 todavía está viviendo con sus padres.

at home [ət 'həʊm]
Most Spanish families celebrate Christmas **at home**.

en casa, en el hogar
La mayoría de las familias españolas celebran la Navidad en casa.

flat [flæt] *n syn:* apartment *(US)*

We used to live in a rented **flat** but now we have our own house.

piso, apartamento,
LA **departamento, casa**
Antes vivíamos en un piso alquilado pero ahora tenemos nuestra propia casa.

apartment *US* [ə'pɑːtmənt] *n syn:* flat *(GB)*
In New York we had to stay at a hotel until we found an **apartment**.

piso, apartamento,
LA **departamento, casa**
En Nueva York tuvimos que hospedarnos en un hotel hasta que encontramos un piso.

floor [flɔː] *n syn:* storey, *story (US)*
The living room is on the ground **floor** and the bedrooms are on the first (US second) **floor**.

piso, planta
La sala de estar está en la planta baja y los dormitorios en el primer piso.

☞ *En inglés británico* **ground floor** *significa 'planta baja', mientras que* **first floor** *significa 'primer piso'. Por el contrario, en inglés americano 'planta baja' se llama* **first floor** *y por lo tanto 'primer piso' será* **second floor***, etc.*

room [ruːm] *n*
We have three **rooms** downstairs and two upstairs.

cuarto, habitación, pieza
Tenemos tres habitaciones abajo y dos arriba.

living room ['lɪvɪŋ ruːm] *n syn:* sitting room *(GB),* lounge *(GB)*
They're in the **living room** watching TV.

sala de estar, salón

Están en la sala de estar mirando la televisión.

bedroom ['bedruːm] *n*
The house has three **bedrooms** and two bathrooms.

dormitorio
La casa tiene tres dormitorios y dos baños.

kitchen ['kɪtʃn] *n*
They're in the **kitchen** preparing dinner.

cocina
Están en la cocina preparando la cena.

bathroom ['bɑːθruːm] *n*

Each of our hotel rooms has its own **bathroom**. → *toilet*

cuarto de baño, baño, aseo, servicios
Todas nuestras habitaciones del hotel tienen cuarto de baño propio.

toilet ['tɔɪlɪt] *n syn:* bathroom *(US),* restroom *(US)*
There's a **toilet** on each floor.

lavabo, aseo, váter, servicio(s), sanitario
Hay un lavabo en cada planta.

☞ *En inglés americano se intenta evitar la palabra* **toilet** *y se suele decir* **bathroom** *o –en edificios públicos–* **restroom(s)**.

---

hall [hɔːl] *n*
The guests can hang up their coats in the **hall**.

vestíbulo, hall, recibidor
Los invitados pueden colgar sus abrigos en el vestíbulo.

---

cellar ['selə] *n syn:* basement
Wine should be stored in a cool, dark **cellar**.

sótano, bodega
El vino se debería almacenar en una bodega fresca y oscura.

---

roof [ruːf] *n*
We must have the **roof** repaired – the rain's coming in.

tejado, techo
Tenemos que mandar reparar el tejado; está entrando la lluvia.

---

wall [wɔːl] *n*
The **walls** of his room are full of posters of basketball stars.

There is a high stone **wall** around the park.

pared, muro
Las paredes de su habitación están llenas de pósters de estrellas del baloncesto.

Hay un muro de piedra alto alrededor del parque.

---

floor [flɔː] *n opp:* ceiling
The **floor** gets slippery when it's wet.

suelo
El suelo se vuelve resbaladizo cuando está mojado.

---

window ['wɪndəʊ] *n*
Open the **window** and let in some fresh air.

ventana
Abre la ventana y deja entrar un poco de aire fresco.

---

door [dɔː] *n*
Always lock the front **door** when you leave.

puerta
Cierra siempre la puerta delantera con llave cuando te vayas.

---

gate [geɪt] *n*
Someone has left the **gate** open.

puerta, verja, portal
Alguien ha dejado la verja abierta.

---

entrance ['entrəns] *n opp:* exit
Let's meet at the main **entrance** of the station.

entrada
Nos encontraremos en la entrada principal de la estación.

---

exit ['eksɪt] *n opp:* entrance
This door may be used as an emergency **exit** only.

salida
Esta puerta sólo se puede usar como salida de emergencia.

---

stairs [steəz] *pl*
He ran down the **stairs** (⚠ no: stair) to answer the phone.

escalera(s)
Corrió escaleras abajo para contestar el teléfono.

step [step] *n*
Mind the **step**!

peldaño, escalón
¡Cuidado con el escalón!

lift *(GB)* [lɪft] *n syn:* elevator *(US)*
We took the **lift** to the restaurant on the top floor.

ascensor, *LA* **elevador**
Tomamos el ascensor para subir al restaurante de la última planta.

light [laɪt] *n*
She turned off the **light**(s) and got into bed.

luz, lámpara
Apagó las luces y se metió en la cama.

heating [ˈhiːtɪŋ] *n*
It's getting cold – please turn the **heating** up.

calefacción
Empieza a hacer frío; por favor, sube la calefacción.

garden [ˈgɑːdn] *n*
He brought us a bunch of roses from his own **garden**.

jardín
Nos trajo un ramo de rosas de su propio jardín.

garage [ˈgærɑːʒ, *US* gəˈrɑːʒ] *n*
At weekends we usually leave the car in the **garage**.

garaje
Los fines de semana solemos dejar el automóvil en el garaje.

☞ *Atención, también se denomina* **garage** *a un taller de reparación, y en Gran Bretaña incluso a una gasolinera.*

«2001-4000»

indoors [ˌɪnˈdɔːz] *adv syn:* inside, *opp:* outdoors
The kids play **indoors** when it's raining.

en casa, dentro, bajo techo

Los niños juegan dentro cuando llueve.

outdoors [ˌaʊtˈdɔːz] *adv syn:* outside, *opp:* indoors
You can't play **outdoors** when it's raining.

fuera de casa, fuera, al aire libre
No podéis jugar fuera de casa cuando está lloviendo.

block [blɒk] *n*
The council is building a new **block** of flats for large families.

bloque
El ayuntamiento está construyendo un nuevo bloque de pisos para familias numerosas.

front [frʌnt] *n*
The hotel has a magnificent **front** but is pretty shabby inside.

fachada
El hotel tiene una fachada magnífica pero por dentro está en bastante mal estado.

storey, US **story** [ˈstɔːrɪ] n syn: floor ⚠ pl US stories
The Sears Tower in Chicago has 110 **storeys/stories**.

piso, planta
La torre Sears de Chicago tiene 110 pisos.

---

downstairs [ˌdaʊnˈsteəz] adv opp: upstairs
Let's meet **downstairs** for breakfast.

abajo, en el piso de abajo
Nos encontraremos abajo para desayunar.

---

upstairs [ˌʌpˈsteəz] adv opp: downstairs
The living room is downstairs and the bedrooms are **upstairs**.

arriba, en el piso de arriba
La sala de estar está abajo y los dormitorios están arriba.

---

dining room [ˈdaɪnɪŋ ruːm] n
She laid (US set) the table for dinner in the **dining room**.

comedor
Preparó la mesa para cenar en el comedor.

---

basement [ˈbeɪsmənt] n syn: cellar
We have a hobby room in the **basement**.

sótano
Tenemos una sala de ocio en el sótano.

---

ceiling [ˈsiːlɪŋ] n opp: floor
Careful – don't bump your head on the low **ceiling**!

techo
¡Cuidado!, ¡no te golpees la cabeza con este techo tan bajo!

---

chimney [ˈtʃɪmnɪ] n syn: smokestack
There was thick smoke coming out of the factory **chimneys**.

chimenea
Había un humo muy denso saliendo de las chimeneas de la fábrica.

---

yard [jɑːd] n
The children were playing tag in the school**yard**.

patio
Los niños estaban jugando a pillapilla en el patio de la escuela.

---

household [ˈhaʊshəʊld] n
She works full-time and runs the **household** – I wonder how she does it.

casa, hogar
Trabaja a jornada completa y lleva la casa; me pregunto cómo lo hace.

---

move [muːv] v/i
She doesn't live here any more – she's **moved** to Florida.
Our new house isn't finished – we can't **move** in yet.

They couldn't pay the rent and had to **move** out.

mudarse, cambiar de casa
Ya no vive aquí; se ha mudado a Florida.
Nuestra nueva casa no está terminada; todavía no podemos instalarnos en ella.
No podían pagar el alquiler y tuvieron que cambiar de casa.

furnish ['fɜːnɪʃ] v/t
They had their new flat **furnished** by an interior designer.
At first I stayed at a hotel but then I rented a **furnished** room.

amueblar
Hicieron amueblar su nuevo piso por un diseñador de interiores.
Al principio me alojé en un hotel pero después alquilé una habitación amueblada.

paint [peɪnt] n
I need a brush and a tin of **paint**.

pintura
Necesito una brocha y un bote de pintura.

lock [lɒk] v/t opp: unlock
Lock all the doors before you go off on holiday.

cerrar con llave
Cerrad todas las puertas con llave antes de marcharos de vacaciones.

lock [lɒk] n
He lost his keys and had all the **locks** changed.

cerradura
Perdió sus llaves e hizo cambiar todas las cerraduras.

crack [kræk] n
The windows were broken and there were **cracks** in the walls.

grieta, hendedura
Las ventanas estaban rotas y había grietas en las paredes.

Mobiliario

«1-2000»

furniture ['fɜːnɪtʃə] n
Except for a bed and a chair there's no **furniture** (⚠ no: furnitures) in the room.

muebles, mobiliario
Aparte de una cama y una silla no hay más muebles en la habitación.

table ['teɪbl] n
I reserved a **table** for two in the restaurant.

mesa
Reservé una mesa para dos en el restaurante.

desk [desk] n

My back hurts from sitting at my **desk** all day.

mesa de trabajo, escritorio, pupitre
Me duele la espalda de estar sentado en el escritorio todo el día.

chair [tʃeə] n
She bought a table and six matching **chairs**.

silla
Compró una mesa y seis sillas a juego.

bench [bentʃ] n
Two old ladies were sitting on a **bench** in the park.

banco
Dos ancianas estaban sentadas en un banco del parque.

bed [bed] *n*
I need a double room with two
beds.

cama
Necesito una habitación doble
con dos camas.

cupboard ['kʌbəd] *n*
You'll find coffee and sugar in the
kitchen **cupboard**.

armario, alacena
Encontrarás café y azúcar en el
armario de la cocina.

leg [leg] *n*
Stools with three **legs** aren't
safe.

pata
Los taburetes de tres patas no
son seguros.

comfortable ['kʌmfətəbl] *adj*
opp: uncomfortable
The rooms are small but **comfortable**.

cómodo, cómoda, confortable

Las habitaciones son pequeñas
pero confortables.

«2001-4000»

seat [siːt] *n*
Our new car has airbags for both
front **seats**.

I've reserved **seats** for the front
row.

asiento, plaza, localidad
Nuestro nuevo coche tiene airbag para ambos asientos delanteros.
He reservado localidades para la
primera fila.

armchair ['ɑːmtʃeə] *n*
I like to sit in a comfortable **armchair** by the fireside.

sillón, butaca
Me gusta sentarme en un cómodo sillón junto al hogar.

sofa ['səʊfə] *n syn:* couch
This **sofa** seats three to four
people.

sofá
En este sofá caben tres o cuatro
personas.

couch [kaʊtʃ] *n syn:* sofa
I usually lie down on the **couch**
after lunch.

sofá, diván
Normalmente me tumbo en el
sofá después de la comida.

blanket ['blæŋkɪt] *n*
I've put another **blanket** on the
bed in case it gets cold.

manta
He puesto otra manta en la cama por si hace frío.

pillow ['pɪləʊ] *n*
I like to sleep with two **pillows**
under my head.

almohada
Me gusta dormir con dos almohadas bajo la cabeza.

cushion ['kʊʃn] *n*
Sitting on soft **cushions** is bad
for my back.

cojín
Estar sentado sobre cojines
blandos es malo para mi espalda.

wardrobe ['wɔːdrəʊb] *n*
I've got a **wardrobe** full of clothes, and nothing to wear!

armario, guardarropa, ropero
¡Tengo un armario lleno de ropa y nada que ponerme!

closet *(US)* ['klɑːzət] *n syn:* built-in cupboard *(GB)*
You can hang your clothes in the **closet**.

armario (empotrado), ropero

Puedes colgar tu ropa en el armario.

shelf [ʃelf] *n*
⚠ *pl* **shelves** [ʃelvz]
Please return all books to their **shelves**.

estante, estantería, repisa

Por favor, devuelvan todos los libros a sus estantes.

chest of drawers [ˌtʃest əv 'drɔːz] *n*
I saw an old **chest of drawers**.

cómoda

Vi una vieja cómoda.

drawer [drɔː] *n*
I keep my documents in one of my desk **drawers**.

cajón, gaveta
Guardo mis documentos en uno de los cajones de mi escritorio.

lamp [læmp] *n syn:* light
I like to read in bed by the light of my bedside **lamp**.

lámpara
Me gusta leer en la cama con la luz de la lámpara de noche.

cooker *(GB)* ['kʊkə] *n syn:* stove *(US)*
You can heat up the soup on the **cooker** or in the microwave.

cocina, hornillo

Puedes calentar la sopa en la cocina o en el microondas.

☞ **cooker** *no debe confundirse con 'cocinero' que se traduce por* **cook**.

---

stove [stəʊv] *n syn:* cooker *(GB)*

Professional cooks prefer gas **stoves**.
We heat the cabin with a wood-burning **stove**.

cocina, hornillo, *LA* **horno, estufa**
Los cocineros profesionales prefieren las cocinas de gas.
Calentamos la cabaña con una estufa de quemar madera.

oven ['ʌvn] *n*
It's time to take the cake out of the **oven**.

horno, *LA* **cocina**
Es hora de sacar el pastel del horno.

fridge [frɪdʒ] *n*

I like my beer cold, so I always keep it in the **fridge**/refrigerator.

nevera, *LA* **heladora,** *LA* **refrigeradora**
Me gusta tomar la cerveza fresca, así que siempre la pongo en la nevera.

freezer ['friːzə] *n*
I've got some home-made ice cream in the **freezer**.

congelador, *LA* **congeladora**
Tengo un helado casero en el congelador.

carpet ['kɑːpɪt] *n*
We bought a beautiful Persian **carpet** for our living room.

alfombra, moqueta
Compramos una preciosa alfombra persa para nuestra sala de estar.

curtain ['kɜːtn] *n*
Pull back the **curtains** to let the sunshine in.

cortina, visillo
Descorre las cortinas para que entre la luz del sol.

frame [freɪm] *n*
The doors are made of glass and have wooden **frames**.

marco
Las puertas son de cristal y tienen los marcos de madera.

Objetos y utensilios

«1-2000»

thing [θɪŋ] *n*
I entered the store to buy a few **things** I needed.

cosa, objeto
Entré en los grandes almacenes para comprar unas cuantas cosas que necesitaba.

You can leave your **things** here until you leave.

Puedes dejar tus cosas aquí hasta que te vayas.

☞ **thing** *no siempre se traduce en español, por ej.:* **the good thing about it** *(lo bueno de esto),* **the first thing to do is...** *(lo primero que hay que hacer es...).*

box [bɒks] *n*
I've eaten a whole **box** of chocolates.
I need a cardboard **box** for the parcel.

caja
Me he comido una caja entera de bombones.
Necesito una caja de cartón para el paquete.

bag [bæg] *n*
Let me carry that heavy shopping **bag** for you.

bolsa, bolso
Déjame que te lleve esa bolsa de la compra tan pesada.

basket ['bɑːskɪt] *n*
I use a shopping **basket** instead of a bag.

cesta, cesto
Uso una cesta para la compra en lugar de una bolsa.

handbag ['hændbæg] *n syn:* purse *(US)*
A thief stole my **handbag**.

bolso, *LA* **cartera**
Un ladrón me robó el bolso.

key [kiː] *n*
Only the manager has a **key** to the safe.

llave
Sólo el gerente tiene la llave de la caja fuerte.

pen [pen] *n*
I need a **pen** and some paper.

bolígrafo, pluma, estilográfica, *LA* **plumafuente**
Necesito una pluma y un trozo de papel.

pencil ['pensl] *n*
He always makes a **pencil** sketch before he paints in oils.

lápiz, *LA* **lapicero**
Siempre hace un esbozo a lápiz antes de pintar al óleo.

card [kɑːd] *n*
The English send and receive lots of **cards** at Christmas.
I like to play **cards** but I never play for money.

tarjeta, postal, carta, naipe
Los ingleses envían y reciben muchas postales en Navidad.
Me gusta jugar a cartas pero nunca lo hago por dinero.

handkerchief ['hæŋkətʃɪf] *n*
She took a **handkerchief** and wiped the baby's nose.

pañuelo
Sacó un pañuelo y limpió la nariz del bebé.

match [mætʃ] *n*
He uses **matches** to light his pipe.

cerilla, fósforo
Usa fósforos para encender su pipa.

string [strɪŋ] *n*
I need a piece of **string** to tie up this parcel.

cordel, bramante, hilo, cuerda
Necesito un trozo de cordel para atar este paquete.

chain [tʃeɪn] *n*
I put the **chain** on the door when I lock it.

cadena
Pongo la cadena en la puerta cuando la cierro con llave.

pin [pɪn] *n*
She holds the pieces of cloth together with **pins**.

alfiler
Sujeta los pedazos de ropa con alfileres.

scissors ['sɪzəz] *pl*
A comb and **scissors** are all a good hairdresser needs.

tijeras
Un peine y tijeras es todo lo que un buen peluquero necesita.

mirror ['mɪrə] *n*
I looked in the **mirror** and saw a car following us.

espejo, (espejo) retrovisor
Miré por el retrovisor y vi que nos seguía un automóvil.

bell [bel] *n*
The **bell** rings at the beginning and the end of a lesson.

timbre, campana
El timbre suena al principio y al final de la clase.

clock [klɒk] *n*
They have a beautiful old grandfather **clock** in their living room.
→ *watch*

reloj
Tienen un precioso reloj de péndulo en la sala de estar.

hand [hænd] *n*
The hour **hand** is always shorter than the minute **hand**.

manecilla
La manecilla de las horas siempre es más corta que la manecilla de los minutos.

toy [tɔɪ] *n*
Toys are still popular Christmas gifts.

juguete
Los juguetes son regalos de Navidad que todavía gustan mucho.

«2001-4000»

object ['ɒbdʒekt] *n syn:* thing
Most of the **objects** that are missing are worthless.

objeto, cosa
La mayoría de los objetos que faltan no tienen ningún valor.

container [kən'teɪnə] *n*
The firm produces boxes, bottles and other **containers**.

recipiente, contenedor
La empresa produce cajas, botellas y otros recipientes.

bucket ['bʌkɪt] *n syn:* pail
He filled a **bucket** with water.

cubo, balde
Llenó un cubo con agua.

wastepaper basket
[ˌweɪst'peɪpə ˌbɑːskɪt] *n syn:*
wastebasket *(US)*
She threw the old letters into the **wastepaper basket**.

papelera

Tiró las cartas viejas a la papelera.

ashtray ['æʃtreɪ] *n*
Here's an **ashtray** if you want to smoke.

cenicero
Aquí hay un cenicero si quieres fumar.

purse [pɜːs] *n*
I always keep change in my **purse**.

monedero, portamonedas
Siempre llevo cambio en el monedero.

wallet ['wɒlɪt] *n*
I keep my ID card, driving licence and paper money in my **wallet**.

cartera, *LA* **billetera**
Guardo el carnet de identidad, el carnet de conducir y los billetes en mi billetera.

glasses ['glɑːsɪz] *pl syn:*
spectacles
I need my **glasses** for reading only.

gafas, lentes, *LA* **anteojos**

Necesito las gafas sólo para leer.

ballpoint ['bɔːlpɔɪnt] *n*

Use a **ballpoint** to sign the cheques.

bolígrafo, *LA* **pluma esferográfica**, *LA* **birome**
Use un bolígrafo para firmar los cheques.

---

umbrella [ʌm'brelə] *n*
Don't forget your **umbrella** – it's going to rain.

paraguas, sombrilla
No olvides tu paraguas; va a llover.

---

candle ['kændl] *n*
The English don't normally have **candles** on their Christmas trees.

vela, cirio
Los ingleses no suelen poner velas en el árbol de Navidad.

---

lighter ['laɪtə] *n*
He lit his cigar with a gold **lighter**.

encendedor, mechero
Encendió su puro con un encendedor de oro.

(light) bulb [('laɪt) bʌlb] *n*
The **light bulb** in my desk lamp is burnt out – do you have a 60-watt **bulb**?

bombilla, *LA* **foco**
La bombilla de la lámpara de mi escritorio se ha fundido, ¿tienes otra bombilla de 60 vatios?

---

thread [θred] *n*
A button's come off – I need a needle and some **thread**.

hilo, hebra
Se me ha caído un botón; necesito una aguja y un poco de hilo.

---

rope [rəʊp] *n*
Mountain climbing without a **rope** is very dangerous.

cuerda, soga, cabo
Escalar montañas sin una cuerda es muy peligroso.

---

cord [kɔːd] *n syn:* cable
I drove over the **cord** of the electric lawnmower and cut it.

cordón, cable
Pasé con mi automóvil por encima del cable de la cortadora de césped eléctrica y lo corté.

---

net [net] *n*
Most fish are caught with **nets**.

red
La mayoría de los peces se pescan con redes.

---

ladder ['lædə] *n*
He fell off the **ladder** when he was picking apples.

escalera (de mano)
Se cayó de la escalera cuando estaba recogiendo manzanas.

---

hammer ['hæmə] *n*
I need a **hammer** and nails to hang up the pictures.

martillo
Necesito un martillo y clavos para colgar los cuadros.

---

nail [neɪl] *n*
I took the hammer and hit my thumb instead of the **nail**.

clavo
Tomé el martillo y en lugar de golpear el clavo me golpeé el dedo gordo.

---

screw [skruː] *n*
Loosen the **screws** and remove them.

tornillo
Afloja los tornillos y sácalos.

screwdriver ['skruː‚draɪvə] *n*
Put the screws in by hand, then tighten them with a **screwdriver**.

destornillador, *LA* **desarmador**
Introduce los tornillos con la mano y después apriétalos con el destornillador.

needle ['niːdl] *n*
Give me a **needle** and thread, and I'll sew on the button.

aguja
Dame una aguja e hilo y te coseré el botón.

hook [hʊk] *n*
You can hang your coats on the **hooks** by the door.

gancho, garfio, colgador
Pueden colgar sus abrigos en los colgadores al lado de la puerta.

saw [sɔː] *n*
Woodcutters now use power **saws** for felling trees.

sierra
Los leñadores de ahora usan motosierras para talar árboles.

tap [tæp] *n syn: US* faucet
I left the **taps** running and flooded the bathroom.

grifo, *LA* **llave**, *LA* **canilla**
Dejé los grifos abiertos e inundé el cuarto de baño.

hose [həʊz] *n*
He took the garden **hose** and watered the flower beds.

manguera
Tomó la manguera del jardín y regó los parterres.

scales [skeɪlz] *pl*
The butcher put the meat on the **scales** and weighed it.

balanza, báscula
El carnicero puso la carne sobre la balanza y la pesó.

alarm clock [ə'lɑːm klɒk] *n*
My **alarm clock** rings at seven every morning.

despertador
Mi despertador suena a las siete todas las mañanas.

key [kiː] *n*
Pianos, typewriters and computers all have **keys**.

tecla
Los pianos, las máquinas de escribir y las computadoras tienen teclas.

Limpieza

«1-2000»

clean [kliːn] *adj, v/t opp:* dirty
A surgeon's hands must be absolutely **clean**.
The windows are dirty – we've got to **clean** them.

limpio, limpiar, asear
Las manos de un cirujano tienen que estar completamente limpias.
Las ventanas están sucias; tenemos que limpiarlas.

dirty ['dɜːtɪ] *adj opp:* clean
My hands are **dirty** – I've got to wash them.

sucio
Tengo las manos sucias; debo lavármelas.

spot [spɒt] *n syn:* stain
I spilled some wine and now there are red **spots** all over the carpet.

mancha
Derramé un poco de vino y ahora hay manchas rojas por toda la alfombra.

wash [wɒʃ] *v/t*
Wash your hands before every meal.

lavar, fregar
Lavaos las manos antes de cada comida.

«2001-4000»

tidy ['taɪdɪ] *adj syn:* neat, *opp:* untidy
The kitchen was a mess but now it's **tidy** again.

ordenado, arreglado, limpio
La cocina estaba hecha un desastre pero ahora está ordenada otra vez.

dirt [dɜːt] *n*
Use hot water and soap to get the **dirt** off your hands.

suciedad
Usa agua caliente y jabón para quitarte la suciedad de las manos.

stain [steɪn] *n syn:* spot
The tomato sauce left **stains** on the tablecloth.

mancha
La salsa de tomate dejó manchas en el mantel.

dust [dʌst] *n, v/i, v/t*

There's a thick layer of **dust** on the books.
I **dust** the furniture before I clean the floor.

polvo, sacar el polvo, desempolvar
Hay una gruesa capa de polvo sobre los libros.
Saco el polvo de los muebles antes de limpiar el suelo.

mess [mes] *n*
My room's (in) a terrible **mess**.

desorden, revoltijo, porquería
En mi habitación hay un terrible desorden.

sweep [swiːp] *v/t*
⚠ **swept** [swept], **swept** [swept]
He **swept** the dead leaves off the patio.

barrer

Barrió las hojas secas de la terraza.

wipe [waɪp] *v/t*
Please **wipe** the blackboard before the lesson begins.

limpiar, enjugar, borrar
Por favor, borrad la pizarra antes de que empiece la clase.

polish ['pɒlɪʃ] *v/t*
You **polish** copper with a soft cloth.

limpiar, sacar brillo, pulir
El cobre se limpia con un trapo suave.

broom [bru:m] *n*
I sweep the floor with a **broom** before I mop it.

escoba
Barro el suelo con una escoba antes de fregarlo.

laundry ['lɔ:ndrɪ] *n*
He doesn't do any washing - he sends all his clothes to the **laundry**.
I must do the washing – there's so much **laundry** in the basket.

lavandería, ropa sucia, colada
No lava nada; envía toda su ropa a la lavandería.

Tengo que lavar, ¡hay tanta ropa sucia en el cesto!

washing machine ['wɒʃɪŋ mə,ʃi:n] *n*
We have a **washing machine**.

lavadora

Tenemos una lavadora.

dishwasher ['dɪʃ,wɒʃə] *n*

I rinse the plates before I put them in the **dishwasher**.

(máquina) lavaplatos, lavavajillas
Aclaro los platos antes de ponerlos en el lavavajillas.

ROPA Y COMPLEMENTOS

«1-2000»

clothes [kləʊðz] *pl*
They sell jeans, sweaters, jackets and other **clothes**.

ropa(s)
Venden tejanos, suéteres, chaquetas y otra ropa.

fashion ['fæʃn] *n*
Long hair is in **fashion** again.

moda
El pelo largo está de moda otra vez.

wear [weə] *v/t syn:* have on
⚠ **wore** [wɔ:], **worn** [wɔ:n]
You should **wear** a hat and sunglasses on the beach.

llevar, llevar puesto, puesta

En la playa deberías llevar un sombrero y gafas de sol.

dress [dres] *v/i*
Wait a moment – I'm just **dressing**.
He isn't good-looking but he **dresses** very well.

vestirse, vestir
Espera un momento, me estoy vistiendo.
No es guapo pero viste muy bien.

put on [ˌpʊt ˈɒn] *v/t opp:* take off
Put on your hat and coat – it's getting cold.

ponerse
Ponte el sombrero y el abrigo; empieza a hacer frío.

take off [ˌteɪk ˈɒf] *opp:* put on
It's hot in here. Do you mind if I **take off** my jacket?

quitarse
Hace calor aquí. ¿Te importa si me quito la chaqueta?

fit [fɪt] *v/i, v/t*
The shirt doesn't **fit** – it's too tight.

sentar bien, ir bien, encajar
La camisa no sienta bien; es demasiado estrecha.

dress [dres] *n*
The bride was wearing a white wedding **dress**.

vestido
La novia llevaba un vestido de novia blanco.

coat [kəʊt] *n*
It's getting cold – don't go out without a **coat**.

abrigo, chaqueta, *LA* **saco**
Empieza a hacer frío; no salgas sin abrigo.

suit [suːt] *n*

At the office I always wear a **suit** and a tie.
My secretary wears a dress or a **suit**.

traje, *LA* **terno, traje de chaqueta**
En la oficina siempre llevo traje y corbata.
Mi secretaria lleva vestidos o trajes de chaqueta.

jacket [ˈdʒækɪt] *n syn:* coat
For cool evenings you should take a **jacket** or light sweater.

chaqueta, americana, *LA* **saco**
Deberías llevarte una chaqueta o un jersey fino para las noches frías.

trousers [ˈtraʊzəz] *pl syn:* pants (US)
Waiters often wear white jackets and black **trousers**.

pantalones

Los camareros suelen llevar chaqueta blanca y pantalones negros.

pants (US) [pænts] *pl syn:* trousers
The dog went at me and tore my **pants**.

pantalones
El perro se abalanzó sobre mí y me rasgó los pantalones.

skirt [skɜːt] *n*
A lady's suit consists of a jacket and a matching **skirt**.

falda, *LA* **pollera**
Un traje de mujer consiste en una chaqueta y una falda a juego.

shirt [ʃɜːt] *n*
A banker usually wears a dark suit, a white **shirt** and a tie.

camisa
Un banquero suele llevar traje oscuro, camisa blanca y corbata.

pocket [ˈpɒkɪt] *n*
He had his hands in his **pockets**.

bolsillo
Tenía las manos en los bolsillos.

button ['bʌtn] *n*
A **button**'s come off my shirt.

botón
Se me ha caído un botón de la camisa.

hole [həʊl] *n*
I think I have a **hole** in my shoe.

agujero
Creo que tengo un agujero en el zapato.

shoe [ʃuː] *n*
You should wear sturdy **shoes** on the hike.

zapato
Deberías llevar zapatos resistentes para la caminata.

sock [sɒk] *n*
I put on shorts, cotton **socks** and jogging shoes.

calcetín, *LA* **media**
Me puse pantalón corto, calcetines de algodón y zapatillas de correr.

hat [hæt] *n*
Never go out in the midday heat without a **hat**.

sombrero
Nunca salgas sin sombrero con el calor del mediodía.

cap [kæp] *n*
He was wearing jeans, a T-shirt and a baseball **cap**.

gorra
Llevaba tejanos, una camiseta y una gorra de béisbol.

glove [glʌv] *n*
It's very cold – don't go out without a coat, hat and **gloves**.

guante
Hace mucho frío; no salgas sin abrigo, sombrero y guantes.

watch [wɒtʃ] *n*
What's the time by your **watch**?

reloj
¿Qué hora marca tu reloj?

☞ **watch** *se refiere sólo a relojes de pulsera o de bolsillo. Todos los demás tipos de reloj se llaman* **clock**.

ring [rɪŋ] *n*
In Britain and the USA a wedding **ring** is worn on the left hand.

anillo
En Gran Bretaña y en EE UU el anillo de boda se lleva en la mano izquierda.

«2001-4000»

try on [ˌtraɪ 'ɒn] *v/t*
I don't know my size, I have to **try** it **on**.

probarse
No sé mi talla; tengo que probármelo.

to change [tʃeɪndʒ] *v/i*
I wear a suit at work and **change** the moment I get home.

cambiarse
En el trabajo llevo traje y en cuanto llego a casa me cambio.

tight [taɪt] *adj*
This skirt is too **tigh**t – I need a larger size.

estrecho, apretado, ajustado,
Esta falda me queda demasiado ajustada; necesito una talla más grande.

---

jeans [dʒiːnz] *pl*
Cowboys wear **jeans** and western boots.

tejanos, (pantalones) vaqueros
Los cowboys llevan tejanos y botas de vaquero.

---

sweater ['swetə] *n syn:* pullover
Nothing is as nice to wear as a cashmere **sweater**.

suéter, jersey
No hay nada tan agradable de llevar como un jersey de cachemir.

---

blouse [blaʊz, *US* blaʊs] *n*
The pianist wore a black velvet skirt and a white silk **blouse**.

blusa
La pianista llevaba una falda de terciopelo negro y una blusa de seda blanca.

---

uniform ['juːnɪfɔːm] *n*
In Britain the police wear dark blue **uniforms**.

uniforme
En Gran Bretaña los policías llevan uniformes de color azul oscuro.

---

collar ['kɒlə] *n*
I can't button this shirt – the **collar** is too tight.

cuello (de camisa)
No puedo abrocharme esta camisa; el cuello es demasiado estrecho.

☞ *La palabra española 'collar' se traduce por* **necklace**.

---

sleeve [sliːv] *n*
In summer I only wear shirts with short **sleeves**.

manga
En verano sólo llevo camisas de manga corta.

---

zip [zɪp], *US* **zipper** ['zɪpər] *n*
Jeans with buttons instead of **zip(per)s** are popular again.

cremallera
Los tejanos con botones en lugar de cremallera se llevan otra vez.

---

bow [bəʊ] *n*
Shoelaces are usually tied in a **bow**.

lazo
Los cordones de los zapatos suelen atarse con un lazo.

---

boot [buːt] *n*
Fishermen wear rubber **boots**.

bota
Los pescadores llevan botas de goma.

---

heel [hiːl] *n*
These boots need new soles and **heels**.

tacón
Estas botas necesitan suelas y tacones nuevos.

tie [taɪ] *n*
He wore a navy blue blazer, a light blue shirt and a striped **tie**.

corbata
Llevaba una chaqueta azul marino, una camisa azul claro y una corbata de rayas.

---

scarf [skɑːf] *n*
⚠ *pl* **scarves** [skɑːvz], **scarfs** [skɑːfs]
Put a **scarf** round your neck so you don't catch cold.

bufanda, pañuelo

Ponte una bufanda en el cuello para no pillar un resfriado.

---

briefs [briːfs] *pl syn:*
underpants
He was only wearing **briefs** and socks when the doctor examined him.

calzoncillos, bragas

Sólo llevaba calzoncillos y calcetines cuando el doctor lo examinó.

---

tights [taɪts] *pl*
There's a ladder (US run) in my only pair of **tights**!

pantis, medias (enteras)
¡Hay una carrera en mi único par de medias!

---

belt [belt] *n*
The policeman wore a white leather **belt**.

cinturón
El policía llevaba un cinturón de piel blanco.

---

stick [stɪk] *n*
Since my accident I've had to walk with a **stick**.

bastón
Desde el accidente he tenido que caminar con un bastón.

---

jewellery, *US* **jewelry** [ˈdʒuːəlrɪ] *n*
I think she wears too much **jewellery**.

joyas, alhajas

Creo que lleva demasiadas joyas.

---

diamond [ˈdaɪəmənd] *n*
My engagement ring is a **diamond**.

diamante
Mi anillo de compromiso tiene un diamante.

---

pearl [pɜːl] *n*
Her **pearl** necklace is the only jewellery she wears.

perla
Su collar de perlas es la única joya que lleva.

---

pattern [ˈpætən] *n*
I like the **pattern**, but the colours are too loud.

diseño, dibujo
Me gusta el diseño, pero los colores son demasiado chillones.

---

knit [nɪt] *v/i, v/t*
⚠ **knit(ted)** [ˈnɪt(əd)], **knit(ted)** [ˈnɪt(əd)]
She's **knitting** a sweater for her grandson.

tejer, tricotar, hacer punto

Está tejiendo un jersey para su nieto.

---

sew [səʊ] *v/i, v/t*
⚠ **sewed** [səʊd], **sewn** [səʊn]
Could you **sew** this button onto my jacket?

coser

¿Podrías coser este botón a mi chaqueta?

EL MUNDO LABORAL

Fábricas y talleres

«1-2000»

---

factory ['fæktərɪ] *n syn:* plant
The **factory** produces batteries for cars.

fábrica
La fábrica produce baterías para coches.

---

tool [tuːl] *n*
I need some **tools** to repair my bike.

herramienta
Necesito algunas herramientas para reparar mi bici.

---

repair [rɪ'peə] *n, v/t opp:* damage
The **repair** was expensive.
We must have the tap **repaired**.

reparación, reparar, arreglar

La reparación fue cara.
Tenemos que mandar arreglar el grifo.

«2001-4000»

---

industry ['ɪndəstrɪ] *n*
Japan is leading in the car and computer **industries**.

industria
Japón va a la cabeza de las industrias automovilística e informática.

---

industrial [ɪn'dʌstrɪəl] *adj*
The steam engine started the first **industrial** revolution.

industrial
La máquina de vapor inició la primera revolución industrial.

---

workshop ['wɜːkʃɒp] *n*
He has a small **workshop** where he repairs old clocks.

taller
Tiene un pequeño taller donde repara relojes viejos.

---

fix [fɪks] *v/t syn:* repair, mend
Can you **fix** the lock in the car door?

reparar, arreglar
¿Puedes arreglar la cerradura de la puerta del automóvil?

---

mend [mend] *v/t syn:* repair, fix
We must have that hole in the roof **mended**.

reparar, arreglar
Tenemos que mandar reparar ese agujero en el tejado.

---

spare part [ˌspeə 'pɑːt] *n*

It's difficult to get **spare parts** for antique cars.

pieza de repuesto, (pieza de) recambio
Es difícil encontrar piezas de recambio para coches antiguos.

service ['sɜːvɪs] *n*
This computer shop isn't cheap but it provides excellent **service**.

servicio
Esta tienda de computadoras no es barata pero ofrece un servicio excelente.

Vida económica

Generalidades

«1-2000»

business ['bɪznɪs] *n*
Business is very quiet after Christmas.
She wants to start her own **business**.

negocio, comercio, empresa
El comercio está muy tranquilo después de las Navidades.
Quiere establecer su propio negocio.

---

firm [fɜːm] *n syn:* company
He's worked for the same **firm** for 30 years.

firma, empresa
Ha trabajado 30 años para la misma empresa.

---

company ['kʌmpənɪ] *n syn:* firm
You must report the accident to your insurance **company**.

compañía, empresa, sociedad
Debe informar del accidente a su compañía aseguradora.

---

job [dʒɒb] *n*

She's out of work and looking for a **job**.

empleo, puesto de trabajo, trabajo
Está en el paro y busca un empleo.

---

unemployed [ˌʌnɪmˈplɔɪd] *adj syn:* jobless, out of work
He found a job after being **unemployed** for a month.

desempleado, parado, en paro

Encontró un empleo después de estar en paro durante un mes.

---

unemployment [ˌʌnɪmˈplɔɪmənt] *n*
Unemployment is a serious problem.

desempleo, paro
El desempleo es un grave problema.

---

pay [peɪ] *n syn:* wages, salary
I like my work although the **pay** (⚠ no: payment) is bad.

paga, sueldo, salario
Me gusta mi trabajo aunque el sueldo es malo.

☞ **payment** *se refiere sólo al pago único de una cantidad. La paga (= el sueldo) que se recibe por el trabajo se denomina en general* **pay**. **Salary** *se utiliza cuando la paga es mensual y* **wages** *cuando se cobra la misma semanalmente.* **Income** *se refiere a ingresos de cualquier tipo que se reciben regularmente.*

wages ['weɪdʒɪz] *pl*
Most clothes are manufactured in Asia because **wages** there are much lower. → *pay*

sueldo, jornal
La mayoría de la ropa se fabrica en Asia porque los sueldos allí son mucho más bajos.

busy ['bɪzɪ] *adj*
I'm very **busy** and can't see you tonight.

ocupado, atareado
Estoy muy ocupado y no te puedo ver esta noche.

offer ['ɒfə] *n, v/t*
They made me an **offer** that I couldn't refuse.
He **offered** me £1,000 and I accepted.

oferta, ofrecer
Me hicieron una oferta que no podía rechazar.
Me ofreció 1.000 libras y acepté.

order ['ɔːdə] *n, v/t*

The firm got fewer **orders** and dismissed ten workers.

pedido, encargo, pedir, encargar
La empresa recibía menos pedidos y despidió a diez trabajadores.

sale [seɪl] *n*
The **sale** of alcohol to people under 18 is illegal.
Everything's half price in our summer **sale**.

venta, saldo, rebaja(s)
La venta de alcohol a menores de 18 años es ilegal.
Todo está a mitad de precio en nuestras rebajas de verano.

☞ *'en venta' equivale a* **for sale** *o* **on sale** *en inglés británico. Sin embargo, en inglés americano* **on sale** *significa siempre 'rebajado' o 'a precio reducido'.*

---

goods [gʊdz] *pl*
In the USA **goods** are transported by truck rather than by train.

géneros, artículos, mercancías
En EE UU las mercancías se transportan más en camión que en tren.

«2001-4000»

economy [ɪˈkɒnəmɪ] *n*
High interest rates are bad for a country's **economy**.

economía
Los tipos de interés elevados son malos para la economía de un país.

economic [ˌiːkəˈnɒmɪk] *adj*
A recession is a serious **economic** (⚠ no: economical) crisis.

económico
Una recesión es una crisis económica grave.

☞ **economical** *significa también 'económico' pero sólo en el sentido de barato o ahorrativo, por ej.:* **an economical little car** *(un automóvil pequeño y económico).*

---

trade [treɪd] *n, v/t*

The value of the dollar is important for **trade** between the USA and Europe.
He'd like to learn a **trade** after school.
England needed a large fleet to **trade** with other countries.

comercio, negocio, oficio, comerciar
El valor del dólar es importante para el comercio entre EE UU y Europa.
Le gustaría aprender un oficio cuando acabe la escuela.
Inglaterra necesitaba una gran flota para comerciar con otros países.

---

commercial [kə'mɜːʃl] *adj*
The film is no good, but it's a huge **commercial** success.

comercial
La película no es buena pero es un gran éxito comercial.

---

establish [ɪ'stæblɪʃ] *v/t syn:* found, create
The London police force was **established** in 1828 by Sir Robert Peel.

establecer, fundar, crear
El cuerpo de policía de Londres fue fundada en 1828 por Sir Robert Peel.

---

head [hed] *n syn:* boss, manager
He hopes to become the **head** of the sales department.

jefe/a, director/a
Espera convertirse en jefe del departamento comercial.

---

owner ['əʊnə] *n syn:* proprietor
He runs the business but the actual **owner** is his wife.

propietario/a
Él dirige el negocio pero la propietaria de verdad es su esposa.

---

possession [pə'zeʃn] *n*
The **possession** of hard drugs is illegal.
The refugees lost all of their few **possessions**.

posesión, pertenencia, bien
La posesión de drogas duras es ilegal.
Los refugiados perdieron sus pocas pertenencias.

---

property ['prɒpəti] *n syn:* possession
As long as you lease a car it isn't your **property**.

propiedad
Un automóvil no será propiedad suya mientras lo tenga en contrato de arrendamiento.

---

manage ['mænɪdʒ] *syn:* run
She **manages** the business when her husband is away.

dirigir, manejar, conducir
Ella dirige el negocio cuando su marido está fuera.

---

manager ['mænɪdʒə] *n syn:* head, director
Waiter! I'd like to speak to the **manager**.

gerente, director/a
¡Camarero! Me gustaría hablar con el director.

management ['mænɪdʒmənt] n
There must be more talks between the workers and the **management**.

dirección, junta directiva
Tiene que haber más conversaciones entre los trabajadores y la dirección.

labour, US **labor** ['leɪbə] n syn: work
It took ten days of hard physical **labo(u)r** to build that wall.

They're looking for cheap **labo(u)r** in Asia.

trabajo, esfuerzo, mano de obra
Se necesitaron diez días de duro trabajo físico para construir ese muro.
Están buscando mano de obra barata en Asia.

employ [ɪm'plɔɪ] v/t opp: dismiss
This firm **employs** more women than men.

emplear
Esta empresa emplea a más mujeres que hombres.

employer [ɪm'plɔɪə] n opp: employee, worker
The **employer** refuses to increase the wages.

empresario/a, patrón, patrona, LA **empleador**
El patrón se niega a aumentar los salarios.

employee [ˌemplɔɪ'iː] n opp: employer
In a period of recession **employees** worry about their jobs.

empleado/a

Durante un período de recesión los empleados se preocupan por sus puestos de trabajo.

employment [ɪm'plɔɪmənt] n
syn: work, opp: unemployment
Women and older people find it more difficult to find **employment**.

empleo, puesto, colocación

A las mujeres y a la gente mayor les resulta más difícil encontrar un empleo.

retire [rɪ'taɪə] v/i
Most working people **retire** between the ages of 60 and 65.

jubilarse, retirarse
La mayoría de trabajadores se retiran entre los 60 y los 65 años.

notice ['nəʊtɪs] n
I'll be out of work soon – they've given me **notice**.
I'm fed up with my job – I'm going to give in my **notice**.

despido, dimisión, LA **renuncia**
Pronto estaré sin empleo; me han dado el despido.
Estoy harto de mi trabajo; voy a presentar mi dimisión.

(trade) union [(ˌtreɪd) 'juːnjən],
US **(labor) union** [(ˌleɪbə) 'juːnjən] n
There will be talks between **unions** and employers.

sindicato

Habrá conversaciones entre los sindicatos y los empresarios.

strike [straɪk] n syn: walkout
The union has called a **strike** for better pay.

huelga, LA **paro**
El sindicato ha convocado una huelga para conseguir incrementos salariales.

produce [prəˈdjuːs] *v/t syn:* make

Henry Ford **produced** his Model T from 1909 to 1927.

producir, fabricar

Henry Ford produjo su modelo "T" entre 1909 y 1927.

---

product [ˈprɒdʌkt] *n*

New Zealand's main **products** are wool and meat.

producto

Los productos principales de Nueva Zelanda son la lana y la carne.

---

production [prəˈdʌkʃn] *n*

Production of steel has decreased in the last few years.

producción

La producción de acero ha disminuido en los últimos años.

---

article [ˈɑːtɪkl] *n*

You'll find household **articles** on the ground floor.

artículo, objeto

Encontrarán los artículos del hogar en la planta baja.

---

available [əˈveɪləbl] *adj*

These sweaters are **available** in all sizes and five different colours.

disponible

Estos jerseys están disponibles en todas las tallas y en cinco colores diferentes.

---

demand [dɪˈmɑːnd] *n*

There's not much **demand** for black and white TV sets.
It's all a question of supply and **demand**.

demanda

No hay mucha demanda de televisores en blanco y negro.
Todo es una cuestión de oferta y demanda.

---

scarce [skeəs] *adj*

Petrol was **scarce** during the oil crisis.

escaso

La gasolina era escasa durante la crisis del petróleo.

---

provide [prəˈvaɪd] *v/t syn:* supply

The company **provides** tools and work clothes.

suministrar, proveer

La compañía suministra herramientas y ropas de trabajo.

---

supply [səˈplaɪ] *v/t syn:* provide

Scandinavia **supplies** the furniture industry with wood.

suministrar, abastecer, proporcionar

Escandinavia abastece de madera a la industria mobiliaria.

---

supply [səˈplaɪ] *n*

The water **supply** is threatened by the long dry period.

The snowed-in village has run out of **supplies**.

suministro, provisión, abastecimiento

El suministro de agua se ve amenazado por el largo período de sequía.
El pueblo incomunicado por la nieve se ha quedado sin provisiones.

---

store [stɔː] *n, v/t syn:* stock

They keep a huge **store** of food for fear of shortages. → *shop*

almacén, provisión, almacenar

Por miedo a pasar escaseces tienen un enorme almacén de comida.

stock [stɒk] *n syn:* store
If we don't save, our **stocks**
won't last much longer.

provisión, surtido, existencias
Si no ahorramos, nuestras existencias no durarán mucho más.

import [ɪm'pɔːt] *v/t opp:* export
Germany **imports** most of its
natural gas from Russia.

importar
Alemania importa la mayor parte
de su gas natural de Rusia.

export [ɪk'spɔːt] *v/t opp:* import
Japan **exports** more than it
imports.

exportar
Japón exporta más de lo que
importa.

deal [diːl] *n syn:* bargain
That was a good **deal** – we made
a profit of 200%.

negocio, trato, convenio
Ha sido un buen negocio; hemos
tenido un beneficio de un 200%.

bargain ['bɑːgɪn] *n*
This car is a real **bargain** at such
a low price.

ganga, oportunidad
Este automóvil a un precio tan
bajo es una verdadera ganga.

compete [kəm'piːt] *v/i*
Several private parcel services
compete with the postal service.

competir, hacer la competencia
Diversos servicios de paquetería
privada compiten con el servicio
postal.

competitor [kəm'petɪtə] *n syn:*
rival
The U.S. car industry lost much
of the market to its Japanese
competitors.

competidor, competidora, rival

La industria automovilística estadounidense perdió mucho de su
mercado a favor de sus competidores japoneses.

competition [ˌkɒmpə'tɪʃn] *n*
There is tough **competition** in
the computer business.

competencia, rivalidad
Hay una dura competencia en el
negocio de la computación.

season ['siːzn] *n*
Summer is the main **season** for
tourism in Europe.

temporada
El verano es la temporada alta
para el turismo en Europa.

Establecimientos comerciales

«1-2000»

shop [ʃɒp] *n syn:* store *(US)*
In England most **shops** are open
from 9 a.m. to 5.30 p.m.

tienda, comercio
En Inglaterra la mayoría de las
tiendas están abiertas desde las
9 de la mañana hasta las 5:30 de
la tarde.

☞ Aunque en EE UU también existe la palabra **shop** para designar una tienda (sobre todo si es pequeña), es más frecuente usar **store**. En Gran Bretaña **store** suele designar tiendas muy grandes y de ahí el uso de **department store**.

---

department store [dɪˈpɑːtmənt stɔː] n
Harrods is England's most famous **department store**. → shop

grandes almacenes, LA **tienda por departamentos**
Harrods son los grandes almacenes más conocidos de Inglaterra.

---

shopping [ˈʃɒpɪŋ] n

I'll do the cooking if you do the **shopping**.

compra(s), ir de tiendas, ir de compras
Yo cocinaré si tú haces la compra.

---

buy [baɪ] v/t opp: sell
⚠ **bought** [bɔːt], **bought** [bɔːt]
I **bought** this car second-hand.

comprar

Compré este automóvil de segunda mano.

---

sell [sel] v/t opp: buy
⚠ **sold** [səʊld], **sold** [səʊld]
She **sold** her old car and bought a new one.

vender

Vendió su viejo automóvil y se compró uno nuevo.

«2001-4000»

---

dealer [ˈdiːlə] n syn: merchant
Contact your local car **dealer** for a test drive.

comerciante, concesionario
Contacte con su concesionario de automóviles más cercano para dar un paseo de prueba.

---

deal in [ˈdiːl ɪn]
⚠ **dealt** [delt], **dealt** [delt]
This shop **deals in** old and new books.

tratar con, comerciar con

Esta tienda comercia con libros viejos y nuevos.

---

supermarket [ˈsuːpəmɑːkɪt] n
I do my shopping at the **supermarket**.

supermercado
Hago mis compras en el supermercado.

---

drugstore [ˈdrʌgstɔː] n syn: pharmacy, chemist's
A **drugstore** sells not only medicine but also cosmetics, soft drinks, magazines, etc.

farmacia, LA **drugstore**

Un drugstore no sólo vende medicamentos sino también cosméticos, refrescos, revistas, etc.

department [dɪ'pɑːtmənt] n
You'll find picture books in both the book and toy **departments**.

departamento, sección
Encontrará libros con ilustraciones tanto en la sección de libros como en la de juguetes.

---

customer ['kʌstəmə] n syn: client
Most of the small grocery's **customers** are children and elderly people.

cliente/a
La mayoría de los clientes de las pequeñas tiendas de ultramarinos son niños y ancianos.

---

advertising ['ædvətaɪzɪŋ] n

Cigarette **advertising** shouldn't be allowed in this country.

publicidad, anuncios, propaganda
La publicidad de cigarrillos no debería estar permitida en este país.

---

advertise ['ædvətaɪz] v/i, v/t
The new car model is **advertised** in all the media. → announce

anunciar, hacer publicidad
El nuevo modelo de automóvil se anuncia en todos los medios de comunicación.

☞ **advertise** no equivale al español 'advertir', que se traduce generalmente por **notice** (observar), **advise** (aconsejar) o **warn** (prevenir).

---

advertisement [əd'vɜːtɪsmənt, US ˌædvər'taɪzmənt] n syn: advert (GB), ad
There's an **advertisement** in the paper – they're selling everything at half price.

anuncio

Hay un anuncio en el periódico, lo están vendiendo todo a mitad de precio.

DINERO

«1-2000»

money ['mʌnɪ] n
A college education costs a lot of **money** in the USA.

dinero
Los estudios universitarios cuestan mucho dinero en EE UU.

---

cash [kæʃ] n
We take no cheques – please pay in **cash**.

efectivo, metálico
No aceptamos cheques, por favor, paguen en efectivo.

---

pay [peɪ] v/i, v/t
⚠ **paid** [peɪd], **paid** [peɪd]
This car was cheap – I **paid** £2,000 for it.
We had our electricity cut off because we didn't **pay** the bill.

pagar

Este coche era barato, pagué 2.000 libras por él.
Nos cortaron la electricidad porque no pagamos la factura.

price [praɪs] *n*
Petrol **prices** are going up again.

precio
Los precios de la gasolina están subiendo otra vez.

---

expensive [ɪk'spensɪv] *adj opp:* cheap
In the USA travelling by train is usually more **expensive** than flying.

caro, cara

En EE UU viajar en tren suele ser más caro que en avión.

---

cheap [tʃiːp] *adj opp:* expensive
Petrol is **cheaper** in the USA; it's 50% less than in Europe.

barato, barata
La gasolina es más barata en EE UU; cuesta un 50% menos que en Europa.

---

earn [ɜːn] *v/t syn:* make *opp:* spend
We'll get into debt if we spend more than we **earn**. → win

ganar(se), percibir

Nos endeudaremos si gastamos más de lo que ganamos.

---

spend [spend] *v/t, v/i*
⚠**spent** [spent], **spent** [spent]
Car companies **spend** a lot of money on advertising.

gastar

Las compañías de automóviles gastan mucho dinero en publicidad.

---

save [seɪv] *v/i, v/t opp:* spend
Going by bike **saves** money and fuel.

ahorrar
Yendo en bici se ahorra dinero y combustible.

---

cost [kɒst] *n*
Some German firms manufactur in Ireland because labour **costs** are low.

coste, costo, gasto, precio
Algunas empresas alemanas fabrican en Irlanda porque los costes de la mano de obra son bajos.

---

cost [kɒst] *v/t*
⚠**cost** [kɒst], **cost** [kɒst]
How much does a taxi **cost** from here to the airport?

costar, valer

¿Cuánto cuesta un taxi desde aquí hasta el aeropuerto?

---

rent [rent] *n, v/t*
The nice shops are disappearing from the town centres because of the high **rents**.

alquiler, alquilar, *LA* **rentar**
Las tiendas bonitas están desapareciendo de los centros de las ciudades debido a los altos alquileres.

---

tax [tæks] *n*
In the USA restaurant prices don't include **tax** and service.

impuesto
En EE UU los precios de los restaurantes no incluyen ni los impuestos ni el servicio.

---

bill [bɪl] *n*
They had their phone cut off because they didn't pay the **bill**.

factura, cuenta
Les cortaron el teléfono por no pagaron la factura.

debt [det] *n*
They had to sell their house to pay their **debts**.

deuda
Tuvieron que vender su casa para pagar las deudas.

bank [bæŋk] *n*
She's got loads of money in the **bank**.

banco
Tiene un montón de dinero en el banco.

(bank) note [('bæŋk) nəʊt] *n syn:* bill *(US)*
Please give me £100 in £5 **notes**.

billete (de banco)
Por favor, déme 100 libras en billetes de 5 libras.

pound [paʊnd] *n*
A paperback costs between seven and fifteen **pounds**.

libra
Un libro de bolsillo cuesta entre siete y quince libras.

☞ *El plural de* **pound** *es siempre* **pounds** *(con* **s***), excepto en expresiones como* **a five-pound note** *(un billete de cinco libras).*

---

penny ['penɪ] *n*
⚠ *pl* **pennies** ['penɪːz], **pence** [pens]
A **penny** is one hundredth of a pound.
You need a 22-**pence** stamp for this letter.

penique

Un penique es la centésima parte de una libra.
Para esta carta necesita un sello de 22 peniques.

dollar ['dɒlə] *n*
The Canadian **dollar** is worth less than the US **dollar**.

dólar
El dólar canadiense vale menos que el dólar estadounidense.

cent [sent] *n*
A nickel is 5 **cents**, a dime 10 cents, and a quarter 25 **cents**.

centavo, céntimo
Un *níquel* son 5 centavos, un *dime* son 10 centavos y un *quarter* son 25 centavos.

euro ['juːrəʊ] n
The currency of the European Union is the **euro** and the cent.

euro
La moneda de la Unión Europea es el euro y el céntimo.

«2001-4000»

ncome ['ɪnkʌm] *n*

̄hey have two **incomes** – they ̄oth work full-time. → *pay*

ingresos, renta, fuente de ingresos
Tienen dos fuentes de ingresos; los dos trabajan a jornada completa.

savings ['seɪvɪŋz] *pl*
He's unemployed and has used up all his **savings**.

ahorros
Está desempleado y ha agotado todos sus ahorros.

afford [ə'fɔːd] *v/t*
My car is old but I can't **afford** a new one.

poder permitirse (un gasto)
Mi coche es viejo pero no puedo permitirme comprar uno nuevo.

amount [ə'maʊnt] *n syn:* sum
The bank spends large **amounts** of money on security.

cantidad, suma, importe
El banco gasta grandes cantidades de dinero en seguridad.

value ['væljuː] *n*
The painting has a **value** of at least £5,000.

valor
El cuadro tiene un valor de al menos 5.000 libras.

wealth [welθ] *n*
Saudi Arabia's **wealth** comes from its oil.

riqueza
La riqueza de Arabia Saudí procede de su petróleo.

treasure ['treʒə] *n*
They were hoping to find **treasures** in the wreck of the Titanic.

tesoro
Esperaban encontrar tesoros en el naufragio del Titanic.

insure [ɪn'ʃʊə] *v/t*
In most western countries cars have to be **insured**.

asegurar
En la mayoría de los países occidentales los automóviles deben estar asegurados.

insurance [ɪn'ʃʊərəns] *n*
The upkeep of a car includes fuel, repairs, tax and **insurance**.

seguro
Los gastos de mantenimiento de un automóvil incluyen el combustible, las reparaciones, los impuestos y el seguro.

hire ['haɪə] *v/t syn:* rent
Let's fly to Malta and **hire** a car for a week.

alquilar
¡Volemos a Malta y alquilemos un coche durante una semana!

charge [tʃɑːdʒ] *n, v/t*
There is a $10 **charge** for an extra bed.

precio, coste, cargar, cobrar
Hay un coste de 10 dólares por una cama adicional.

reduce [rɪ'djuːs] *v/t*
We've been selling more since we **reduced** our prices.

reducir, rebajar
Hemos estado vendiendo más desde que rebajamos los precios.

profit ['prɒfɪt] *n opp:* loss
They sold the land and made a **profit** of £10,000 on the deal.

beneficio, ganancia, provecho
Vendieron el terreno y sacaron un beneficio de 10.000 libras en el negocio.

credit ['kredɪt] *n*
If you buy on **credit** you have to pay interest.

crédito
Si compra a crédito tiene que pagar intereses.

loan [ləʊn] *n*
A mortgage is a **loan** you take out to buy a house.

préstamo
Una hipoteca es un préstamo que se obtiene para comprar una casa.

interest ['ɪntrɪst] *n*
If you borrow money, you must pay **interest**.

interés, intereses
Si pides un préstamo, debes pagar intereses.

rate [reɪt] *n*

Interest **rates** have dropped, and the inflation **rate** has gone up.

proporción, porcentaje, nivel, tasa, tipo, tarifa
Los tipos de interés han bajado y la tasa de inflación ha subido.

per [pɜː] *prep*
We usually pay $6 **per** hour.

por, a
Normalmente pagamos 6 dólares por hora.

per cent [pə 'sent] *n, adv*
We're paying about ten **per cent** interest on the money we borrowed.

por ciento
Estamos pagando aproximadamente un diez por ciento de interés por el importe del préstamo.

owe [əʊ] *v/t*
I still **owe** you the £20 you lent me last week.

deber
Todavía te debo las 20 libras que me prestaste la semana pasada.

loss [lɒs] *n opp: profit*
During the recession most firms made big **losses**.

pérdida
Durante la recesión la mayoría de empresas tuvieron grandes pérdidas.

safe [seɪf] *n*
Please leave your valuables in the hotel **safe**.

caja de caudales, caja fuerte
Por favor, dejen sus objetos de valor en la caja fuerte del hotel.

cheque, *US* **check** [tʃek] *n*
Do you want cash, or may I give you a **cheque**?

cheque, talón
¿Quiere el dinero en efectivo o puedo darle un cheque?

account [ə'kaʊnt] *n*
To pay you, we need the number of your bank **account**.

cuenta
Para pagarle necesitamos el número de su cuenta bancaria.

currency ['kʌrənsɪ] *n*
The Swiss franc is the strongest **currency** in Europe.

moneda
El franco suizo es la moneda más fuerte de Europa.

change [tʃeɪndʒ] n
You need **change** to use the buses in New York.

Modern ticket machines will give you your ticket and your **change**.

cambio, suelto, *LA* **sencillo**
Hay que llevar dinero suelto para tomar los autobuses de Nueva York.
Las máquinas de billetes modernas dan el billete y el cambio.

coin [kɔɪn] n
Cents, nickels, dimes and quarters are the most common **coins** in the USA.

moneda
El *céntimo*, el *níquel*, el *dime* y el *quarter* son las monedas más corrientes en EE UU.

DOCUMENTOS Y ADMINISTRACIÓN PÚBLICA

«1-2000»

office ['ɒfɪs] n
The mayor's **office** is on the top floor.

oficina, despacho
La oficina del alcalde está en el último piso.

staff [stɑːf] n syn: personnel
The need to save has led to **staff** reductions. → *family*

personal, plantilla
La necesidad de ahorrar ha llevado a la reducción de personal.

sign [saɪn] v/i, v/t
Please fill in the form and **sign** it.

firmar
Por favor, rellene el impreso y fírmelo.

«2001-4000»

office ['ɒfɪs] n
The Chief Justice of the Supreme Court is the highest **office** in the USA.

cargo, función
El cargo del Presidente del Tribunal Supremo es el más importante en EE UU.

organization [ˌɔːgənaɪˈzeɪʃn] n
A large airport depends on perfect **organization**.

organización
Un aeropuerto grande depende de una perfecta organización.

department [dɪˈpɑːtmənt] n

He's the head of the sales **department**.
She's a doctor and works for the health **department**.

departamento, sección, ministerio
Es el jefe del departamento comercial.
Es médico y trabaja para el Ministerio de Sanidad.

official [əˈfɪʃl] *adj opp:* unofficial
It isn't **official** yet, but I've got the job.

oficial
Todavía no es oficial pero he conseguido el trabajo.

official [əˈfɪʃl] *n*
The company's future was discussed by government **officials**.

oficial, funcionario/a
El futuro de la compañía fue discutido por funcionarios del gobierno.

appoint [əˈpɔɪnt] *v/t*
She was **appointed** principal of the school.

nombrar
La nombraron directora de la escuela.

responsible [rɪˈspɒnsɪbl] *adj*
Parents are **responsible** for their children.

responsable
Los padres son responsables de sus hijos.

register [ˈredʒɪstə] *v/i, v/t*

Many Americans think that all guns ought to be **registered**.

registrar, declarar, inscribirse, registrarse
Muchos americanos opinan que todas las armas de fuego deberían estar registradas.

list [lɪst] *n*
If you're interested, put your name and address on this **list**.

lista
Si está interesado, ponga su nombre y su dirección en esta lista.

document [ˈdɒkjʊmənt] *n*
A birth certificate is a person's most important **document**.

documento
El certificado de nacimiento es el documento más importante para una persona.

form [fɔːm] *n*
Please use this **form** if you have goods to declare.

formulario, impreso, hoja
Por favor, use este formulario si tiene artículos que declarar.

fill in [ˌfɪl ˈɪn], *US* **fill out** [ˌfɪl ˈaʊt] *v/t*
If you want to apply, please **fill in/out** this form.

rellenar, completar

Si quiere presentar la solicitud, rellene este formulario, por favor.

signature [ˈsɪɡnətʃə] *n*
We can't accept this cheque without a **signature**.

firma
No podemos aceptar este cheque sin firma.

stamp [stæmp] *n, v/t*

The **stamp** in his passport shows that he entered the country yesterday.

sello, estampilla, sellar, estampar
El sello en su pasaporte muestra que entró ayer en el país.

apply (for) [ə'plaɪ (fɔ:)]

He's **applied for** five jobs but has had no luck.

solicitar, presentarse (a un trabajo)
Se ha presentado a cinco puestos de trabajo pero no ha tenido suerte.

---

application [ˌæplɪ'keɪʃn] n
If you're interested in working for us, send in your **application**.

solicitud, petición
Si está interesado en trabajar para nosotros, envíenos su solicitud.

---

line [laɪn] n syn: queue (GB)
The passengers had to wait in **line** at passport control.

fila, hilera, cola
Los pasajeros tuvieron que esperar en fila en el control de pasaportes.

---

queue (GB) [kju:] n, v/i
Before the flight, passengers **queue** up at the check-in counter.

cola, fila, hacer cola
Los pasajeros hacen cola en el mostrador de facturación antes del vuelo.

CORREO Y TELECOMUNICACIONES

Correo

«1-2000»

post [pəʊst] n syn: mail

I can send you the letter by **post** or I can fax it. → mail

correo, cartas, correspondencia
Puedo enviarte la carta por correo o por fax.

---

mail [meɪl] n syn: post

This letter came in the **mail** this morning.

correo, cartas, correspondencia
Esta carta llegó con el correo de la mañana.

☞ **post** y **mail** se refieren tanto al servicio de correos como a la correspondencia (cartas, postales, etc.). En inglés británico suele utilizarse **post** mientras que en inglés americano se prefiere **mail**.

---

post office ['pəʊst ˌɒfɪs] n
I have to take this parcel to the **post office**.

oficina de correos
Tengo que llevar este paquete a la oficina de correos.

post [pəʊst] *v/t syn:* mail *(US)*
Make sure you **post** all your Christmas cards a week in advance.

enviar, echar al buzón
Asegúrese de enviar todas sus postales de Navidad con una semana de antelación.

postman ['pəʊstmən] *n syn:* mailman *(US)*
The **postman** brings us hundreds of Christmas cards.

cartero/a

El cartero nos trae cientos de postales de Navidad.

letter ['letə] *n*
An airmail **letter** to the USA costs about ... pence.

carta
Una carta a EE UU por correo aéreo cuesta unos... peniques.

envelope ['envələʊp] *n*
I have writing paper but I've run out of **envelopes**.

sobre
Tengo papel de cartas pero me he quedado sin sobres.

postcard ['pəʊstkɑːd] *n*
We send lots of **postcards** when we are on holiday.

postal, tarjeta
Cuando estamos de vacaciones enviamos muchas postales.

address [ə'dres] *n*
I need your name and **address**.

dirección, señas
Necesito su nombre y dirección.

stamp [stæmp] *n*
I need **stamps** for three airmail letters to the USA.

sello, *LA* **estampilla**
Necesito sellos para tres cartas a EE UU por correo aéreo.

telegram ['telɪgræm] *n*
If you can't reach them on the phone, send them a **telegram**.

telegrama
Si no podéis contactar con ellos por teléfono, enviadles un telegrama.

parcel ['pɑːsl] *n*
The postman brought a **parcel** and several letters this morning.

paquete
Esta mañana el cartero trajo un paquete y varias cartas.

«2001-4000»

postage ['pəʊstɪdʒ] *n*

What's the **postage** for an airmail letter to Australia?

franqueo, porte, gastos de correo
¿Cuál es el franqueo para enviar una carta a Australia por correo aéreo?

airmail ['eəmeɪl] *adj*
You'd better send a fax – an **airmail** letter to the US takes a week.

correo aéreo, *LA* **aeroposta**
Será mejor que envíes un fax; una carta por correo aéreo a EE UU tarda una semana.

stamp [stæmp] v/t
For a free brochure enclose a **stamped** addressed envelope.

franquear, poner un sello a
Para recibir un folleto gratis adjunte un sobre franqueado con su dirección.

---

sender ['sendə] n opp: addressee
Return to **sender**.

remitente
Devuélvase al remitente.

---

letterbox (GB) ['letəbɒks] n syn: mailbox (US)
If you want to post those letters – there's a **letterbox** across the street.

buzón

Si quiere enviar esas cartas, hay un buzón al otro lado de la calle.

Teléfono y fax

«1-2000»

(tele)phone [('telə)fəʊn] n, v/i, v/t

May I use your **phone**?
Phone before you come.

teléfono, telefonear, llamar por teléfono
¿Puedo usar su teléfono?
Llama por teléfono antes de venir.

---

call [kɔːl] n, v/t

Where's Tom? There's a **call** for him from Vienna.

llamada, conversación telefónica, llamar (por teléfono)
¿Dónde está Tom? Hay una llamada para él desde Viena.

---

dial ['daɪəl] v/t
First **dial** 1 and then the number.

marcar
Primero marque el 1 y después el número.

---

mobile phone [ˌməʊbaɪl'fəʊn] n
Mobile phones have become very popular.

teléfono móvil
Los teléfonos móviles se han popularizado mucho.

«2001-4000»

phone box (GB) ['fəʊn bɒks] n syn: phone booth
I have to call my office – is there a **phone box** near here?

cabina telefónica, teléfono público, locutorio
Tengo que llamar a la oficina, ¿hay alguna cabina telefónica cerca de aquí?

phone book [ˈfəʊn bʊk] *n syn:* telephone directory
I found the company's number in the **phone book**.

guía telefónica, listín telefónico

Encontré el número de la compañía en la guía telefónica.

---

local call [ˈləʊkl kɔːl] *n opp:* long-distance call
US phone companies don't charge anything for **local calls**.

llamada urbana, llamada local

Las compañías telefónicas estadounidenses no cobran las llamadas urbanas.

---

long-distance call [ˌlɒŋ dɪstns ˈkɔːl] *n opp:* local call

Long-distance calls are much cheaper in the evening.

conferencia, llamada interurbana, *LA* llamada de larga distancia
Las llamadas interurbanas son mucho más baratas por la noche.

---

engaged *(GB)* [ɪnˈgeɪdʒd] *adj syn:* busy *(US)*
I've dialled this number but it's always **engaged**.

comunicando, *LA* ocupado

He marcado este número pero siempre está comunicando.

---

answer [ˈɑːnsə] *v/i, v/t*
I tried to call them but nobody **answered** (the phone).

responder, contestar
He intentado llamarlos pero nadie contestaba (al teléfono).

---

hang up [ˌhæŋ ˈʌp] *v/i*
Don't **hang up** – I'll put you through.

colgar
No cuelgue; le paso la llamada.

---

operator [ˈɒpəreɪtə] *n*
To make a long-distance call, ask the **operator** to connect you.

telefonista, operador/a
Para hacer una llamada interurbana, pida a la telefonista que haga la conexión.

---

phonecard [ˈfəʊnkɑːd] *n*
Card phones can only be used with **phonecards**.

tarjeta telefónica
Las cabinas de tarjeta sólo se pueden usar con tarjetas telefónicas.

---

answering machine [ˈɑːnsərɪŋ məˌʃiːn] *n*
You can leave a message on my **answering machine**.

contestador (automático)

Puedes dejar un mensaje en el contestador.

---

fax [fæks] *n, v/t*
I'll **fax** the report to you in the morning.

fax, enviar por fax
Te enviaré el informe por fax mañana por la mañana.

EL CUMPLIMIENTO DE LA LEY

Justicia y legalidad

«1-2000»

law [lɔ:] *n*
It is against the **law** to drink and drive.

ley, derecho
Beber y conducir va contra la ley.

police [pə'li:s] *pl*
The **police** have (⚠ no: has) caught the murderer.

policía
La policía ha atrapado al asesino.

policeman [pə'li:smən] *n*
⚠ *pl* **policemen** [pə'li:smən]
A **policeman** checked the car registration.

policía, agente de policía

Un policía comprobó la matrícula del coche.

☞ *En el vocabulario inglés se hace la diferencia entre policía como cuerpo (**the police**, nombre plural) y policía como agente (**policeman, policewoman**).*

«2001-4000»

justice ['dʒʌstɪs] *n opp:* injustice
Martin Luther King fought for freedom and **justice**.

justicia
Martin Luther King luchó por la libertad y la justicia.

just [dʒʌst] *adj opp:* unjust
Sending him to prison for drunk driving was a **just** decision.

justo
Enviarlo a la cárcel por conducir borracho fue una decisión justa.

legal ['li:gəl] *adj opp:* illegal
In the USA it is **legal** for nearly everyone to own a gun.

legal, lícito, legítimo
En EE UU poseer un arma de fuego es legal para casi todos.

claim [kleɪm] *n, v/t*

I think his **claims** are too high, but a judge will decide.

reclamación, petición, reclamar, demandar
Creo que sus peticiones son exageradas, pero un juez lo decidirá.

will [wɪl] *n*
His father died and did not leave a **will**.

testamento
Su padre murió y no dejó ningún testamento.

☞ *La palabra* **testament** *con el significado 'testamento' sólo se suele utilizar en la expresión formal* **the last will and testament** *(la última voluntad).*

---

case [keɪs] *n*
A child has disappeared – police are working on the **case**.

caso, asunto
Ha desaparecido un niño; la policía está trabajando en el caso.

---

search [sɜːtʃ] *v/t*
The police **searched** the man but found no weapon on him.

buscar, registrar, escudriñar
La policía registró al hombre pero no encontró ningún arma.

---

trace [treɪs] *n*
The police lost all **trace** of the suspect.

rastro
La policía perdió por completo el rastro del sospechoso.

---

arrest [əˈrest] *n, v/t*

Several **arrests** were made by the police during the riots.

arresto, detención, arrestar, detener
La policía realizó varias detenciones durante los disturbios.

---

police station [pəˈliːs ˌsteɪʃn] *n*
They took the drunk driver to the **police station**.

comisaría, *LA* **delegación**
Llevaron al conductor borracho a comisaría.

---

accuse of [əˈkjuːz əv] *syn:* charge with
Two men were arrested and **accused of** selling drugs.

acusar de, culpar de

Dos hombres fueron arrestados y acusados de vender drogas.

---

judge [dʒʌdʒ] *n*
The **judge** sent him to prison for 10 months.

juez
El juez lo envió diez meses a la cárcel.

---

lawyer [ˈlɔːjə] *n*
If you're in trouble with the police, you need a **lawyer**.

abogado/a
Si tienes problemas con la policía, necesitas a un abogado.

---

court [kɔːt] *n*
She has to appear before the **court** as a witness.

tribunal, juzgado
Tiene que presentarse ante un tribunal como testigo.

---

trial [ˈtraɪəl] *n*
She's a witness in a murder **trial**.

juicio, proceso, vista
Es una testigo de un juicio de asesinato.

---

witness [ˈwɪtnəs] *n*
A little boy saw the crime – he is the only **witness**.

testigo/a
Un niño pequeño vio el crimen; él es el único testigo.

---

swear [sweə] *v/t*
⚠ **swore** [swɔː], **sworn** [swɔːn]
A witness must **swear** to tell the truth.

jurar, declarar bajo juramento

Un testigo tiene que jurar que dirá la verdad.

confess [kən'fes] *v/t syn:* admit,
opp: deny
He was punished although he
had never **confessed** his crime.

confesar

Fue castigado aunque nunca
confesó su crimen.

judgment ['dʒʌdʒmənt] *n syn:*
decision, verdict
The court has not passed **judgment** in this case.

sentencia, juicio

El tribunal no ha pronunciado
sentencia sobre este caso.

punish ['pʌnɪʃ] *v/t*
Motorists should be severely
punished for reckless driving.

castigar
Los conductores deberían ser
severamente castigados por con-
ducción temeraria.

punishment ['pʌnɪʃmənt] *n*
The terrorists will not escape
punishment.

castigo
Los terroristas no saldrán sin
castigo.

sentence ['sentəns] *n*
The **sentence** was two years in
prison.

pena, condena
La pena fue de dos años de cárcel.

prison ['prɪzn] *n syn:* jail
Drunk drivers who hurt people
should be sent to **prison**.

cárcel, prisión
Los conductores borrachos que
hieren a personas deberían ir a la
cárcel.

prisoner ['prɪzənə] *n syn:* convict
Nelson Mandela was a **prisoner**
for 25 years.

preso/a, prisionero/a
Nelson Mandela estuvo preso
durante 25 años.

Comportamiento delictivo

«1-2000»

wrong [rɒŋ] *adj*
Leave my son alone – he hasn't
done anything **wrong**!

malo, equivocado, incorrecto
Deje en paz a mi hijo, ¡no ha hecho nada malo!

criminal ['krɪmənəl] *n, adj*

Prisons ought to reform rather
than punish **criminals**.

Dumping at sea must become a
criminal offence.

**criminal, delincuente, criminal,
delictivo/a**
Las cárceles deberían reformar a
los criminales en lugar de casti-
garlos.
Verter residuos en el mar debería
considerarse una infracción delic-
tiva.

steal [stiːl] *v/i, v/t*
⚠ **stole** [stəʊl], **stolen** ['stəʊlən]
My car was **stolen** while I was shopping.

robar, hurtar

Robaron mi automóvil mientras estaba comprando.

---

thief [θiːf] *n*
⚠ *pl* **thieves** [θiːvz]
I saw the **thief** who stole your car. → *robbery*

ladrón, ladrona

Vi al ladrón que robó su automóvil.

---

shoot [ʃuːt] *v/i, v/t*
⚠ **shot** [ʃɒt], **shot** [ʃɒt]
The police **shot** at the getaway car but missed it.

disparar, matar a tiros, herir con arma de fuego

La policía disparó al automóvil fugitivo pero falló el tiro.

☞ **shoot** *puede significar 'disparar', 'matar' o 'herir' con un arma de fuego'. Para especificar que alguien resulta muerto se puede expresar así:* **he was shot and killed** *o* **he was shot dead***.*

---

shot [ʃɒt] *n*
She called the police because she'd heard **shots** from the house next door.

disparo, tiro

Llamó a la policía porque había oído disparos en la casa de al lado.

---

kill [kɪl] *v/t syn:* murder
A bomb **killed** two and wounded four this morning.

asesinar, matar

Una bomba mató a dos personas e hirió a cuatro esta mañana.

---

murder ['mɜːdə] *n, v/t*
The terrorists are wanted for **murder**.

asesinato, asesinar

Se busca a los terroristas por asesinato.

«2001-4000»

---

illegal [ɪ'liːgəl] *adj opp:* legal
In many US states it is **illegal** for people under 21 to drink alcohol.

ilegal, ilícito, ilícita

En muchos estados de EE UU es ilegal que los menores de 21 años beban alcohol.

---

offence, *US* **offense** [ə'fens] *n syn:* crime
Drunk driving is a serious **offence**.
He commited an **offence**.

delito, crimen, infracción, ofensa

Conducir borracho es una infracción grave.
Cometió un delito.

crime [kraɪm] *n*
The job of the police is to prevent **crime**.

crimen, delito
El deber de la policía es prevenir el crimen.

---

victim ['vɪktɪm] *n*
Jack the Ripper killed all his **victims** with a knife.

víctima
Jack el Destripador mataba a todas sus víctimas con un cuchillo.

---

suspect [sə'spekt] *v/t*

They **suspect** him of murder because his wife has disappeared.

sospechar, considerar sospechoso de, recelar
Lo consideran sospechoso de asesinato porque su esposa ha desaparecido.

---

suspect ['sʌspekt] *n*
The police haven't solved the murder case but they have two **suspects**.

sospechoso/a
La policía todavía no ha resuelto el caso de homicidio pero tiene dos sospechosos.

---

guilty ['gɪltɪ] *adj opp:* innocent
He was found **guilty**.

culpable
Lo declararon culpable.

---

force [fɔːs] *v/t*
The mugger **forced** me to give him all my money.

forzar, obligar
El atracador me obligó a darle todo mi dinero.

---

force [fɔːs] *n*
The police had to use **force** to get the drunk out of his car.

fuerza, violencia
La policía tuvo que usar la fuerza para sacar al borracho del automóvil.

---

violent ['vaɪələnt] *adj opp:*
non-violent
Football fans often become **violent**.

violento/a

Los hinchas de fútbol a menudo se ponen violentos.

---

violence ['vaɪələns] *n syn:* force
Martin Luther King fought without **violence** for equal rights.

violencia
Martin Luther King luchó sin violencia en pro de la igualdad de derechos.

---

swindle ['swɪndl] *v/t syn:* cheat, trick
She **swindled** the old man out of all his savings.

estafar, timar

Le estafó al anciano todos sus ahorros.

---

burglar ['bɜːglə] *n*

We had **burglars** last night – they stole all my jewellery.
→ *robbery*

ladrón, ladrona (que entran en casas)
Anoche nos entraron ladrones; robaron todas mis joyas.

---

rob [rɒb] *v/t*
The famous outlaw Jesse James **robbed** banks and trains.

robar, atracar
El famoso forajido Jesse James robaba en bancos y trenes.

robber ['rɒbə] n
The bank **robbers** escaped with 200,000 pounds.

ladrón, ladrona, atracador/a
Los atracadores del banco escaparon con 200.000 libras.

robbery ['rɒbərɪ] n
He was sent to prison for armed **robbery**.

robo, atraco, asalto
Lo enviaron a la cárcel por atraco a mano armada.

☞ *En inglés existen varias palabras para referirse a un ladrón.* **Thief** *es la más genérica y suele definir a alguien que roba sin violencia;* **burglar** *es aquel que entra en una casa o establecimiento;* **robber** *se aplica a la persona que roba con violencia o que amenaza; un* **shoplifter** *roba en tiendas; y un* **pickpocket** *(carterista) roba bolsillos y bolsos en espacios públicos.*

MÉDICOS Y HOSPITALES

«1-2000»

doctor ['dɒktə] n
Is she better, or shall I call a **doctor**?

médico, doctor/a
¿Se encuentra mejor o llamo al médico?

dentist ['dentɪst] n
I've got toothache – I have to go to the **dentist**.

dentista, odontólogo/a
Tengo dolor de muelas; debo ir al dentista.

nurse [nɜːs] n
Two doctors and three **nurses** performed the operation.

enfermero/a
Dos médicos y tres enfermeras realizaron la operación.

patient ['peɪʃnt] n
In this hospital **patients** may only be visited between 4 and 6 p.m.

paciente
En este hospital sólo se puede visitar a los pacientes entre las 4 y las 6 de la tarde.

hospital ['hɒspɪtl] n
She had an accident and had to be taken to **hospital**.

hospital
Tuvo un accidente y hubo que llevarla al hospital.

medicine ['medsn, US 'medəsən] n syn: drug
Aspirin is the best **medicine** for ⚠ my headache.

medicina, medicamento

La aspirina es el mejor medicamento contra mi dolor de cabeza.

☞ *La preposición 'contra' (dolores, enfermedades) suele traducirse por* for.

«2001-4000»

medical ['medɪkl] *adj*
The people in the disaster area need **medical** care.

médico
La gente de la zona catastrófica necesita cuidados médicos.

specialist ['speʃəlɪst] *n*
The family doctor sent her to a lung **specialist** because of her cough.

especialista
El médico de la familia la envió a un especialista del pulmón debido a su tos.

surgeon ['sɜːdʒən] *n*
Dr Barnard was the first heart **surgeon** to transplant a human heart.

cirujano/a
El doctor Barnard fue el primer cirujano cardiólogo que trasplantó un corazón humano.

male nurse [ˌmeɪl 'nɜːs] *n*
The **male nurse** helped the patient to get up.

enfermero
El enfermero ayudó al paciente a levantarse.

treatment ['triːtmənt] *n*
She's receiving **treatment** for her allergy.

tratamiento, cura, medicación
Está recibiendo tratamiento contra su alergia.

drug [drʌg] *n*

Interferon is a **drug** used to treat cancer.
Heroin and cocaine are so-called hard **drugs**.

droga, medicamento, fármaco, medicina
El interferón es un medicamento que se usa para tratar el cáncer.
La heroína y la cocaína son conocidas como drogas duras.

pill [pɪl] *n syn:* tablet
I took a **pill** – so I didn't get seasick.

píldora, gragea, pastilla
Tomé una píldora; así que no me mareé.

cure [kjʊə] *n, v/t*
There is still no **cure** for AIDS.

Don't leave hospital before you're completely **cured**.

cura, curación, remedio, curar
Todavía no existe un remedio contra el SIDA.
No abandones el hospital hasta que estés completamente curado.

☞ **to cure** se refiere a *'curar a alguien'* o *'una enfermedad'*. Para hacer referencia a *'curarse'* se utiliza **to heal (up)** *(curarse una herida)* o **to recover** *(recuperarse)*.

operation [ˌɒpə'reɪʃn] *n*

She's going to hospital to have an eye **operation**.

operación, intervención quirúrgica
Va a ir al hospital para que la operen de la vista.

ambulance ['æmbjuːləns] *n*
An **ambulance** took the injured boy to hospital.

ambulancia
Una ambulancia llevó al chico herido al hospital.

---

waiting room ['weɪtɪŋ ruːm] *n*
Please sit down in the **waiting room** until the doctor is ready to see you.

sala de espera
Por favor, siéntese en la sala de espera hasta que el doctor pueda atenderle.

---

poison ['pɔɪzn] *n*
Some mushrooms contain a deadly **poison**.

veneno
Algunas setas contienen un veneno mortal.

---

poisonous ['pɔɪzənəs] *adj syn:* toxic
The scorpion is an insect with a **poisonous** sting.

venenoso, tóxico

El escorpión es un insecto con un aguijón venenoso.

ESCUELA Y UNIVERSIDAD

«1-2000»

school [skuːl] *n*
They were at **school**.

escuela, colegio
Estaban en la escuela.

---

university [ˌjuːnɪˈvɜːsəti] *n*
Oxford and Cambridge are England's most famous **universities**.

universidad
Las universidades de Oxford y Cambridge son las más famosas de Inglaterra.

---

teacher ['tiːtʃə] *n*
His wife's a **teacher**, too.

profesor/a, maestro/a
Su esposa también es maestra.

---

pupil ['pjuːpl] *n syn:* student
More than 22 **pupils** in a class is too many.

alumno/a, estudiante
Más de 22 alumnos en una clase son demasiados.

---

student ['stjuːdnt] *n opp:* teacher
She's a law **student** in her third year.

alumno/a, estudiante

Es una estudiante de tercer curso de derecho.

☞ *Para referirse a jóvenes escolares, se usa, sobre todo en inglés británico,* **pupil,** *y en inglés americano también* **student**.

---

teach [tiːtʃ] *v/i, v/t*
⚠ **taught** [tɔːt], **taught** [tɔːt]
She **teaches** English at an American high school.

enseñar, ser profesor, dedicarse a la enseñanza
Enseña inglés en un instituto americano.

study ['stʌdɪ] *v/i, v/t*
I **studied** German and English and became a teacher.

estudiar
Estudié alemán e inglés y me hice profesora.

class [klɑːs], *US* [klæs] *syn:* form *(GB)*
We were in the same **class** at school.

clase, promoción
Íbamos a la misma clase en el colegio.

☞ **class** *se refiere a la promoción o al espacio de tiempo que ocupa una lección. 'Clase' en el sentido de 'aula' es* **classroom**.

subject ['sʌbdʒekt] *n*
My favourite **subjects** at school were Biology and Art.

asignatura, materia
Mis asignaturas favoritas en la escuela eran biología y arte.

timetable ['taɪmˌteɪbl] *n syn:* schedule *(US)*
Geography is the first lesson on our **timetable**.

horario
La primera clase en nuestro horario es geografía.

lesson ['lesn] *n*
A school **lesson** in the USA lasts 55 minutes.
Our English book has 12 **lessons**.

clase, lección
En EE UU una clase en la escuela dura 55 minutos.
Nuestro libro de inglés tiene 12 lecciones.

course [kɔːs] *n*
You should take a conversation **course** to improve your English.

curso
Deberías hacer un curso de conversación para mejorar tu inglés.

holidays ['hɒlədeɪz] *pl syn:* vacation *(US)*
We always go to Italy during the summer **holidays**. → *holiday*

vacaciones
Siempre vamos a Italia durante las vacaciones de verano.

language ['læŋgwɪdʒ] *n*
Every European should learn at least two foreign **languages**.

idioma, lengua, lenguaje
Cada europeo debería aprender por lo menos dos lenguas extranjeras.

translate [træns'leɪt] *v/t*
I got this letter from a friend in France – can you **translate** it for me?

traducir
Recibí esta carta de un amigo de Francia, ¿puedes traducírmela?

translation [træns'leɪʃn] *n*
The book's a very bad **translation** of the English original.

traducción
Este libro es una traducción muy mala del original en inglés.

«2001-4000»

education [ˌedjuːˈkeɪʃn] n
In Britain and the USA parents spend a lot of money on their children's **education**.

educación, enseñanza
En Gran Bretaña y en EE UU los padres se gastan mucho dinero en la educación de sus hijos.

training [ˈtreɪnɪŋ] n

They get **training** in several skills including computer programming.

preparación, formación, instrucción
Reciben formación en varias técnicas incluyendo la programación de computadoras.

train [treɪn] v/t
I was **trained** as a teacher but I work as a translator.

preparar, formar, instruir
Me prepararon para ser profesor pero trabajo de traductor.

attend [əˈtend] v/t
In the USA most young people **attend** high school.

asistir a, ir a
En EE UU la mayoría de los jóvenes va al instituto.

☞ **attend** no equivale al español 'atender', que se traduce generalmente por **pay attention** (prestar atención) o **serve** (servir en una tienda o en un restaurante, etc.).

high school [ˈhaɪ skuːl] n
After **high school** you can get a job or go to college.

instituto
Después del instituto uno puede trabajar o realizar estudios superiores.

college [ˈkɒlɪdʒ] n

After finishing high school she wants to go to **college**.

colegio mayor, estudios superiores, universidad
Después de acabar el instituto quiere ir a la universidad.

☞ **college** describe prácticamente cualquier clase de estudios superiores, sean universitarios o no.

headmaster [ˌhedˈmɑːstə], headmistress [ˌhedˈmɪstrəs] n syn: principal (US)
The **headmistress** welcomed the new classes.

director/a

La directora dio la bienvenida a las nuevas promociones.

principal [ˈprɪnsəpəl] n syn: headmaster, headmistress
The **principal** of a big school has a lot of responsibility.

director/a

El director de una gran escuela tiene muchas responsabilidades.

term [tɜːm] *n*
The school year in Britain has three **terms**.

trimestre
El año escolar en Gran Bretaña tiene tres trimestres.

vacation [vəˈkeɪʃn] *n syn:* holiday(s) *(GB)*
The beaches are overcrowded – all the schoolchildren are on **vacation** now.

vacaciones

Las playas están atestadas de gente; ahora todos los escolares están de vacaciones.

topic [ˈtɒpɪk] *n syn:* subject
The **topic** of today's biology lesson is bacteria.

tema, asunto
El tema de la clase de biología de hoy es la bacteria.

research [rɪˈsɜːtʃ] *n*
They are doing a lot of **research** on a cure for AIDS.

investigación, investigaciones
Están haciendo muchas investigaciones para encontrar un remedio contra el SIDA.

history [ˈhɪstərɪ] *n*
The **history** of the English language is fascinating.

historia
La historia de la lengua inglesa es fascinante.

☞ *La palabra española 'historia' en el sentido de 'narración' equivale a* **story** *en inglés.*

geography [dʒɪˈɒgrəfɪ] *n*
Our **geography** teacher told us about the hole in the ozone layer.

geografía
Nuestra profesora de geografía nos explicó lo del agujero en la capa de ozono.

biology [baɪˈɒlədʒɪ] *n*
Biology deals with the life of plants and animals.

biología
La biología trata sobre la vida de los animales y las plantas.

chemistry [ˈkemɪstrɪ] *n*
I like **chemistry** because we do lots of experiments.

química
Me gusta la química porque hacemos muchos experimentos.

mathematics [ˌmæθəˈmætɪks] *n syn:* maths *(GB)*, math *(US)*
Mathematics includes algebra, geometry and arithmetic.

matemáticas

Las matemáticas incluyen álgebra, geometría y aritmética.

physics [ˈfɪzɪks] *n*
Nuclear **physics** (⚠ no: physic) led to radiotherapy as well as to the atom bomb.

física
La física nuclear condujo a la radioterapia así como a la bomba atómica.

blackboard [ˈblækbɔːd] *n*
Please write the words on the **blackboard**.

pizarra, encerado
Por favor, escribe las palabras en la pizarra.

ruler ['ruːlə] *n*
You can't draw a straight line without a **ruler**.

regla
No se puede trazar una línea recta sin una regla.

textbook ['tekstbʊk] *n*
At a private school you must buy your own **textbooks**.

libro de texto
En una escuela privada uno tiene que comprarse sus propios libros.

dictionary ['dɪkʃənrɪ] *n*
Look up the words you don't know in your **dictionaries**.

diccionario
Buscad en vuestros diccionarios las palabras que no conozcáis.

dictation [dɪk'teɪʃn] *n*
Writing **dictations** is the best way to improve your spelling.

dictado
Hacer dictados es la mejor manera de mejorar la ortografía.

homework ['həʊmwɜːk] *n*
Adam never does any **homework** (⚠ no: homeworks) but is top of his class.

deberes, *LA* **tarea(s)**
Adam nunca hace sus deberes pero es el mejor de su clase.

correction [kə'rekʃn] *n*
Most teachers use red ink for their **corrections**.

corrección
La mayoría de los profesores usa tinta roja para sus correcciones.

report [rɪ'pɔːt], *US* **report card** [rɪ'pɔːt kɑːd] *n*
Did you see her **report** (card)? She got all A's!

informe, cartilla escolar

¿Has visto su cartilla escolar? ¡Sólo tiene sobresalientes!

exam [ɪg'zæm] *n*
She passed her **exams** and can now go to college.

examen
Aprobó sus exámenes y ahora puede ir a la universidad.

pass [pɑːs] *v/i, v/t opp:* fail
I'm so glad I've **passed** that exam!

aprobar
¡Estoy tan contento de haber aprobado ese examen!

fail [feɪl] *v/i, v/t opp:* pass
If you **fail** this exam twice you can't take it again.

suspender, no aprobar
Si suspendes este examen dos veces, no podrás hacerlo otra vez.

Ocio

ARTE

Artes plásticas

«1-2000»

art [ɑːt] *n*
This picture is a work of **art**.

arte
Este cuadro es una obra de arte.

---

picture ['pɪktʃə] *n syn:* painting
This **picture** was painted by Andy Warhol.

cuadro, pintura
Este cuadro fue pintado por Andy Warhol.

---

paint [peɪnt] *v/i, v/t*
Picasso sometimes **painted** several pictures a day.

pintar
Picasso a veces pintaba varios cuadros en un día.

---

draw [drɔː] *v/i, v/t*
⚠ **drew** [druː], **drawn** [drɔːn]
He can **draw** anybody's portrait within 10 minutes.

dibujar, trazar

Puede dibujar el retrato de cualquiera en 10 minutos.

«2001-4000»

museum [mjuːˈzɪəm] *n*
The largest **museum** in the world is the Museum of Natural History in New York.

museo
El museo más grande del mundo es el Museo de Historia Natural de Nueva York.

---

gallery ['gælərɪ] *n*
New York has more art **galleries** than any other city.

galería
Nueva York tiene más galerías de arte que cualquier otra ciudad.

---

exhibition [ˌekɪˈbɪʃn] *n syn:* show
Millions of people saw the Tutankhamun **exhibition**.

exposición

Millones de personas vieron la exposición de Tutankhamón.

☞ *No se deben confundir las voces* **exhibition** *y* **exposition**. *La primera se refiere a una exposición artística y la segunda a una presentación oral o escrita.*

style [staɪl] *n*
The **style** of this painting reminds me of Van Gogh.

estilo
El estilo de su pintura me recuerda al de Van Gogh.

artist [ˈɑːtɪst] *n syn:* painter
J. M. W. Turner was one of the greatest English **artists**.

artista
J. M. W. Turner fue uno de los más grandes artistas británicos.

painter [ˈpeɪntə] *n syn:* artist
To me Van Gogh is the greatest **painter** who ever lived.

pintor/a
Para mí Van Gogh es el mejor pintor que jamás haya existido.

painting [ˈpeɪntɪŋ] *n syn:* picture
The Mona Lisa is probably the most famous **painting** in the world.

pintura, cuadro
La Mona Lisa es probablemente la pintura más famosa del mundo.

sculptor [ˈskʌlptə] *n*
Henry Moore was the greatest English **sculptor**.

escultor/a
Henry Moore fue el escultor británico más importante.

sculpture [ˈskʌlptʃə] *n*
Picasso made **sculptures** from all kinds of objects and materials.

escultura
Picasso hizo esculturas con todo tipo de objetos y materiales.

drawing [ˈdrɔːɪŋ] *n*
She makes several **drawings** before she begins to paint.

dibujo
Hace varios dibujos antes de empezar a pintar.

print [prɪnt] *n*
This picture is not an original but only a **print**.

grabado, copia
Este cuadro no es un original sino sólo una copia.

Teatro, cine y televisión

«1-2000»

theatre, *US* **theater** [ˈθɪətə] *n*
In London do not miss seeing a play at one of the many **theatres**.

teatro
En Londres no dejes de ver una obra en uno de los muchos teatros que hay.

stage [steɪdʒ] *n*
There was applause when the star came on the **stage**.

escenario
Hubo un aplauso cuando el actor principal salió al escenario.

cinema *(GB)* [ˈsɪnəmə] *n syn:* movie theater *(US)*
Films are more impressive at the **cinema** than on vídeo.

cine
Las películas impresionan más en el cine que en vídeo.

show [ʃəʊ] *n syn:* play, program(me)
Do not miss one of the great **shows** in Las Vegas.

función, espectáculo, show

No se pierda uno de los grandes espectáculos de Las Vegas.

play [pleɪ] *n syn:* drama
"My Fair Lady" was based on a **play** by Bernard Shaw.

obra (dramática)
My Fair Lady se basó en una obra de Bernard Shaw.

play [pleɪ] *v/i, v/t*

Tom Cruise **played** a pilot in "Top Gun".

actuar, representar, hacer (un papel)
Tom Cruise hizo de piloto en *Top Gun.*

ticket ['tɪkɪt] *n*

It's often difficult to get **tickets** for popular plays.

entrada, localidad, *LA* **boleto,** *LA* **boleta**
Suele ser difícil conseguir entradas para obras de mucho éxito.

«2001-4000»

performance [pəˈfɔːməns] *n*

A matinée is a **performance** in the afternoon.

función, representación, actuación, interpretación
Una matiné es una función de tarde.

perform [pəˈfɔːm] *v/t*

Our amateur theatre group **performs** a play every year.

representar, interpretar, hacer (un papel)
Nuestro grupo de teatro amateur representa una obra cada año.

screen [skriːn] *n*
To me a real cinema must have a large **screen**.
The TV was on but nobody looked at the **screen**.

pantalla
Para mí un cine de verdad debe tener una gran pantalla.
El televisor estaba encendido pero nadie miraba la pantalla.

movies *(US)* ['muːviːz] *pl syn:* cinema
We often go to the **movies** on Saturday nights.

cine

Queremos ir al cine los sábados por la noche.

movie *(US)* ['muːviː] *n syn:* film
"Gone with the Wind" is one of the most successful **movies** of all time.

película
Lo que el viento se llevó es una de las películas más exitosas de todos los tiempos.

comedy ['kɒmədɪ] *n opp:* tragedy
Shakespeare wrote **comedies**, tragedies and historic plays.

comedia
Shakespeare escribió comedias, tragedias y dramas históricos.

act [ækt] *n*
Most of Shakespeare's plays have five **acts**.

acto
La mayoría de las obras de Shakespeare tienen cinco actos.

scene [siːn] *n*
This is one of the funniest **scenes** from "Some Like It Hot".

escena
Ésta es una de las escenas más divertidas de *Los caballeros las prefieren rubias*.

actor ['æktə] *n*
Dustin Hoffman and Robert de Niro are my favourite **actors**.

actor
Dustin Hoffman y Robert de Niro son mis actores favoritos.

actress ['æktrɪs] *n*
Marilyn Monroe played the dumb blonde but was a good **actress**.

actriz
Marilyn Monroe hacía de rubia tonta pero era buena actriz.

role [rəʊl] *n syn:* part
His **role** in "The Silence of the Lambs" won Anthony Hopkins an Oscar.

papel
Anthony Hopkins ganó un Óscar gracias a su papel en *El silencio de los corderos*.

direct [dɪ'rekt] *v/t*
Steven Spielberg produced and **directed** "Schindler's List".

dirigir
Steven Spielberg produjo y dirigió *La lista de Schindler*.

audience ['ɔːdjəns] *n*
At the end of the show there was enthusiastic applause from the **audience**.

público, auditorio
Al final de la función hubo un aplauso entusiasta por parte del público.

popular ['pɒpjʊlə] *adj opp:*
unpopular
Talk shows on TV are very **popular**.

popular, con éxito, de moda

Los coloquios televisivos tienen mucho éxito.

Música

«1-2000»

music ['mjuːzɪk] *n*
I listen to **music** on my Walkman when I go jogging.

música
Cuando hago footing escucho música con mi walkman.

concert ['kɒnsət] *n*
The Beatles gave their last **concert** in 1969.

concierto
Los Beatles dieron su último concierto en 1969.

band [bænd] *n*
Music is his hobby and he plays in a **band**.

banda, orquesta
La música es su hobby y toca en una banda.

play [pleɪ] v/i, v/t
Mozart started **playing** the piano as a little boy.

tocar
Mozart empezó a tocar el piano cuando era niño.

song [sɒŋ] n
"Yesterday" is my favourite **song**.

canción
Yesterday es mi canción favorita.

sing [sɪŋ] v/i, v/t
⚠ **sang** [sæŋ], **sung** [sʌŋ]
She **sings** in the church choir.

cantar

Canta en el coro de la iglesia.

«2001-4000»

musical ['mjuːzɪkl] adj
My favourite **musical** instrument is the harp.

musical
Mi instrumento musical favorito es el arpa.

orchestra ['ɔːkəstrə] n syn: band
She plays the violin in a symphony **orchestra**.

orquesta
Toca el violín en una orquesta sinfónica.

choir ['kwaɪə] n
We sing in the church **choir**.

coro, coral
Cantamos en el coro de la iglesia.

tune [tjuːn] n syn: melody
"Yesterday" – I can't get that **tune** out of my mind!

melodía, tonada
Yesterday, ¡no puedo quitarme esa melodía de la cabeza!

rhythm ['rɪðm] n syn: beat
Rock'n'roll has a very strong **rhythm**.

ritmo
El rock and roll tiene un ritmo muy fuerte.

musician [mjuː'zɪʃn] n
This symphony orchestra consists of over 80 **musicians**.

músico, música
Esta orquesta sinfónica está compuesta por más de 80 músicos.

singer ['sɪŋə] n
Many of the best opera **singers** are black.

cantante, cantor/a
Muchos de los mejores cantantes de ópera son negros.

conductor [kən'dʌktə] n
Leonard Bernstein was a great composer and **conductor**.

director/a
Leonard Bernstein fue un gran compositor y director.

composer [kəm'pəuzə] n
George Gershwin was one of America's greatest **composers**.

compositor/a
George Gershwin fue uno de los compositores más grandes de América.

instrument ['ɪnstruːmənt] *n*
I like to sing but I don't play any **instrument**.

instrumento
Me gusta cantar pero no toco ningún instrumento.

piano [pɪ'ænəʊ] *n*
Why did you buy a **piano** if you never practise?

piano
¿Por qué te compraste un piano si nunca practicas?

violin [ˌvaɪə'lɪn] *n*
A string quartet is for two **violins**, viola and cello.

violín
Un cuarteto de cuerdas es para dos violines, una viola y un violonchelo.

guitar [gɪ'tɑː] *n*
Spanish music is unthinkable without the **guitar**.

guitarra
La música española es impensable sin la guitarra.

string [strɪŋ] *n*
One of the **strings** on my guitar has broken.

cuerda
Una de las cuerdas de mi guitarra se ha roto.

MEDIOS DE COMUNICACIÓN

«1-2000»

newspaper ['njuːsˌpeɪpə, *US* 'nuːzˌpeɪpər] *n syn:* paper
"The Times" is England's most famous **newspaper**.

periódico, diario
El *Times* es el periódico más famoso de Inglaterra.

paper ['peɪpə] *n syn:* newspaper
He's a reporter for the local **paper**.

periódico, diario
Es periodista del periódico local.

print [prɪnt] *v/t*
Most papers are **printed** at night and sold in the morning.

imprimir
La mayoría de los periódicos se imprimen por la noche y se venden por la mañana.

television ['teləˌvɪʒən] *n syn:* TV
We saw the cup final on **television**.

televisión
Vimos la final de la copa por televisión.

programme, *US* **program** ['prəʊgræm] *n*
"Sesame Street" is my children's favourite TV **program(me)**.

programa
Barrio Sésamo es el programa de televisión favorito de mis hijos.

«2001-4000»

media ['miːdɪə] pl

The most important **media** are the press, TV and radio.

medios de comunicación, medios de difusión
Los medios de comunicación más importantes son la prensa, la televisión y la radio.

press [pres] n
She works as a journalist for the **press** and TV.

prensa
Trabaja de periodista para prensa y televisión.

publish ['pʌblɪʃ] v/t
She wrote her memoirs but never **published** them.

publicar
Escribió sus memorias pero nunca las publicó.

magazine [ˌmæɡə'ziːn] n
To keep up-to-date I read **magazines** like "Time" and "Newsweek".

revista
Para mantenerme al día leo revistas como *Times* y *Newsweek*.

issue ['ɪʃuː] n
Where's the latest **issue** of the paper?

número, ejemplar, edición
¿Dónde está el último número del periódico?

headline ['hedlaɪn] n
The royal family is in the **headlines** again.

titular, encabezamiento
La familia real está otra vez en los titulares.

radio ['reɪdɪəʊ] n
We turned on the **radio** to listen to the news.

radio
Encendimos la radio para escuchar las noticias.

channel ['tʃænl] n
Some people receive up to 100 **channels** on TV.

canal
Algunas personas reciben hasta 100 canales de televisión.

broadcast ['brɔːdkɑːst] n syn: programme
We saw a live **broadcast** of the car race in Indianapolis.

emisión, retransmisión

Vimos una emisión en directo de la carrera automovilística de Indianápolis.

broadcast ['brɔːdkɑːst] v/i, v/t
⚠ **broadcast** ['brɔːdkɑːst], **broadcast** ['brɔːdkɑːst]
The football world cup will be **broadcast** live to all parts of the world.

emitir, retransmitir

Los mundiales de fútbol se emitirán en directo para todo el mundo.

live [laɪv] adj, adv opp: recorded
This talk show is not **live**, but recorded.

en directo, en vivo
Este coloquio no es en directo sino grabado.

announce [ə'naʊns] v/t
The host of the talk show **announced** his next guest.
→ *advertise*

anunciar, informar, proclamar
El presentador del coloquio anunció a su siguiente invitado.

☞ **announce** *no significa 'hacer publicidad'. 'Anunciar', según esta acepción, equivale en inglés a* **advertise***.*

interview ['ɪntəvjuː] n, v/t
The coach gave an **interview** right after the match.

entrevista, entrevistar a
El entrenador concedió una entrevista justo después del partido.

poster ['pəʊstə] n
Before elections you see **posters** with pictures of politicians' faces everywhere.

cartel, póster, *LA* **afiche**
Antes de las elecciones se ven carteles con fotos de las caras de los políticos por todas partes.

VACACIONES Y TIEMPO LIBRE

Vacaciones

«1-2000»

holiday ['hɒlədeɪ] n *syn:* vacation *(US)*
In August most British workers are on **holiday**.

fiesta, día festivo, *LA* **feriado, vacaciones**
En agosto la mayoría de los trabajadores británicos están de vacaciones.

rest [rest] n, v/i *opp:* work

You've worked too much – you need some **rest**.
I **rest** for an hour when I get home from work.

descanso, reposo, descansar, reposar
Has trabajado demasiado; necesitas un poco de reposo.
Descanso durante una hora cuando llego a casa después del trabajo.

break [breɪk] n
We worked for 12 hours without a **break**.

pausa, descanso
Trabajamos 12 horas sin descanso.

walk [wɔːk] n
The sun's shining – let's go for a **walk**.

paseo, caminata
El sol brilla, ¡salgamos de paseo!

«2001-4000»

leisure ['leʒə, *US* 'liːʒər] *n opp:* work
She works hard and doesn't get much **leisure**.

ocio, tiempo libre, rato de ocio
Trabaja muy duro y no tiene mucho tiempo libre.

relax [rɪ'læks] *v/i*
On Sundays I just **relax** and do nothing.

relajarse, descansar
Los domingos sencillamente me relajo y no hago nada.

Actividades de tiempo libre

«1–2000»

play [pleɪ] *v/i, v/t*
Children like to **play** outdoors.

jugar
A los niños les gusta jugar fuera de casa.

game [geɪm] *n*
The kids played hide-and-seek and other **games**.
They're showing the baseball **game** on TV. → *match*

juego, partido, partida
Los niños jugaron al escondite y a otros juegos.
Están echando el partido de béisbol por televisión.

dance [dɑːns, *US* dæns] *n, v/i, v/t*
The cha-cha is my favourite **dance**.

baile, bailar
El cha-cha-cha es mi baile favorito.

camera ['kæmərə] *n*
My **camera** is old but takes excellent pictures.

cámara, máquina (fotográfica)
Mi cámara es vieja pero saca unas fotos excelentes.

photograph ['fəʊtəgrɑːf] *n, v/t*

This **photograph** won first prize in a photo competition.

He **photographed** her in her new swimsuit

foto(grafía), fotografiar, sacar una foto de
Esta foto (⚠ no: este fotógrafo) ganó el primer premio en un concurso de fotografía.
La fotografió con su nuevo bañador.

picture ['pɪktʃə] *n syn:* photo(graph)
He took a **picture** of her.

foto(grafía)

Sacó una foto de ella.

film [fɪlm] *n*
I need a new **film** for my camera.

carrete, película, filme
Necesito un carrete nuevo para la cámara.

TV (set) [ˌtiːˈviː set] *n*
We bought a new colour **TV (set)**.

televisor, tele
Nos hemos comprado un televisor nuevo en color.

---

record [ˈrekɔːd, *US* ˈrekərd] *n*
Most new **records** come out as CDs.

disco
La mayoría de los discos nuevos salen en formato CD.

«2001–4000»

hobby [ˈhɒbɪ] *n syn:* pastime
Repairing old cars is his **hobby**.

hobby, pasatiempo, afición
Su hobby es reparar coches viejos.

---

doll [dɒl] *n*
There's nothing wrong with girls who don't play with **dolls**.

muñeca
No hay nada malo en que haya niñas que no jueguen con muñecas.

---

puzzle [ˈpʌzl] *n*
Grandma does all the **puzzles** she can get hold of.

rompecabezas
La abuela resuelve todos los rompecabezas que caen en sus manos.

☞ *La palabra inglesa* **puzzle** *se refiere a un enigma o acertijo como, por ejemplo, un 'crucigrama' (**crossword puzzle**). Sin embargo, la palabra española 'puzzle' se traduce por* **jigsaw puzzle**.

hike [haɪk] *v/i*
I like to go **hiking** in the mountains.

dar una caminata, ir de excursión (a pie)
Me gusta ir de excursión a la montaña.

---

climb [klaɪm] *v/i, v/t*
He's **climbed** several 3,000-metre peaks in the Alps.

escalar, subir a
Ha escalado varios picos de 3.000 metros en los Alpes.

---

camp [kæmp] *n*
Many American children go to holiday **camps** in summer.

campamento
Muchos niños estadounidenses van a campamentos de verano.

☞ **camp** *significa 'campamento'. La palabra española 'campo' suele traducirse por* **country/countryside** *(en oposición a la ciudad) o* **field** *(campo de cultivo, terreno de juego).*

hunt [hʌnt] *v/i, v/t*
It is illegal to **hunt** elephants.

cazar
Cazar elefantes es ilegal.

hunter [ˈhʌntə] *n*
White **hunters** killed about 50 million American buffaloes.

cazador
Los cazadores blancos mataron cerca de 50 millones de búfalos americanos.

photography [fəˈtɒɡrəfɪ] *n*
My hobbies are travelling and **photography**.

fotografía
Mis hobbies son viajar y la fotografía.

slide [slaɪd] *n*
I'll show you some **slides** of our last holiday.

diapositiva
Os enseñaré algunas diapositivas de nuestras últimas vacaciones.

print [prɪnt] *n*
I need the negatives of the film to order some extra **prints**.

copia
Necesito los negativos del carrete para encargar algunas copias más.

CD player [ˌsiːˈdiː ˌpleɪə] *n*
People want **CD players** these days – there's not much demand for conventional record players.

reproductor de CD
Hoy en día, la gente quiere reproductores de CD; no hay mucha demanda de tocadiscos convencionales.

cassette recorder [kəˈset rɪˌkɔːdə] *n*
A ghetto blaster is a large portable **cassette recorder**.

grabadora, cassette

Un *ghetto blaster* es un cassette portátil grande.

stereo (set) [ˈsterɪəʊ (set)] *n*
I like the sound of your new **stereo (set)**.

equipo de música
Me gusta el sonido de tu nuevo equipo de música.

speaker [ˈspiːkə] *n syn:* loudspeaker
These **speakers** have a super sound.

altavoz, *LA* **altoparlante,** *LA* **parlante**
Estos altavoces tienen un sonido genial.

vídeo [ˈvɪdɪəʊ] *n*
The kids are watching a **vídeo** of "The Jungle Book".

vídeo, *LA* **video**
Los niños están mirando un vídeo de *El libro de la selva*.

tape [təɪp] *n, v/t*

You missed the match on TV? I've got it all on **tape**.

I **taped** the talk show for you.

cinta (magnetofónica/de vídeo), grabar, registrar
¿Te perdiste el partido por televisión? Lo tengo todo en cinta de vídeo.
Te grabé el coloquio.

record [rɪˈkɔːd] *v/t syn:* tape
This talk show is **recorded**, not live.

grabar, registrar
Este coloquio es grabado, no en directo.

bet [bet] *n*
The English are mad about gambling – they make **bets** on nearly everything.

apuesta
Los ingleses están locos por el juego; hacen apuestas por casi todo.

---

bet [bet] *v/i, v/t*
⚠ **bet** [bet], **bet** [bet]
I **bet** you ten pounds Glasgow will win.

apostar

Te apuesto diez libras a que Glasgow ganará.

---

prize [praɪz] *n syn:* award
She won first **prize** (⚠ no: price) in a beauty contest.

premio, galardón
Ganó el primer premio en un concurso de belleza.

Hábitos y entretenimientos

«1–2000»

enjoy [ɪnˈdʒɔɪ] *v/t*
The weather was great – we really **enjoyed** our holidays.

I **enjoy** riding my bike.

disfrutar, gozar
El tiempo era fantástico; disfrutamos de verdad de nuestras vacaciones.
Disfruto montando en bici.

---

smoker [ˈsməʊkə] *n*
Smokers risk dying of lung cancer.

fumador/a
Los fumadores corren el riesgo de morir de cáncer de pulmón.

---

cigarette [ˌsɪɡəˈret] *n*
I used to smoke 30 **cigarettes** a day but I quit.

cigarrillo
Antes fumaba 30 cigarrillos al día pero lo dejé.

---

pipe [paɪp] *n*
Smoking a **pipe** is less dangerous to your health.

pipa
Fumar en pipa es menos peligroso para la salud.

---

cigar [sɪˈɡɑː] *n*
Winston Churchill always smoked a **cigar**.

puro, cigarro
Winston Churchill siempre estaba fumando puros.

---

tobacco [təˈbækəʊ] *n*
Dunhill is famous for its **tobacco** and its pipes.

tabaco
La empresa Dunhill es famosa por su tabaco y sus pipas.

«2001–4000»

entertainment [,entə'teɪnmənt] *n*

Most TV viewers are looking for **entertainment**.

diversión, entretenimiento, distracción
La mayoría de los telespectadores buscan diversión.

amusement [ə'mjuːzmənt] *n*
syn: entertainment
Television is many old people's only **amusement**.

diversión, entretenimiento, distracción
Para mucha gente mayor, la televisión es su único entretenimiento.

entertaining [,entə'teɪnɪŋ] *adj*
syn: amusing
It isn't great literature but it's very **entertaining**.

divertido, entretenido

No es una obra maestra literaria pero es entretenido.

enjoy oneself [ɪn'dʒɔɪ wʌn,self]
I really **enjoyed myself** at your party.

pasarlo bien, divertirse
Lo pasé muy bien en tu fiesta.

pleased [pliːzd] *adj syn:*
satisfied, glad
He was very **pleased** that his team had won.

contento, satisfecho

Estaba muy contento de que su equipo hubiera ganado.

joke [dʒəʊk] *n, v/i*

He makes the kids laugh by telling **jokes**.
Don't be angry – I was only **joking**.

chiste, broma, burla, bromear, contar chistes
Hace reír a los niños contando chistes.
No te enfades; sólo estaba bromeando.

DEPORTES

«1–2000»

sport [spɔːt] *n*
He does a lot of **sport** to keep fit.

American football is a rough **sport**.

deporte
Hace mucho deporte para mantenerse en forma.
El fútbol americano es un deporte duro.

team [tiːm] *n*
A football **team** consists of 11 players. → *family*

equipo
Un equipo de fútbol está formado por 11 jugadores.

football ['fʊtbɔːl] *n syn:* soccer
Football is the most popular sport in Europe and South America.

fútbol
El fútbol es el deporte más popular en Europa y América del Sur.

---

player ['pleɪə] *n*
In rugby there are 13 or 15 **players** in a team.

jugador/a
En el rugby hay 13 o 15 jugadores por equipo.

---

ball [bɔːl] *n*
In American football you can pick up the **ball** and throw it.

balón, pelota
En el fútbol americano se puede agarrar el balón y lanzarlo.

---

train [treɪn] *v/i syn:* practise
Top athletes **train** for several hours a day.

entrenar
Los atletas de elite entrenan varias horas al día.

---

match [mætʃ] *n syn:* game
I saw the **match** between Manchester United and Arsenal.

partido, juego
Vi el partido entre el Manchester United y el Arsenal.

☞ *En EEUU se prefiere la palabra* **game** *a* **match** *cuando se hace referencia a un partido entre equipos.*

---

race [reɪs] *n*
Jockey Lester Piggott won over 4,000 **races**.

carrera
El jinete Lester Piggot ganó más de 4.000 carreras.

---

start [stɑːt] *n, v/i*
The American sprinter took the lead right after the **start**.

salida, principio, empezar, salir
El velocista norteamericano se puso en cabeza justo después de la salida.

---

record ['rekɔːd, *US* 'rekərd] *n*
That is a new world **record**.

récord, plusmarquista
Éste es un nuevo récord mundial.

---

run [rʌn] *v/i, v/t*
⚠ **ran** [ræn], **run** [rʌn]
A horse can **run** at about 35 m.p.h.

correr

Un caballo puede llegar a correr a unos 55 km/h.

---

swim [swɪm] *v/i, v/t*
⚠ **swam** [swæm], **swum** [swʌm]
It takes at least nine hours to **swim** across the English Channel.

nadar

Hacen falta al menos nueve horas para cruzar nadando el Canal de la Mancha.

---

ski [skiː] *n, v/i*
Skis were first used in Norway.

We always go **skiing** at Easter.

esquí, esquiar
Los esquíes se usaron por primera vez en Noruega.
Siempre vamos a esquiar en Semana Santa.

ride [raɪd] *v/i, v/t*
⚠ **rode** [rəʊd], **ridden** ['rɪdn]
In the Derby, the jockeys **ride** three-year-old horses.

montar, cabalgar
En el Derby (en Epsom), los jinetes montan en caballos de tres años.

---

row [rəʊ] *v/i, v/t*
She likes **rowing**.

remar
Le gusta remar.

«2001–4000»

athlete ['æθliːt] *n*
Stuntmen must be good **athletes**.

atleta, deportista
Los especialistas de cine tienen que ser buenos deportistas.

captain ['kæptɪn] *n*
Bobby Moore was England's **captain** when they won the 1966 World Cup.

capitán, capitana
Bobby Moore era el capitán del equipo cuando Inglaterra ganó la Copa del Mundo de 1966.

coach [kəʊtʃ] *n syn:* trainer
She's the **coach** of the women's volleyball team.

entrenador/a, preparador/a
Es la entrenadora del equipo femenino de voleibol.

training ['treɪnɪŋ] *n*
The boxer won the fight after weeks of hard **training**.

entrenamiento, preparación
El boxeador ganó el combate después de semanas de duro entrenamiento.

competition [ˌkɒmpə'tɪʃn] *n*
Jack Nicklaus has won more **competitions** than any other living golfer.

competición, torneo
Jack Nicklaus ha ganado más torneos que cualquier otro golfista vivo.

champion ['tʃæmpɪən] *n*
At 21, Floyd Patterson was the youngest world heavyweight **champion** ever.

campeón, campeona
Con 21 años, Floyd Patterson se proclamó el campeón del mundo de los pesos pesados más joven de la historia.

round [raʊnd] *n*
The champion was knocked out in the 1st **round**.

ronda, asalto, vuelta
El campeón quedó fuera de combate en el primer asalto.

final(s) ['faɪnl(z)] *n (pl)*
This year's Wimbledon **final** wasn't as exciting as last year's.

final
La final de Wimbledon de este año no fue tan emocionante como la del año pasado.

medal ['medl] *n*
Princess Anne won a gold **medal** for horse-riding in 1972.

medalla
La princesa Ana de Inglaterra ganó una medalla de oro en equitación en 1972.

spectator [spek'teɪtə, *US* 'spekteɪtər] *n*
This car race attracts more than one million **spectators**.

espectador/a

Esta carrera automovilística atrae a más de un millón de espectadores.

referee [ˌrefə'riː] *n*
The **referee** can stop the match at any time.

árbitro
El árbitro puede parar el partido en cualquier momento.

whistle ['wɪsl] *n*, *v/i*
The referee's **whistle** interrupted the match.

silbato, pito, silbar, pitar
El silbato del árbitro interrumpió el partido.

score [skɔː] *n*
The **score** was 1:1 at half time.

tanteo, puntuación
El tanteo era 1:1 en el descanso.

score [skɔː] *v/i*, *v/t*
Celtic **scored** in the 90th minute and won.

marcar, puntuar, ganar (puntos)
El Celtic marcó en el minuto 90 y ganó.

goal [gəʊl] *n*
In 1966 England won the World Cup final by 4 **goals** to 2.

gol
En 1966 Inglaterra ganó el mundial de fútbol por 4 goles a 2.

target ['tɑːgɪt] *n*
He aimed and fired but missed the **target**.

blanco
Apuntó y disparó, pero falló el blanco.

stadium ['steɪdɪəm] *n*
The football cup final takes place in Wembley **Stadium**.

estadio
La final de la copa de fútbol tiene lugar en el estadio de Wembley.

field [fiːld] *n*
The two teams are already on the **field**. → *camp*

campo, *LA* **cancha**
Los dos equipos ya están en el campo.

pool [puːl] *n*
Let's go for a swim in the **pool**.

piscina, *LA* **alberca**, *LA* **pileta**
¡Tomemos un baño en la piscina!

saddle ['sædl] *n*
Jockeys rode their horses without a **saddle**.

silla de montar
Los jinetes montaban en sus caballos sin silla de montar.

whip [wɪp] *n*
Jockeys must sometimes use their **whips** to drive their horses forward.

látigo
Los jinetes a veces tienen que usar los látigos para guiar a sus caballos.

racket ['rækɪt] n
Different **rackets** are used for tennis, squash and badminton.

raqueta
Las raquetas de tenis, squash y bádminton son distintas.

throw [θrəʊ] v/i, v/t
⚠ **threw** [θruː], **thrown** [θrəʊn]
In football the goalkeeper is allowed to **throw** the ball.

lanzar, tirar, LA echar

En un partido de fútbol, el portero tiene permiso para lanzar la pelota.

kick [kɪk] n, v/t

In Thai boxing both punches and **kicks** are allowed.

patada, puntapié, dar una patada a, dar un puntapié a
En el boxeo tailandés tanto los puñetazos como las patadas están permitidos.

dive [daɪv] v/i
⚠ **dived** [daɪvd], US **dove** [dəʊv], **dived** [daɪvd]
Insulated suits are worn for surfing and **diving**.

bucear, zambullirse, sumergirse

Los trajes isotérmicos sirven para hacer surf y para bucear.

sail [seɪl] v/i
Do you want to go **sailing** in my new yacht?

navegar
¿Queréis ir a navegar en mi nuevo yate?

La vida pública

EL GOBIERNO

Estado y política

«1–2000»

politics ['pɒlɪtɪks] n
People who are interested in **politics** read "The Guardian".

política
Las personas que se interesan por la política leen el periódico The Guardian.

political [pə'lɪtɪkl] adj
The Queen has little **political** power.

político
La Reina tiene poco poder político.

country ['kʌntrɪ] n syn: state, nation
More and more **countries** are becoming members of the European Union.

país, patria

Cada vez más países se están haciendo miembros de la Unión Europea.

government [ˈgʌvəmənt] *n*
Does Britain have a Labour or a Conservative **government**?
→ *family*

gobierno
¿Gran Bretaña tiene un gobierno laborista o conservador?

---

govern [ˈgʌvən] *v/t syn:* rule
The Queen is the head of state but the country is **governed** by politicians.

gobernar
La Reina es la jefa de estado, pero el país está gobernado por políticos.

---

party [ˈpɑːtɪ] *n*
The two big political **parties** in the USA are the Republicans and the Democrats.

partido
Los dos grandes partidos políticos en EE UU son el Republicano y el Demócrata.

---

king [kɪŋ] *n*
Queen Elizabeth's father was **King** George VI.

rey
El padre de la reina Isabel fue el rey Jorge VI.

---

queen [kwiːn] *n*
Elizabeth II became **Queen** of England in 1952.

reina
Isabel II se convirtió en reina de Inglaterra en 1952.

---

prince [prɪns] *n*
A **prince** is either a son of a queen or king, or the ruler of a small state.

príncipe
Un príncipe puede ser el hijo de un rey o de una reina, o bien el gobernador de un pequeño estado.

---

president [ˈprezɪdənt] *n*
J. F. Kennedy became **President** in 1961.

presidente, presidenta
J. F. Kennedy fue elegido presidente en 1961.

---

minister [ˈmɪnɪstə] *n*
The cabinet consists of the **ministers** of the government.

ministro, ministra
El gabinete está formado por los ministros del gobierno.

---

border [ˈbɔːdə] *n*
He went skiing in the Swiss Alps near the French **border**.

frontera
Se fue a esquiar a los Alpes suizos cerca de la frontera francesa.

---

foreign [ˈfɒrən] *adj opp:* native, domestic
Every European should learn at least two **foreign** languages.

Some countries try to keep out **foreign** products.

extranjero

Cada europeo debería aprender por lo menos dos lenguas extranjeras.
Algunos países intentan no dejar entrar productos extranjeros.

---

foreigner [ˈfɒrənə] *n*
In summer there are more **foreigners** in London than Londoners.
→ *stranger*

extranjero/a
En verano, en Londres, hay más extranjeros que londinenses.

home [həʊm] *n*
For many young Pakistanis, Britain is their **home**.

patria
Para muchos jóvenes paquistaníes, Gran Bretaña es su patria.

«2001–4000»

people ['piːpl] *n syn:* nation
The Japanese are a hard-working **people**. → *people*

pueblo, nación
Los japoneses son un pueblo muy trabajador.

state [steɪt] *n*
The USA consists of 50 (federated) **states**.

estado
EE UU está formado por 50 estados (federados).

nation ['neɪʃn] *n syn:* country, state
The industrialized **nations** must help the poor nations.

nación, país, estado
Las naciones industrializadas deben ayudar a las naciones pobres.

national ['næʃənl] *adj opp:* international
The Bank of England is Britain's **national** bank.

nacional, estatal
El Bank of England es el banco nacional de Gran Bretaña.

nationality [ˌnæʃə'næləti] *n*
In London you can see people of many different **nationalities**.

nacionalidad
En Londres se puede ver gente de muchas nacionalidades diferentes.

flag [flæg] *n*
The "Stars and Stripes" is the **flag** of the USA.

bandera
La *Stars and Stripes* es la bandera de EE UU.

kingdom ['kɪŋdəm] *n*
The United **Kingdom** consists of Great Britain and Northern Ireland.

reino
El Reino Unido está formado por Gran Bretaña e Irlanda del Norte.

royal ['rɔɪəl] *adj*
The English like to read about the Queen and members of the **royal** family.

real
A los ingleses les gusta leer acerca de la Reina y los miembros de la familia real.

crown [kraʊn] *n, v/t*
The Crown Jewels include the **crowns** and swords of the kings of England.

corona, coronar
Las Joyas de la Corona incluyen coronas y espadas de los reyes de Inglaterra.

rule [ruːl] *n, v/i, v/t*

The Republic of Ireland is no longer under British **rule**.
Ireland had been **ruled** by England for over 300 years.

autoridad, dominio, gobernar, reinar
La República de Irlanda ya no está bajo la autoridad británica.
Irlanda había sido gobernada por Inglaterra durante más de 300 años.

colony [ˈkɒlənɪ] *n*
Commonwealth countries are former British **colonies**.

colonia
Los países de la Commonwealth son las antiguas colonias británicas.

republic [rɪˈpʌblɪk] *n*
Ireland became an independent **republic** in 1921.

república
Irlanda se convirtió en república independiente en 1921.

parliament [ˈpɑːləmənt] *n*
Most **parliaments** have a Lower and an Upper House.

parlamento
La mayoría de los parlamentos tienen una Cámara Baja y una Cámara Alta.

freedom [ˈfriːdəm] *n syn:* liberty
The American Civil War brought **freedom** for the slaves.

libertad
La Guerra Civil americana trajo la libertad para los esclavos.

independent [ˌɪndɪˈpendənt] *adj opp:* dependent
The USA became **independent** in 1776.

independiente

EE UU se proclamó independiente en 1776.

democracy [dɪˈmɒkrəsɪ] *n*
There is no **democracy** without free elections.

democracia
No hay democracia sin elecciones libres.

union [ˈjuːnjən] *n*
The Euro is the currency of the European **Union**.

unión, alianza
El euro es la moneda de la Unión Europea.

unite [juːˈnaɪt] *v/i, v/t opp:* divide
More and more European countries are **uniting** in the European Union.

unir(se), juntar(se), unificar
Cada vez más países europeos se están uniendo a la Unión Europea.

politician [ˌpɒlɪˈtɪʃn] *n*
Margaret Thatcher was the best-known British **politician** after the war.

político, política
Margaret Thatcher fue la política británica más conocida de después de la guerra.

council [ˈkaʊnsl] *n*
The crisis will be discussed by the Security **Council** of the United Nations.

consejo, junta
La crisis será discutida por el Consejo de Seguridad de las Naciones Unidas.

speech [spiːtʃ] *n*
"I Have a Dream" is the famous **speech** made by Martin Luther King in 1963.

discurso
I have a dream es el famoso discurso pronunciado por Martin Luther King en 1963.

speaker ['spiːkə] *n*
The chairman introduced the first **speaker**.

orador/a, conferenciante
El presidente presentó al primer orador.

succeed [sək'siːd] *v/i, v/t*
Clinton **succeeded** Bush as US President.

suceder
Clinton sucedió a Bush como presidente de EE UU.

supporter [sə'pɔːtə] *n syn:*
follower, *opp:* opponent
She is a **supporter** of the Trade Union Movement.

partidario/a, defensor/a

Es partidaria del movimiento sindical.

election [ɪ'lekʃn] *n*
At a general **election** the voters decide who will govern the country.

elección(es)
En unas elecciones generales, los votantes deciden quién va a gobernar el país.

elect [ɪ'lekt] *v/t*
Kennedy was **elected** (⚠ no: voted) President in 1960.

elegir
Kennedy fue elegido presidente en 1960.

vote [vəut] *n, v/i*

At the next election I'll give my **vote** to the Social Democrats.
The **vote** was 6 to 3 against the motion.
Which party are you going to **vote** for?

voto, votación, votar, ir a las urnas
En las próximas elecciones, daré mi voto a los socialdemócratas.
La votación fue de 6 a 3 en contra de la moción.
¿A qué partido vas a votar?

voter ['vəutə] *n*
The majority of black **voters** in the US vote Democrat.

votante
La mayoría de los votantes negros de EE UU votan a los demócratas.

majority [mə'dʒɒrɪtɪ] *n opp:*
minority
The **majority** of South Africans voted for black politicians.

mayoría

La mayoría de los sudafricanos votaron a políticos negros.

minority [maɪ'nɒrɪtɪ] *n opp:*
majority
Afro-Americans are the largest **minority** in the USA.

minoría

Los afroamericanos son la principal minoría de EE UU.

native ['neɪtɪv] *n, adj*

A **native** of Austria, Arnold Schwarzenegger, became a star in Hollywood.

nativo, nacional, natural de, autóctono, del país
Arnold Schwarzenegger, un nativo de Austria, se convirtió en una estrella en Hollywood.

home [həʊm] *adj syn:* domestic, *opp:* foreign
Car models for export are different from those for the **home** market.

nacional, doméstico, del país, interior
Los modelos de automóviles para exportar son diferentes de los destinados al mercado nacional.

foreign ['fɒrən] *adj opp:* domestic, home
Europe's **foreign** ministers met to discuss immigration problems.

extranjero, exterior

Los ministros de Asuntos Exteriores se reunieron para discutir sobre problemas de inmigración.

international [ˌɪntə'næʃənl] *adj opp:* national
Interpol is an **international** organization.

internacional

La Interpol es una organización internacional.

immigrant ['ɪmɪɡrənt] *n opp:* emigrant
In the 19th century most **immigrants** to America came from Europe.

inmigrante

En el siglo diecinueve, la mayoría de inmigrantes de América llegaban desde Europa.

immigration [ˌɪmɪ'ɡreɪʃn] *n opp:* emigration
Illegal **immigration** is a great problem in many western countries.

inmigración

La inmigración ilegal es un gran problema en muchos países occidentales.

security [sɪ'kjʊərɪtɪ] *n*
There will be strict **security** measures during the President's visit.

seguridad
Durante la visita del Presidente habrá estrictas medidas de seguridad.

spy [spaɪ] *n, v/i*
During the Cold War there were lots of **spies** on both sides.

espía, espiar, ser espía
Durante la Guerra Fría había numerosos espías en ambos bandos.

crisis ['kraɪsɪs] *n*
⚠ *pl* **crises** ['kraɪsiːz]
An embargo of the OPEC countries led to the oil **crisis**.

crisis

Un embargo de los países de la OPEP desencadenó la crisis del petróleo.

revolution [ˌrevə'luːʃn] *n*
The French **Revolution** began in 1789.

revolución
La Revolución Francesa empezó en 1789.

Guerra y paz

«1–2000»

war [wɔ:] *n opp:* peace
The **war** in Vietnam lasted from 1954 to 1975.

guerra
La guerra de Vietnam duró desde 1954 hasta 1975.

peace [pi:s] *n opp:* war
The **peace** negotiations have been long and difficult.

paz
Las negociaciones de paz fueron largas y difíciles.

enemy ['enəmɪ] *n opp:* friend
The USA and Japan were **enemies** in World War II.

enemigo/a
EE UU y Japón fueron enemigos en la Segunda Guerra Mundial.

soldier ['səʊldʒə] *n opp:* civilian
The **soldiers** in the US Army are called GI's.

soldado
A los soldados del ejército estadounidense se les llama GI.

battle ['bætl] *n*
In the **Battle** of Hastings the Normans defeated the Anglo-Saxons.

batalla
En la batalla de Hastings los normandos derrotaron a los anglosajones.

«2001–4000»

military ['mɪlɪtərɪ] *adj*
The **military** police deal with soldiers who do something wrong.

militar
La policía militar se ocupa de los soldados que no se portan bien.

troops [tru:ps] *pl*
The government sent in **troops** to stop the riots.

tropas
El gobierno envió tropas para poner fin a los disturbios.

army ['ɑ:mɪ] *n*
The **army**, navy and air force make up a nation's armed forces.

ejército (de tierra)
El ejército, la marina y las fuerzas aéreas constituyen las fuerzas armadas de una nación.

navy ['neɪvɪ] *n*
The **navy** (⚠ no: marine) is the branch of the military forces that fights at sea.

marina de guerra, armada, flota
La marina es el cuerpo de las fuerzas armadas que combate en el mar.

officer ['ɒfɪsə] *n*
A major is an **officer**; a sergeant, a noncommissioned officer.

oficial
Un comandante es un oficial y un sargento es un suboficial.

general [ˈdʒenərəl] *n*
Washington and Eisenhower were **generals** who became US Presidents.

general
Washington y Eisenhower fueron generales que se convirtieron en presidentes de EE UU.

---

arm [ɑːm] *v/i, v/t opp:* disarm
They were **armed** with the most modern weapons.

armar
Iban armados con el material bélico más moderno.

---

weapon [ˈwepən] *n*
There must be a ban on nuclear, biological and chemical **weapons**.

arma
Tienen que prohibirse las armas nucleares, las biológicas y las químicas.

---

arms [ɑːmz] *pl syn:* weapons
The Indians were brave but the white soldiers had better **arms**.

armas, armamento
Los indígenas eran valientes, pero los soldados blancos disponían de mejor armamento.

---

bomb [bɒm] *n, v/t*
A **bomb** exploded and killed three people.
All major cities in Germany were **bombed** by British and American planes.

bomba, bombardear
Una bomba explotó y tres personas resultaron muertas.
Todas las grandes ciudades de Alemania fueron bombardeadas por aviones británicos y estadounidenses.

---

gun [ɡʌn] *n*

The whites defeated the natives because they had better **guns**.

arma de fuego, revólver, fusil, cañón
Los blancos derrotaron a los indígenas porque tenían mejores armas de fuego.

---

nuclear [ˈnjuːklɪə, *US* ˈnuːklɪər] *adj syn:* atomic
Who would want to survive a **nuclear** war?

nuclear

¿Quién querría sobrevivir a una guerra nuclear?

---

sword [sɔːd] *n*
A samurai's weapon is the **sword**.

espada
El arma de un samurai es la espada.

---

march [mɑːtʃ] *n, v/i*

It was a three-hour **march** from the barracks to the camp.

marcha, caminata, marchar, desfilar
Fue una marcha de tres horas desde el cuartel hasta el campamento.

---

fight [faɪt] *v/i, v/t*
⚠ **fought** [fɔːt], **fought** [fɔːt]
In the War of Independence the USA **fought** against England.

luchar, combatir, pelear

En la Guerra de la Independencia, EE UU luchó contra Inglaterra.

fight [faɪt] *n syn:* battle
It was a long hard **fight** before
Ireland gained her independence.

lucha, combate
Hubo una larga y dura lucha
antes de que Irlanda consiguiera
la independencia.

front [frʌnt] *n syn:* front line
There were terrible losses
among the troops fighting at the
front.

frente
Hubo pérdidas terribles entre las
tropas que luchaban en el frente.

attack [ə'tæk] *n*, *v/i*, *v/t*
The **attack** on Pearl Harbor began on Dec. 7, 1941 early in the
morning.

ataque, atacar
El ataque a Pearl Harbor empezó
el 7 de diciembre de 1941 por la
mañana temprano.

defend [dɪ'fend] *v/t opp:* attack
You can't **defend** a country
against a nuclear attack.

defender
No se puede defender a un país
contra un ataque nuclear.

defence, *US* **defense** [dɪ'fens] *n*
opp: attack
Soldiers should be for a
country's **defence** only.

defensa

Los soldados deberían existir
sólo para la defensa de un país.

victory ['vɪktərɪ] *n opp:* defeat
The Indians won their last major
victory at the Little Bighorn.

victoria, triunfo
Los indios consiguieron su última gran victoria en Little Bighorn.

defeat [dɪ'fiːt] *n*, *v/t*
Hiroshima meant the final **defeat**
of Japan.

derrota, derrotar, vencer
Hiroshima significó la definitiva
derrota de Japón.

occupy ['ɒkjuːpaɪ] *v/t*
Allied troops **occupied** Berlin in
1945.

ocupar
Las tropas aliadas ocuparon Berlín en 1945.

occupation [ˌɒkjuː'peɪʃn] *n*
Spain was under Moorish **occupation** for about 700 years.

ocupación
España estuvo bajo ocupación
árabe durante unos 700 años.

resistance [rɪ'zɪstəns] *n*
Gandhi practised passive **resistance** to gain the independence
of India.

resistencia
Gandhi practicó la resistencia pasiva para conseguir la independencia de la India.

flee [fliː] *v/i syn:* escape
⚠ **fled** [fled], **fled** [fled]
The civilian population is **fleeing**
from the war zones.

huir, escaparse

La población civil está huyendo
de los territorios en guerra.

flight [flaɪt] *n*
Lots of people die during the
flight from war zones.

huida, fuga, evasión
Mucha gente muere durante la
huida de los territorios en guerra.

escape [ɪ'skeɪp] *v/i syn:* flee
The people were trying to **escape** from the burning village.

escapar, huir, fugarse
La gente intentaba escapar del pueblo en llamas.

refugee [ˌrefjuː'dʒiː] *n*
The **refugees** lost everything and need help badly.

refugiado/a, fugitivo/a
Los refugiados lo han perdido todo y necesitan ayuda urgentemente.

hero ['hɪərəʊ] *n*
⚠ *pl* **heroes** ['hɪərəʊz]
The real **heroes** of war are those who save other people's lives.

héroe, heroína

Los verdaderos héroes de guerra son aquellos que salvan la vida a otros.

knight [naɪt] *n*
Knights rode on horseback and fought with lances and swords.

caballero
Los caballeros montaban a caballo y luchaban con lanzas y espadas.

treaty ['triːtɪ] *n*
The whites and Indians signed many **treaties**.

tratado, pacto
Los blancos y los indígenas firmaron muchos tratados.

RELIGIONES Y RITOS

«1–2000»

church [tʃɜːtʃ] *n*
Many Christians go to **church** on Sundays.

iglesia, misa
Muchos cristianos van a misa los domingos.

God, god [gɒd] *n*
Churches are places where people pray to **God**.
Mars was the Roman **god** of war.

Dios, dios
Las iglesias son sitios donde la gente reza a Dios.
Marte era el dios romano de la guerra.

Christmas ['krɪsməs] *n*
At **Christmas** children get presents.

Navidad(es)
En Navidad, los niños reciben regalos.

Easter ['iːstə] *n*
At **Easter** we are going on holiday.

Pascua, Semana Santa
En Semana Santa nos vamos de vacaciones.

religion [rɪ'lɪdʒn] *n*
Christianity, Islam and Buddhism are some of the great **religions**.

religión
El cristianismo, el Islam y el budismo son algunas de las grandes religiones.

religious [rɪˈlɪdʒəs] *adj*
The Puritans emigrated to America for **religious** reasons.

I'm not very **religious** – I rarely go to church.

religioso, devoto
Los puritanos emigraron a Norteamérica por motivos religiosos.

No soy muy devoto; casi nunca voy a misa.

«2001–4000»

Bible [ˈbaɪbl] *n*
The **Bible** consists of the Old and the New Testament.

Biblia
La Biblia se compone del Antiguo y el Nuevo Testamento.

holy [ˈhəʊlɪ] *adj*
The Bible is the **holy** book of the Christians.

sagrado, santo
La Biblia es el libro sagrado de los cristianos.

Christian [ˈkrɪstjən] *n, adj*
I'm not a **Christian** but I believe in God.
The **Christian** religion is divided into the Protestant, Roman Catholic and Orthodox churches.

cristiano/a
No soy cristiano pero creo en Dios.
La religión cristiana se divide en las iglesias Protestante, Católica Romana y Ortodoxa.

faith [feɪθ] *n syn:* belief
Martin Luther King never lost his **faith** in nonviolence.

fe
Martin Luther King nunca perdió su fe en la no violencia.

belief [bɪˈliːf] *n syn:* faith
A lot of people had to emigrate because of their religious **beliefs**.

creencia, fe
Muchas personas tuvieron que emigrar debido a sus creencias religiosas.

believe [bɪˈliːv] *v/i, v/t*
Many religions **believe** in life after death.

creer
Muchas religiones creen en la vida después de la muerte.

conscience [ˈkɒnʃəns] *n*
I have a bad **conscience** because I lied to her.

conciencia
Tengo mala conciencia porque le he dicho una mentira.

sin [sɪn] *n, v/i*
In all major religions murder is a **sin**.

pecado
En todas las grandes religiones matar es pecado.

heaven [ˈhevn] *n opp:* hell
Good people are believed to go to **heaven** (⚠ no: the heaven) when they die.

cielo, paraíso
Se cree que las buenas personas van al cielo cuando mueren.

☞ **heaven** *se refiere al cielo sólo en su sentido figurado. Para referirse al cielo físico se usa la palabra* **sky**.

---

hell [hel] *n opp:* heaven
War is **hell** (⚠ no: the hell) on earth.

infierno
La guerra es el infierno en la tierra.

---

angel ['eɪndʒəl] *n*
Many altarpieces show Jesus and the Virgin Mary surrounded by **angels**.

ángel
Muchos retablos muestran a Jesús y la Virgen María rodeados de ángeles.

---

devil ['devl] *n syn:* Satan *opp:* God
Faust sold his soul to the **devil**.

diablo, demonio

Fausto vendió su alma al diablo.

---

ghost [ɡəʊst] *n*
He looked as if he'd seen a **ghost**.

fantasma, espíritu
Parecía que hubiera visto un fantasma.

---

priest [priːst] *n*
Cardinals are the highest **priests** in the Catholic Church. → *minister*

sacerdote, cura
Los cardenales son los sacerdotes de más alto rango dentro de la iglesia católica.

---

minister ['mɪnɪstə] *m*
Martin Luther King was a **minister** in the Baptist Church.

pastor, párroco
Martin Luther King fue pastor de la Iglesia Bautista.

☞ *Un* **minister** *suele ser protestante y un* **priest**, *católico*.

---

monk [mʌŋk] *n*
Buddhist **monks** shave their heads and wear yellow clothes.

monje
Los monjes budistas se afeitan la cabeza y llevan ropas amarillas.

---

nun [nʌn] *n*
Many **nuns** work in hospitals, schools and kindergartens.

monja, religiosa
Muchas monjas trabajan en hospitales, escuelas y jardines de infancia.

---

service ['sɜːvɪs] *n*
In Christian churches most **services** are on Sundays.

misa, culto, oficio religioso
En las iglesias cristianas, la mayoría de los oficios religiosos se hacen en domingo.

---

bell [bel] *n*
Church **bells** ring on Sundays to announce the service.

campana
Las campanas de la iglesia tocan los domingos para anunciar la misa.

pray [preɪ] v/i
Jews go to the synagogue to **pray**.

orar, rezar
Los judíos van a la sinagoga a rezar.

prayer ['preə] n
Muslims kneel on rugs when they say their **prayers**.

oración, rezo
Los musulmanes se arrodillan sobre alfombras cuando rezan sus oraciones.

kneel [niːl] v/i
⚠**knelt** [nelt], **knelt** [nelt]
Muslims **kneel** down when the muezzin calls them to prayer.

arrodillarse, estar de rodillas

Los musulmanes se arrodillan cuando el almuecín los llama a la oración.

bless [bles] v/t
The Pope **blessed** the crowd that had gathered in St. Peter's Square.

bendecir
El Papa bendijo a la multitud que se había reunido en la plaza de San Pedro.

El entorno

CIUDADES Y PUEBLOS

«1–2000»

place [pleɪs] n
Is this the **place** where it happened?
You parked your car in the wrong **place**.

lugar, sitio
¿Es éste el lugar donde ocurrió?

Ha aparcado su automóvil en el sitio equivocado.

town [taʊn] n syn: city
This **town** is famous.

ciudad, pueblo, población
Esta ciudad es famosa.

city ['sɪtɪ] n syn: town, opp: village, country
Would you rather live in the **city** or in the country?

ciudad

¿Preferirías vivir en la ciudad o en el campo?

country ['kʌntrɪ] n opp: city, town
I like living in the **country** – city life is too hectic. → camp

campo

Me gusta vivir en el campo; la vida en la ciudad es demasiado agitada.

village ['vɪlɪdʒ] n
Charles Dickens was born in a small **village**.

pueblo, aldea
Charles Dickens nació en un pequeño pueblo.

centre, *US* **center** [ˈsentə] *n*
Trafalgar Square is in the **centre** of London.

centro
Trafalgar Square está en el centro de Londres.

building [ˈbɪldɪŋ] *n*
The tallest **building** in the world is the Sears Tower in Chicago.

edificio
El edificio más alto del mundo es la torre Sears de Chicago.

castle [ˈkɑːsl] *n*
Is Dover **Castle** the oldest **castle** in Britain?

castillo
¿El de Dover es el castillo más antiguo de Gran Bretaña?

tower [ˈtaʊə] *n*
In 1889 the Eiffel **Tower** was the tallest **tower** in the world.

torre
En 1889 la torre Eiffel era la torre más alta del mundo.

square [skweə] *n*
The candidate made a speech in the market **square**.

plaza, *LA* **zócalo**
El candidato pronunció un discurso en la plaza del mercado.

hall [hɔːl] *n*
Carnegie **Hall** is the most famous concert **hall** in the USA.

sala, pabellón
El Carnegie Hall es la sala de conciertos más famosa de EE UU.

road [rəʊd] *n*
The old **road** along the coast is dangerous.

carretera, calle, camino
La antigua carretera de la costa es peligrosa.

street [striːt] *n*
We strolled through the narrow **streets** of the old town.

calle
Deambulamos por las estrechas calles del antiguo pueblo.

bridge [brɪdʒ] *n*
They stood on the **bridge**.

puente
Se quedaron de pie sobre el puente.

farm [fɑːm] *n*
We live on a **farm** and breed cattle.

granja, *LA* **estancia**
Vivimos en una granja y criamos ganado.

fence [fens] *n*
Most of our neighbours have a **fence** or hedge round their garden.

valla, cerca, cercado
La mayoría de nuestros vecinos tienen una valla o setos alrededor de su jardín.

«2001-4000»

area [ˈeːrɪə] *n syn:* region
People in this **area** used to be poor.

zona, región
La gente de esta zona era pobre.

local ['ləʊkl] *adj*
I found a flat through an ad in the **local** paper.

local
Encontré un piso por un anuncio en el periódico local.

---

capital ['kæpɪtl] *n*
Canberra, not Sydney, is the **capital** of Australia.

capital
Canberra, no Sidney, es la capital de Australia.

---

population [ˌpɒpjuːˈleɪʃn] *n*
The USA has a **population** of about 250 million.

población
EE UU tiene una población de unos 250 millones de personas.

---

suburb ['sʌbɜːb] *n opp:* centre

Most Londoners live in the **suburbs**.

barrio residencial, barrio periférico
La mayoría de los londinenses viven en barrios periféricos.

☞ *No se debe confundir* **suburbs** *con la palabra española 'suburbios', puesto que tienen significados muy diferentes. Los* **suburbs** *son barrios residenciales donde suele vivir gente adinerada. Para referirnos a barrios habitados por gente con escasos recursos económicos, usaremos generalmente* **slum quarter** *(barrio bajo) o* **shantytown** *(barrio de chabolas).*

---

surroundings [səˈraʊndɪŋz] *pl*
syn: environment
I'm looking for a house in quiet **surroundings**.

alrededores, cercanías, ambiente
Estoy buscando una casa en un ambiente tranquilo.

---

surround [səˈraʊnd] *v/t*
The farm is **surrounded** by fields and meadows.

rodear, circundar
La granja está rodeada por campos y prados.

---

monument ['mɒnjuːmənt] *n*
Nelson's Column is one of London's best-known **monuments**.

monumento
La columna de Nelson es uno de los monumentos más conocidos de Londres.

---

cathedral [kəˈθiːdrəl] *n*
We visited Burgos **Cathedral**.

catedral
Visitamos la catedral de Burgos.

---

town hall [ˌtaʊn 'hɔːl], *US* **city hall** [ˌsɪtɪ 'hɔːl] *n*
The mayor welcomed his guests in the **town/city hall**.

ayuntamiento

El alcalde dio la bienvenida a sus invitados en el ayuntamiento.

---

ruins ['ruːɪnz] *pl*
In Malta you can see many **ruins**.

ruinas
En Malta se pueden ver muchas ruinas.

---

fountain ['faʊntn] *n*
If you throw a coin in the **fountain**, you'll return.

fuente
Si tiras una moneda en la fuente, volverás aquí.

mill [mɪl] n
Mills were used to grind grain into flour.

molino
Los molinos se usaban para moler el grano y hacer harina.

hut [hʌt] n
The refugees had to live in small wooden **huts**.

cabaña, choza
Los refugiados tenían que vivir en pequeñas cabañas de madera.

grave [greɪv] n
At the end of a funeral the coffin is lowered into the **grave**.

fosa, sepulcro
Al final de un funeral, se baja el ataúd a la fosa.

cemetery ['semətrɪ] n syn: graveyard
They are buried in the **cemetery**.

cementerio
Están enterrados en el cementerio.

zoo [zuː] n
Many animals live in **zoos**.

zoo, parque zoológico
Muchos animales viven en zoos.

Paisaje

«1–2000»

view [vjuː] n
Our hotel room has a wonderful **view** of the coast.

vista
Nuestra habitación de hotel tiene una maravillosa vista a la costa.

ground [graʊnd] n syn: soil, earth
In arctic regions the **ground** is frozen all year.

suelo, tierra, terreno
En las regiones árticas, el suelo está helado todo el año.

hill [hɪl] n
Except for a few **hills**, the country is flat.

colina, cerro
Exceptuando algunas colinas, el país es llano.

mountain ['maʊntɪn] n opp: valley
Mount Everest is the highest **mountain** in the world.

montaña, monte
El monte Everest es la montaña más alta del mundo.

top [tɒp] n syn: summit, peak
You have a fantastic view from the **top** of the mountain.

cumbre, cima, ápice
Hay una vista fantástica desde la cumbre de la montaña.

valley ['vælɪ] n opp: mountain
We skied downhill into the **valley**.

valle
Esquiamos cuesta abajo hacia el valle.

coast [kəʊst] n
Brighton is on the south **coast** of England.

costa
Brighton está en la costa sur de Inglaterra.

beach [biːtʃ] n
We went to the **beach** to sunbathe.

playa
Fuimos a la playa a tomar el sol.

river ['rɪvə] n
Some lakes and **rivers** are so polluted that you can't swim in them.

río
Algunos lagos y ríos están tan contaminados que no es posible bañarse.

lake [leɪk] n
After school we often go swimming in a small **lake**.

lago
Después de la escuela, solemos ir a nadar a un pequeño lago.

spring [sprɪŋ] n
The hikers filled their water bottles at a mountain **spring**.

manantial, fuente (natural)
Los excursionistas llenaron sus cantimploras en un manantial de montaña.

forest ['fɒrɪst] n syn: woods
Canada is a country of lakes and **forests**.

bosque
Canadá es un país de lagos y bosques.

field [fiːld] n
Tractors have made working in the **fields** much easier. → camp

campo, prado
Los tractores han hecho más fácil el trabajo en el campo.

park [pɑːk] n
The **parks** are full of joggers early in the morning.

parque, jardines
Por las mañanas, los parques están llenos de gente haciendo footing.

path [pɑːθ] n
There's a **path** leading up the hill.

camino, sendero, vereda
Hay un sendero que conduce a la cima de la colina.

«2001–4000»

scenery ['siːnəri] n
You can see fantastic **scenery** at Niagara Falls.

paisaje
Las cataratas del Niágara ofrecen un paisaje fantástico.

region ['riːdʒən] n
There is a lot of sunshine in the southern **regions** of England.

región, comarca, zona
El sol brilla mucho en las regiones del sur de Inglaterra.

soil [sɔil] *n syn:* ground, earth
The rich **soil** of Kent is excellent for farming.

tierra, suelo
El rico suelo de Kent es excelente para el cultivo.

sand [sænd] *n*
Like many other beaches, Brighton has no **sand** but pebbles.

arena
Como muchas otras playas, la de Brighton no tiene arena sino guijarros.

rock [rɒk] *n syn:* stone
To find oil they had to drill through solid **rock**.

roca, piedra
Para encontrar petróleo hubo que perforar roca maciza.

plain [plein] *n*
The American West consists of high mountains and extensive **plains**.

llanura, llano
El Oeste americano está formado por altas montañas y llanuras extensas.

slope [sləʊp] *n*
We skied down a very steep **slope**.

cuesta, pendiente, inclinación
Bajamos esquiando por una pendiente muy pronunciada.

steep [stiːp] *adj*
The mountain road is too **steep** to drive up in a normal car.

empinado, inclinado
La carretera de montaña es demasiado empinada para subirla en un automóvil normal.

cliff [klif] *n*
Returning to England, many people are happy to see the white **cliffs** of Dover.

precipicio, acantilado
Al volver a Inglaterra, mucha gente se alegra al ver los blancos acantilados de Dover.

cave [keiv] *n*
In the Stone Age, man lived in **caves**.

cueva, caverna
En la Edad de Piedra el ser humano vivía en cuevas.

source [sɔːs] *n opp:* mouth
The **source** of the Colorado River is in Utah.

nacimiento, origen, fuente, procedencia
El nacimiento del río Colorado está en Utah.

stream [striːm] *n syn:* brook, creek
The hikers cooled their feet in a mountain **stream**.

We had to row against the **stream**.

arroyo, riachuelo, corriente
Los excursionistas se refrescaron los pies en un arroyo de montaña.
Tuvimos que remar contra corriente.

pond [pɒnd] *n*
In the park there is a **pond** with ducks.

charco, estanque
En el parque hay un estanque con patos.

bay [beɪ] *n*
We sailed into a little **bay** to be safe from the storm.

bahía, abra, golfo
Navegamos hacia una pequeña bahía para ponernos a salvo de la tormenta.

current [ˈkʌrənt] *n*
No swimming – the **current** is too strong.

corriente
Está prohibido nadar; la corriente es demasiado fuerte.

bank [bæŋk]
Thousands watch the boat race from the **banks** of the River Thames.

orilla, ribera
Miles de personas miran la regata desde la orilla del río Támesis.

island [ˈaɪlənd] *n*
The West Indies are a group of **islands** in the Caribbean.

isla
Las Antillas son un grupo de islas del Caribe.

desert [ˈdezət] *n*
Las Vegas is in the middle of the **desert**.

desierto
Las Vegas está en medio del desierto.

jungle [ˈdʒʌŋgl] *n*
Tarzan was brought up in the **jungle** by apes.

selva, jungla
Tarzán fue criado por monos en la selva.

meadow [ˈmedəʊ] *n*
We had a picnic in a **meadow** by the river.

prado, pradera
Hicimos un picnic en el prado, junto al río.

canal [kəˈnæl] *n*
Birmingham has more **canals** (⚠ no: channels) than Venice.

canal
Birmingham tiene más canales que Venecia.

ditch [dɪtʃ] *n*
The car skidded on the icy road and landed in a **ditch**.

zanja, cuneta, acequia
El automóvil patinó sobre la carretera helada y fue a parar a la cuneta.

NATURALEZA

Generalidades

«1–2000»

nature [ˈneɪtʃə] *n*
At Niagara Falls you can admire **nature** (⚠ no: the nature) in all its beauty.

naturaleza
En las cataratas del Niágara se puede admirar la naturaleza en todo su esplendor.

natural ['nætʃrəl] *adj opp:*
artificial, man-made
Wool, cotton and leather are **natural** materials.

natural
La lana, el algodón y el cuero son materiales naturales.

---

light [laɪt] *n opp:* dark(ness)
There isn't enough **light** to take a photograph.

luz
No hay suficiente luz para sacar una foto.

---

air [eə] *n*
You can't breathe without **air**.

aire
No se puede respirar sin aire.

---

water ['wɔːtə] *n*
You should boil the **water** before drinking it.

agua
Deberías hervir el agua antes de bebértela.

---

wave [weɪv] *n*
Swimming is dangerous when the **waves** are so high.

ola
Es peligroso nadar cuando las olas son tan altas.

---

heat [hiːt] *n opp:* cold
They leave Florida in the summer because of the **heat**.

calor
En verano se van de Florida debido al calor.

---

fire ['faɪə] *n*
Much of Yellowstone was destroyed by **fire** in 1988.

fuego
Gran parte de Yellowstone fue destruida por el fuego en 1988.

---

cold [kəʊld] *adj, n*
New York is too hot in summer and too **cold** in winter.

frío/a
En Nueva York hace demasiado calor en verano y demasiado frío en invierno.

☞ *Las expresiones como 'hace frío' o 'hace calor' tienen una estructura muy diferente en inglés:* **it is cold**, **it is hot**. *Obsérvese el uso del* **it** *impersonal en este tipo de frases.*

---

cool [kuːl] *adj opp:* warm
Even in August San Francisco is pleasantly **cool**.

fresco
En San Francisco hace un tiempo agradablemente fresco incluso en agosto.

---

ice [aɪs] *n*
The **ice** on the lake is still too thin to walk on.

hielo
La capa de hielo formada sobre el lago todavía es demasiado delgada para caminar sobre ella.

«2001–4000»

growth [grəʊθ] n
Plants need water and light for **growth**.

crecimiento
Las plantas necesitan agua y luz para su crecimiento.

gas [gæs] n
⚠ pl **gases** ['gæsɪz]
Ozone is a **gas** which protects the earth from UV rays.

gas

El ozono es un gas que protege a la Tierra de los rayos UV.

steam [stiːm] n
Water becomes **steam** when boiled.

vapor, vaho
El agua se convierte en vapor cuando hierve.

flood [flʌd] n opp: drought
There are **floods** in India during the rainy season.

inundación, desbordamiento
En la India, durante la estación lluviosa, hay inundaciones.

mud [mʌd] n
Lots of cars got stuck in the **mud**.

lodo, barro, fango
Muchos automóviles quedaron atrapados en el lodo.

flame [fleɪm] n
We saw **flames** coming out of the windows.

llama
Vimos llamas que salían de las ventanas.

melt [melt] v/i, v/t opp: freeze
Snow **melts** in the sun.

derretir(se), fundir(se)
La nieve se derrite con el sol.

shadow ['ʃædəʊ] n
In autumn the **shadows** get longer. → shade

sombra
En otoño las sombras se alargan.

shade [ʃeɪd] n opp: sun
It's too hot in the sun – let's get into the **shade** (⚠ no: shadow).

sombra
Hace mucho calor al sol; pongámonos a la sombra.

☞ **shade** se refiere a la sombra en oposición al sol, mientras que **shadow** designa la sombra o la silueta que recorta un objeto o una persona frente a la luz. **Shadow** se utiliza también en un sentido figurado, por ej.: **without a shadow of truth** (sin atisbo de verdad).

Mundo animal

«1–2000»

animal ['ænɪml] *n*
I'd rather watch **animals** in the wild than in a zoo.

animal
Prefiero ver a los animales en plena naturaleza antes que en un zoo.

wild [waɪld] *adj opp:* tame
On a safari you can see lots of **wild** animals.

salvaje, feroz
En un safari se pueden ver muchos animales salvajes.

bird [bɜːd] *n*
Penguins are **birds** that cannot fly.

ave, pájaro
Los pingüinos son aves que no pueden volar.

fly [flaɪ] *v/i*
⚠ **flew** [fluː], **flown** [fləʊn]
A lot of birds **fly** south for the winter.

volar

Muchos pájaros vuelan hacia el sur para pasar el invierno.

fish [fɪʃ] *n*
⚠ *pl* **fish** [fɪʃ], **fishes** ['fɪʃiz]
We went fishing and caught a lot of **fish**.

pez, pescado

Fuimos a pescar y capturamos muchos peces.

dog [dɒg] *n*
We keep a **dog** to guard our home.

perro
Tenemos un perro para vigilar la casa.

cat [kæt] *n*
Tigers and lions are big **cats**.

gato, felino
Los tigres y los leones son grandes felinos.

chicken ['tʃɪkɪn] *n*
We only eat eggs from our own **chickens**.

gallina, pollo
Sólo comemos los huevos de nuestras propias gallinas.

pig [pɪg] *n*
Bacon is the salted or smoked meat of a **pig** (⚠ no: pork). →*pork*

cerdo, puerco, *LA* **chancho**
El beicon es carne de cerdo salada o ahumada.

horse [hɔːs] *n*
A cowboy can't do his job without a **horse**.

caballo
Un cowboy no puede realizar su trabajo sin caballo.

cow [kaʊ] *n opp:* bull
The meat from a **cow** or bull is called beef. → *beef*

vaca
La carne de vaca o de toro se llama carne de vacuno.

cattle ['kætl] *pl*
The **cattle** were (⚠ no: was) grazing in the field. → *beef*

ganado, ganado vacuno, vacas
El ganado estaba pastando en el campo.

sheep [ʃiːp] n ⚠ pl sheep [ʃiːp]
Sheep are kept for their wool and meat.

oveja
Las ovejas se crían por su lana y su carne.

mouse [maʊs] n
⚠ pl mice [maɪs]
Cats catch **mice**.

ratón

Los gatos cazan ratones.

tail [teɪl] n
A rat has a very long **tail**.

cola, rabo
Una rata tiene la cola muy larga.

«2001–4000»

creature [ˈkriːtʃə] n syn: being
The chameleon is a strange **creature**.

criatura, ser, animal
El camaleón es una extraña criatura.

pet [pet] n

No dogs or other **pets** are allowed in this hotel.

animal doméstico, animal de compañía
No se permiten perros ni otros animales domésticos en este hotel.

tame [teɪm] adj
Flipper was a popular TV series about a **tame** dolphin.

domesticado, dócil
Flipper era una serie de televisión muy famosa sobre un delfín domesticado.

feed [fiːd] v/t, v/i
⚠ fed [fed], fed [fed]
Swallows **feed** their young on insects.
Cows **feed** on grass.

alimentar(se), nutrir(se), comer, pacer
Las golondrinas alimentan a sus crías con insectos.
Las vacas se alimentan de hierba.

breed [briːd] v/t
⚠ bred [bred], bred [bred]
Many Indian tribes **bred** their own horses.

criar

Muchas tribus indígenas criaban sus propios caballos.

bark [bɑːk] v/i
Our dog **barks** every time someone is at the door.

ladrar
Nuestro perro ladra cada vez que hay alguien en la puerta.

bite [baɪt] v/i, v/t
⚠ bit [bɪt], bitten [ˈbɪtn]
Postmen are often **bitten** by dogs.

morder, picar

A menudo, los carteros son mordidos por perros.

bull [bʊl] *n opp:* cow
In a Portuguese bullfight the **bull** is not killed. → *beef*

toro
En una corrida de toros portuguesa no se mata al toro.

horn [hɔːn] *n*
A buffalo's **horns** are dangerous weapons.

cuerno, asta
Los cuernos del búfalo son armas peligrosas.

calf ['kɑːf] *n*
⚠ *pl* **calves** [kɑːvz]
A **calf** is the young of a cow. → *veal*

ternero/a, becerro/a
Un becerro es la cría de una vaca.

lamb [læm] *n*
A **lamb** is a young sheep.

cordero, borrego
Un cordero es una oveja joven.

goat [gəʊt] *n*
A **goat** is kept mainly for its milk.

cabra
Una cabra se cría principalmente por su leche.

donkey ['dɒŋkɪ] *n syn:* ass
A **donkey** is smaller than a horse and has longer ears.

burro/a, asno
Un asno es más pequeño que un caballo y tiene las orejas más largas.

hen [hen] *n opp:* cock
Hens lay eggs.

gallina
Las gallinas ponen huevos.

cock [kɒk] *n syn:* rooster (*US*)
Our neighbour's **cock** crows every morning at dawn.

gallo
El gallo de nuestro vecino canta cada mañana al amanecer.

duck [dʌk] *n*
We could hear the **ducks** quacking on the pond.

pato
Podíamos oír a los patos graznando en el estanque.

goose [guːs] *n*
⚠ *pl* **geese** [giːs]
Roast **goose** is the traditional German Christmas dinner.

ganso/a, oca
El ganso asado es la cena de Navidad tradicional en Alemania.

pigeon ['pɪdʒɪn] *n*
In the past, **pigeons** were used to deliver messages.

paloma
En el pasado, las palomas se usaban para enviar mensajes.

turkey ['tɜːkɪ] *n*
Turkey is the traditional English Christmas dinner.

pavo/a, *LA* **guajolote,**
LA **chompipe**
El pavo es la cena de Navidad tradicional inglesa.

feather ['feðə] *n*
Indians used to wear **feathers** in their hair.

pluma
Los indios solían llevar plumas en el pelo.

wing [wɪŋ] *n*
The albatross can spread its **wings** up to more than 11 feet.

ala
El albatros puede llegar a extender sus alas hasta más de tres metros y medio.

---

nest [nest] *n*
Eagles build their **nests** on mountain tops.

nido
Las águilas construyen sus nidos en las cumbres de las montañas.

---

game [geɪm] *n*
Elephant guns are used in killing elephants or other big **game**.

(animal de) caza
Los rifles de elefantes se usan para matar elefantes u otros animales de caza mayor.

---

track [træk] *n*
The hunters followed the animals' **tracks** in the snow.

huella, pista, rastro
Los cazadores siguieron las huellas de los animales en la nieve.

---

fur [fɜː] *n*
Trappers catch wild animals for their **fur**.

piel, pieles
Los tramperos capturan animales salvajes por sus pieles.

---

rabbit ['ræbɪt] *n*
Rabbits like carrots.

conejo
A los conejos les gustan las zanahorias.

---

deer [dɪə] *n*
⚠ *pl* **deer** [dɪə]
"Bambi" is a famous film about a young **deer**.

ciervo, venado
Bambi es una famosa película sobre un joven ciervo.

---

rat [ræt] *n*
Rats are used a lot in animal experiments.

rata
Las ratas se usan mucho en experimentos con animales.

---

fox [fɒks] *n*
Foxes hunt alone.

zorro
Los zorros cazan solos.

---

wolf [wʊlf] *n*
⚠ *pl* **wolves** [wʊlvz]
Wolves hunt in packs.

lobo/a
Los lobos cazan en manada.

---

lion ['laɪən] *n*
The **lion** is called the king of the animals.

león
Al león se le llama el rey de los animales.

---

elephant ['elɪfənt] *n*
The African **elephant** is the largest living land animal.

elefante
El elefante africano es el animal terrestre viviente más grande que existe.

---

monkey ['mʌŋkɪ] *n*
Chimpanzees are thought to be the most intelligent **monkeys**.

mono/a, mico/a
Los chimpancés están considerados como los monos más inteligentes.

whale [weɪl] *n*
Blue **whales** are the largest and heaviest animals in the world.

ballena
La ballena azul es el animal más grande y pesado del mundo.

---

shark [ʃɑːk] *n*
Sharks are dangerous fish that sometimes kill swimmers.

tiburón
Los tiburones son unos peces peligrosos que a veces matan a bañistas.

---

insect ['ɪnsekt] *n*
All **insects**, such as flies and mosquitoes, have six legs.

insecto
Todos los insectos, como por ejemplo las moscas y los mosquitos, tienen seis patas.

---

mosquito [mə'skiːtəʊ] *n*
Malaria is passed on to humans by **mosquitoes**.

mosquito
La malaria se contagia a los humanos a través de mosquitos.

---

spider ['spaɪdə] *n*
A **spider** catches insects with a web.

araña
La araña atrapa insectos con su red.

---

beetle ['biːtl] *n syn:* bug
A ladybird is a little red **beetle** with black spots.

escarabajo, coleóptero
La mariquita es un pequeño escarabajo rojo con manchas negras.

---

butterfly ['bʌtəflaɪ] *n*
Butterflies are beautiful.

mariposa
Las mariposas son preciosas.

---

bee [biː] *n*
This honey comes from our own **bees**.

abeja
Esta miel proviene de nuestras propias abejas.

---

wasp [wɒsp] *n*
Lots of people get stung by **wasps**.

avispa
Muchas personas sufren picaduras de avispa.

---

sting [stɪŋ] *v/i, v/t*
⚠ **stung** [stʌŋ], **stung** [stʌŋ]
Some insects, such as bees and wasps, **sting**.

picar, punzar

Algunos insectos, como las abejas y las avispas, pican.

---

snake [sneɪk] *n*
A big **snake** can swallow a mouse in one piece.

serpiente, culebra
Una serpiente grande puede tragarse a un ratón entero.

---

worm [wɜːm] *n*
Birds feed their young on **worms** and insects.

gusano, lombriz
Los pájaros alimentan a sus crías con gusanos e insectos.

Mundo vegetal

«1–2000»

plant [plɑːnt] *n*, *v/t*
Coffee is made from the fruits of the coffee **plant**.

planta, plantar, sembrar
El café se hace con los frutos de la planta del café.

tree [triː] *n*
Air pollution is killing our **trees**.

árbol
La contaminación atmosférica está acabando con nuestros árboles.

bush [bʊʃ] *n*
They have beautiful rose **bushes** in their garden.

arbusto
Tienen unos preciosos arbustos de rosas en el jardín.

grass [grɑːs] *n*
Cattle feed on **grass**.

hierba, césped, pasto
El ganado se alimenta de pasto.

leaf [liːf] *n*
⚠ *pl* **leaves** [liːvz]
In autumn most trees shed their **leaves**.

hoja

En otoño, a la mayoría de árboles se les caen las hojas.

fruit [fruːt] *n*
This is made from several tropical **fruits**.

fruto, fruta
Está hecho con varias frutas tropicales.

flower ['flaʊə] *n*
Roses are my favourite **flowers**.

flor
Las rosas son mis flores favoritas.

«2001–4000»

grow [grəʊ] *v/t*
⚠ **grew** [gruː], **grown** [grəʊn]
Cotton is **grown** in the American South.

cultivar

El algodón se cultiva en el sur de EE UU.

sow [səʊ] *v/t*
⚠ **sowed** [səʊd], **sown** [səʊn]
Wheat is **sown** several times a year.

sembrar

El trigo se siembra varias veces al año.

seed [siːd] *n*
You can buy grass and flower **seed** in paper bags.

semilla, simiente
Se pueden comprar semillas de hierba y de flores en bolsas de papel.

blossom ['blɒsəm] *n*
The cherry trees are in full **blossom**.

flor, flores
Los cerezos están llenos de flores.

harvest ['hɑːvɪst] *n*
On a small farm, all help with the **harvest**.

cosecha, recolección, siega
En una granja pequeña todos ayudan en la recolección.

crop [krɒp] *n*
America's farmers have the biggest wheat **crops** in the world.

cultivo, cosecha
Los agricultores de Norteamérica poseen los cultivos de trigo más grandes del mundo.

weed [wiːd] *n*
I have to do more garden work – there are so many **weeds**.

mala hierba, hierbajo
Tengo que dedicar más trabajo al jardín; hay mucha mala hierba.

hedge [hedʒ] *n*
There is a low **hedge** around our front garden.

seto
Tenemos un seto bajo alrededor del jardín delantero.

hay [heɪ] *n*
In winter farmers feed their cattle with **hay**.

heno
En invierno, los granjeros alimentan al ganado con heno.

grain [greɪn] *n*
The US exports most of its **grain**, mainly wheat. → *corn*

grano, cereales
EE UU exporta la mayoría de su grano, principalmente el trigo.

corn [kɔːn] *n*

The US is the world's greatest producer of **corn**.

grano, cereales, trigo (GB), maíz (US)
EE UU es el mayor productor de maíz del mundo.

☞ *En EE UU,* **corn** *significa sólo 'maíz'. En Gran Bretaña,* **corn** *significa 'trigo', 'cereales' o 'grano' en general y se usa* **maize** [meɪz] *para referirse al maíz. Sin embargo, las palomitas de maíz o rosetas se llaman en todas partes* **popcorn.**

wheat [wiːt] *n*
White bread is made from **wheat**.

trigo
El pan blanco se hace con trigo.

trunk [trʌŋk] *n*
In rainforests there are lots of fallen tree **trunks**.

tronco
En las selvas tropicales hay muchos troncos de árboles caídos.

branch [brɑːntʃ] *n*
The **branches** of the apple trees are heavy with fruit.

rama
Las ramas de los manzanos están cargadas de fruta.

root [ruːt] *n*
You must pull out the weeds by the **roots**.

raíz
Hay que arrancar las malas hierbas de raíz.

mushroom ['mʌʃruːm] *n*
Some **mushrooms** are edible, but others are poisonous.

seta, hongo, champiñón
Algunas setas son comestibles, pero otras son venenosas.

La Tierra y el Universo

«1–2000»

world [wɜːld] *n*
It is a creature from another **world**.

mundo
Es un ser de otro mundo.

moon [muːn] *n*
There's no life on the **moon**.

luna
No hay vida en la Luna.

earth [ɜːθ] *n*
The distance between the moon and the **earth** is about 240,000 miles.

tierra
La distancia entre la Luna y la Tierra es de unas 240.000 millas (400.000 km).

star [stɑː] *n*
It was a clear sky and the **stars** were shining.

estrella, astro
El cielo estaba despejado y las estrellas brillaban.

sun [sʌn] *n*
Children shouldn't stay in the **sun** too long.

sol
Los niños no deberían pasar mucho rato al sol.

shine [ʃaɪn] *v/i*
⚠ **shone** [ʃɒn], **shone** [ʃɒn]
The sun **shines** 189 days a year in Phoenix, Arizona.

brillar, relucir, resplandecer

El sol brilla 189 días al año en Phoenix, Arizona.

sky [skaɪ] *n*
The **sky** was blue and the sun was shining. → *heaven*

cielo
El cielo estaba azul y el sol brillaba.

north [nɔːθ] *n, adj, adv opp:*
south
Liverpool is in the **north** of England.
Canada is **north** of the USA.

norte, del norte, septentrional, al norte
Liverpool está en el norte de Inglaterra.
Canadá queda al norte de EE UU.

south [saʊθ] *n, adj, adv opp:*
north
Miami is in the **south** of Florida.

sur, del sur, meridional, al sur

Miami está en el sur de Florida.

east [iːst] *n, adj, adv, opp:* west

Detroit is **east** of Chicago.

este, oriente, del este, oriental, al este
Detroit se encuentra al este de Chicago.

---

west [west] *n, adj, adv, opp:* east

The sun sets in the **west**.

oeste, occidente, del oeste, occidental, al oeste
El sol se pone por el oeste.

---

sea [siː] *n syn:* ocean
Oil spills pollute the **sea** and the beaches.

mar
Las fugas de petróleo contaminan el mar y las playas.

---

ocean [ˈəʊʃn] *n syn:* sea
Lindbergh flew solo across the **ocean** from New York to Paris in 1927.

océano
Lindbergh cruzó el océano volando en solitario desde Nueva York hasta París en 1927.

---

map [mæp] *n*
I'll show you on this **map** where we are now.

mapa, plano
Te enseñaré en este mapa dónde estamos ahora.

«2001–4000»

---

space [speɪs] *n*
Yuri Gagarin was the first man in **space** (⚠ no: the space).

espacio
Yuri Gagarin fue el primer hombre en salir al espacio.

---

universe [ˈjuːnɪvɜːs] *n*
We are part of the **universe**.

universo
Somos parte del universo.

---

planet [ˈplænɪt] *n*
The earth is called "the blue **planet**".

planeta
A la Tierra se la llama "el planeta azul".

---

rise [raɪz] *v/i opp:* set
⚠ **rose** [rəʊz], **risen** [ˈrɪzn]
The sun **rises** in the east.

salir (el sol)

El sol sale por el este.

---

set [set] *v/i opp:* rise
⚠ **set** [set], **set** [set]
In winter the sun **sets** in the afternoon.

ponerse (el sol)

En invierno el sol se pone a media tarde.

---

sunrise [ˈsʌnraɪz] *n opp:* sunset
Vampires have to be back in their coffins by **sunrise**.

salida del sol
Los vampiros deben volver a sus ataúdes antes de la salida del sol.

sunset ['sʌnset] *n opp:* sunrise
I must be home before **sunset**.

puesta del sol, ocaso
Tengo que estar en casa antes de la puesta del sol.

ray [reɪ] *n syn:* beam
It's dangerous to expose fair skin to the sun's **rays**.

rayo
Es peligroso exponer la piel delicada a los rayos de sol.

pole [pəʊl] *n*
The earth has two **poles** - the North Pole and the South Pole.

polo
La Tierra tiene dos polos; el Polo Norte y el Polo Sur.

continent ['kɒntɪnənt] *n*
Australia was the last **continent** to be discovered.

continente
Australia fue el último continente en ser descubierto.

land [lænd] *n*
Columbus' crew sighted **land** on 12 October, 1492.
To raise cattle you need a lot of **land**.

tierra, terreno, campo
La tripulación de Colón avistó tierra el 12 de octubre de 1492.
Se necesita mucho terreno para criar ganado.

northern ['nɔːðən] *adj opp:* southern
There are few people in the **northern** regions of Canada.

del norte, septentrional, norteño
En las regiones del norte de Canadá vive poca gente.

southern ['sʌðən] *adj opp:* northern
Most British seaside resorts are found in the **southern** regions of England.

del sur, meridional, sureño

La mayoría de los puntos marítimos de veraneo en Gran Bretaña se encuentran en las regiones del sur de Inglaterra.

eastern ['iːstən] *adj opp:* western
There is more rain in the **eastern** regions of the US.

del este, oriental

En las regiones del este de EE UU llueve más.

western ['westən] *adj opp:* eastern
Some of the **western** states of the US are nearly all desert.

del oeste, occidental

Algunos estados del oeste de EE UU están casi completamente desiertos.

tide [taɪd] *n*
Swimmers must be careful because of the **tides**.

marea
Los nadadores deben ir con cuidado con las mareas.

low tide [ˌləʊ 'taɪd] *n opp:* high tide
Swimming can be dangerous at **low tide**.

bajamar, marea baja

Cuando hay bajamar, nadar puede ser peligroso.

high tide [ˌhaɪ ˈtaɪd] *n opp:* low tide
High tide is at 9 a.m. tomorrow.

pleamar, marea alta
Mañana a las nueve de la mañana hay marea alta.

EL TIEMPO Y EL CLIMA

«1–2000»

weather [ˈweðə] *n*
The **weather's** too mild for snow. → *whether*

tiempo
El tiempo es demasiado suave para que nieve.

temperature [ˈtemprətʃə] *n*
You must drink a lot when the **temperatures** are so high.

temperatura
Hay que beber mucho cuando las temperaturas son tan altas.

snow [snəʊ] *n, v/i*
We had hardly any **snow** last winter – it was too mild.

nieve, nevar
Casi no tuvimos nieve el pasado invierno; fue demasiado suave.

freeze [friːz] *v/i, v/t*
⚠ **froze** [frəʊz], **frozen** [ˈfrəʊzn]
Water begins to **freeze** at 0° Celsius.

helar(se), congelar(se)

El agua empieza a congelarse a los 0 °C.

wind [wɪnd] *n*
I'd like to go sailing but there isn't enough **wind**.

viento
Me gustaría ir a navegar pero no hace suficiente viento.

storm [stɔːm] *n*
The boat got into a **storm** and sank.

tormenta, tempestad, temporal
El bote se vio envuelto en una tempestad y se hundió.

blow [bləʊ] *v/i, v/t*
⚠ **blew** [bluː], **blown** [bləʊn]
The strong wind **blew** the rainclouds away.

soplar, llevar(se) (el viento)

El fuerte viento se llevó los nubarrones.

cloud [klaʊd] *n*
The sky was blue and there were no **clouds**.

nube
El cielo estaba azul y no había nubes.

fog [fɒg] *n*
The plane could not take off due to **fog**.

niebla
El avión no podía despegar debido a la niebla.

rain [reɪn] *n, v/i*
It's been so hot and dry – we need some **rain**.
You can't go to the beach – it's still **raining**.

lluvia, llover
Hemos tenido calor y sequedad; necesitamos algo de lluvia.
No puedes ir a la playa; todavía está lloviendo.

shower [ˈʃaʊə] *n*

The weather was fine except for a few **showers**.

chaparrón, chubasco, aguacero

Excepto por algunos chaparrones, hacía buen tiempo.

«2001–4000»

climate [ˈklaɪmɪt] *n*

The ozone hole is expected to cause major changes in the **climate**.

clima

Se prevé que el agujero en la capa de ozono causará grandes cambios en el clima.

sunshine [ˈsʌnʃaɪn] *n opp:* rain

We had a lot of **sunshine** and very little rain.

sol, luz del sol

Tuvimos mucho sol y muy poca lluvia.

sunny [ˈsʌnɪ] *adj opp:* rainy

It will be mostly **sunny** with a few showers.

soleado, bañado de sol, iluminado por el sol

El tiempo será principalmente soleado con algunos chubascos.

mist [mɪst] *n*

The sun came out and the **mist** disappeared.

niebla, neblina, bruma

Salió el sol y la neblina desapareció.

rainy [ˈreɪnɪ] *adj opp:* sunny

The weather was great – we didn't have a single **rainy** day.

lluvioso, de lluvia

El tiempo fue fantástico; no tuvimos ni un solo día de lluvia.

frost [frɒst] *n*

There was a hard **frost** that killed several young trees.

helada, escarcha

Hubo una fuerte helada que mató a varios árboles jóvenes.

thunderstorm [ˈθʌndəstɔːm] *n*

The plane got into a **thunderstorm** and was struck by lightning.

tormenta, tronada

El avión se vio envuelto en una tormenta y fue alcanzado por un rayo.

thunder [ˈθʌndə] *n, v/i*

The hot day ended with **thunder** and lightning.

trueno, tronar

El caluroso día terminó con rayos y truenos.

lightning [ˈlaɪtnɪŋ] *n*

The farmhouse was struck by **lightning** and caught fire.

relámpago, rayo

La hacienda fue alcanzada por un rayo y se incendió.

flash [flæʃ] *n*

I saw a **flash** of lightning and heard thunder at the same time.

destello, ráfaga, relámpago

Vi la ráfaga de un relámpago y oí el trueno a la vez.

PROBLEMAS MEDIOAMBIENTALES

«1–2000»

environment [ɪnˈvaɪərənmənt] n

Oil pollutes the **environment** more than anything else.

medio ambiente, ambiente, entorno
El petróleo contamina el medio ambiente más que ninguna otra cosa.

---

pollution [pəˈluːʃn] n
Fewer cars mean less **pollution** of the air.

contaminación, polución
Menos coches significa menos contaminación atmosférica.

---

pollute [pəˈluːt] v/t
Oil tanker accidents **pollute** the sea and beaches.

contaminar, ensuciar
Los accidentes de petroleros contaminan el mar y las playas.

---

smoke [sməʊk] n
Coal-fired power stations give off a lot of **smoke**.

humo
Las centrales eléctricas que queman carbón despiden mucho humo.

---

waste [weɪst] n syn: rubbish, garbage
To avoid **waste**, more materials must be recycled and reused.

desechos, residuos, vertidos, desperdicios
Para evitar la generación de desechos hay que reciclar y reutilizar más materiales.

«2001–4000»

smog [smɒg] n

To fight **smog**, cars should be banned from city centres.

niebla con humo, calina, niebla tóxica
Para combatir la niebla tóxica habría que prohibir la circulación por el centro de las ciudades.

---

acid rain [ˌæsɪd ˈreɪn] n
Acid rain is killing our forests.

lluvia ácida
La lluvia ácida está acabando con nuestros bosques.

---

dump [dʌmp] n, v/t

No chemical waste is allowed at the city **dump**.

Waste paper ought to be recycled rather than **dumped**.

vertedero, basurero, *LA* botadero, deshacerse de, tirar
Los residuos químicos no están permitidos en los vertederos de la ciudad.
El papel viejo tendría que ser reciclado en lugar de tirarlo.

recycle [ˌriː'saɪkl] v/t
This book is made from **recycled** paper only.

reciclar
Este libro está hecho sólo con papel reciclado.

alternative [ɔːl'tɜːnətɪv] adj
We must use more **alternative** forms of energy.

alternativo
Debemos usar más formas de energía alternativa.

catalytic converter [ˌkætə'lɪtɪk kən'vɜːtə] n
A car with a **catalytic converter** causes less air pollution.

catalizador

Un coche con catalizador provoca menos contaminación atmosférica.

unleaded [ˌʌn'ledɪd] adj syn: lead-free, opp: leaded
Unleaded fuel is less harmful to the environment.

sin plomo

El combustible sin plomo es menos perjudicial para el medio ambiente.

Técnica y materiales

«1–2000»

energy ['enədʒɪ] n syn: power
A quarter of the world's population uses 85% of the world's **energy** supply.

energía
Una cuarta parte de la población mundial usa el 85% del suministro mundial de energía.

power ['paʊə] n syn: energy, electricity
Switzerland gets most of its energy from water **power**.

energía, fuerza, electricidad

Suiza obtiene la mayor parte de su energía de la fuerza hidráulica.

electricity [ɪˌlek'trɪsətɪ] n syn: power
Electricity is produced by a battery or a generator.

electricidad

La electricidad se produce con una batería o un generador.

machine [mə'ʃiːn] n
Huge **machines** are used in modern road building.

Please use the ticket **machines** for local trains.

máquina, aparato
En la construcción de carreteras se utilizan hoy en día máquinas enormes.
Por favor, usen las máquinas expendedoras de billetes para los trenes de cercanías.

engine ['endʒɪn] *n*
The diesel **engine** was invented in the late 19th century.
The introduction of the steam **engine** started the Industrial Revolution.

motor, máquina
El motor diesel se inventó a finales del siglo diecinueve.
La introducción de la máquina de vapor dio inicio a la Revolución Industrial.

motor ['məʊtə] *n*
Electric **motors** are technically simpler than petrol engines and cause less pollution.

motor
Los motores eléctricos son técnicamente más sencillos que los motores de gasolina y contaminan menos.

line [laɪn] *n*
The storm disconnected all the telephone **lines**.

línea
La tormenta desconectó todas las líneas telefónicas.

pump [pʌmp] *n*, *v/t*
The first working steam engine drove a **pump** which **pumped** water out of a coal mine.

bomba, bombear
La primera máquina de vapor impulsaba una bomba que bombeaba el agua de una mina de carbón.

pipe [paɪp] *n syn:* tube
The latest cold spell caused lots of burst **pipes**.

tubería, cañería, conducto
La última ola de frío hizo reventar muchas tuberías.

spring [sprɪŋ] *n*
The **springs** of this mattress must be repaired.

resorte, muelle
Hay que reparar los muelles de este colchón.

work [wɜːk] *v/i*
If the starter doesn't **work**, first check the battery.

funcionar
Si el motor de arranque no funciona, comprueba primero la batería.

«2001–4000»

technology [tek'nɒlədʒɪ] *n*
Technology (⚠ no: technique) is applied science.

tecnología
La tecnología es ciencia aplicada.

technique [tek'niːk] *n syn:* method
They are working on a new **technique** for preserving food.

técnica
Están trabajando en una nueva técnica para conservar la comida.

technical [ˈteknɪkl] *adj*
The start was delayed for **technical** reasons.

técnico
El despegue sufrió un retraso por causas técnicas.

technological [ˌteknəˈlɒdʒɪkl] *adj*
A lot of people think that the computer is the greatest **technological** advance since the steam engine.

tecnológico
Mucha gente piensa que la computadora es el mayor avance tecnológico desde la máquina de vapor.

engineering [ˌendʒɪˈnɪərɪŋ] *n*
Genetic **engineering** is still a controversial subject.

ingeniería
La ingeniería genética todavía es un tema controvertido.

mechanical [mɪˈkænɪkl] *adj*
A **mechanical** (⚠ no: mechanic) watch must be wound regularly.

mecánico
A un reloj mecánico hay que darle cuerda con regularidad.

electric(al) [ɪˈlektrɪk(l)] *adj*
I got an **electric** shock when I touched the wire.
Power stations supply **electrical** energy.

eléctrico
Recibí una descarga eléctrica al tocar el cable.
Las centrales eléctricas suministran energía eléctrica.

current [ˈkʌrənt] *n*
The red button switches the **current** on.

corriente, fluido
El botón rojo enciende la corriente.

electronic [ɪˌlekˈtrɒnɪk] *adj*
All our accounting is done by **electronic** data processing.

electrónico
Toda nuestra contabilidad se lleva a cabo mediante procesamiento de datos electrónico.

nuclear [ˈn(j)uːklɪə] *adj syn:* atomic
Nuclear power is produced by the splitting of the atom.

nuclear
La energía nuclear se produce por la desintegración del átomo.

power station [ˈpaʊə ˌsteɪʃn] *n*
Coal-fired **power stations** cause a lot of air pollution.

central eléctrica
Las centrales eléctricas alimentadas por carbón causan mucha contaminación atmosférica.

solar [ˈsəʊlə] *adj*
Solar power is free and practically unlimited.

solar
La energía solar es gratuita y prácticamente ilimitada.

wire [ˈwaɪə] *n*
If you touch this **wire**, you'll get a shock!

cable, alambre
Si tocas este cable recibirás una descarga.

cable ['keɪbl] n
This **cable** connects the printer to the computer.

cable
Este cable conecta la impresora a la computadora.

tube [tjuːb] n
Most fluorescent **tubes** give off a hard white light.

tubo
La mayoría de los tubos fluorescentes despiden una luz blanca muy fuerte.

bar [bɑː] n
We fitted iron **bars** to our basement windows.

barra
Hemos colocado barras de hierro en las ventanas del sótano.

scale [skeɪl] n
This thermometer has one **scale** in Celsius and one in Fahrenheit.

escala
Este termómetro tiene una escala en grados centígrados y otra en Fahrenheit.

pressure ['preʃə] n
The **pressure** of the natural gas or water presses the crude oil to the surface.

presión
La presión del gas natural o del agua empuja el crudo hacia la superficie.

switch [swɪtʃ] n, v/t

This is the **switch**. You use it to **switch** the computer on or off.
→ off

interruptor, botón, encender,
LA **prender**
Éste es el interruptor. Se usa para encender o apagar la computadora.

control [kən'trəʊl] v/t syn: regulate
In an automated production line computers **control** the machine, and robots check the products.

controlar, manejar, regular

En una cadena de producción automatizada, las computadoras controlan la maquinaria y los robots comprueban los productos.

regulate ['regjuːleɪt] v/t syn: control
A thermostat automatically **regulates** the temperature.

regular, arreglar, ajustar

Un termostato regula la temperatura automáticamente.

operate ['ɒpəreɪt] v/t syn: work
This huge machine is **operated** by only one man.

manejar
Esta enorme máquina está manejada por un solo hombre.

rust [rʌst] n, v/i

Rust will eat away the paint and then the metal.

óxido, herrumbre, moho,
oxidarse, corroerse
El óxido corroerá la pintura y después el metal.

COMPUTADORAS

«1–2000»

computer [kəm'pjuːtə] *n*
An office without a **computer** is almost unthinkable now.

ordenador, computadora
Una oficina sin computadora es casi impensable hoy en día.

hardware ['hɑːdweə] *n opp:* software
Computer **hardware**, such as monitors and printers, has become cheaper.

hardware, soporte físico

El hardware, como por ejemplo los monitores y las impresoras, es ahora más barato.

software ['sɒftweə] *n opp:* hardware
They offer excellent **software** – as for example a new word processing program.

software, logicial, soporte lógico
Ofrecen un software excelente, como por ejemplo un nuevo programa procesador de textos.

data ['deɪtə] *n*
The keyboard is used to enter **data** into the computer.

datos, información
El teclado se usa para introducir datos en el ordenador.

e-mail ['iːmeɪl] *n*
Communicating by **e-mail** is very common nowadays.

e-mail, correo electrónico
Comunicarse por e-mail es muy corriente hoy en día.

menu ['menjuː] *n*
The **menu** shows you which operations you can choose from.

menú
El menú muestra las operaciones entre las que se puede elegir.

monitor ['mɒnɪtə] *n*
Brian bought a new **monitor**.

pantalla, monitor
Brian se ha comprado un monitor nuevo.

printer ['prɪntə] *n*
The **printer** is usually connected to a computer by a cable.

impresora
La impresora suele estar conectada a la computadora mediante un cable.

«2001–4000»

personal computer [ˌpɜːsənəl kəm'pjuːtə], **PC** [ˌpiː'siː] *n*
A workstation usually consists of a desk with a **personal computer** for a single person.

ordenador personal, computadora, PC
Una estación de trabajo suele consistir en un escritorio con una computadora para el uso de una sola persona.

keyboard ['kiːbɔːd] n
This is a new ergonomic **keyboard**.

teclado
Éste es un nuevo teclado ergonómico.

mouse [maʊs] n
This **mouse** doesn't work very well.

ratón
Este ratón no funciona bien.

floppy disk [ˌflɒpɪ 'dɪsk] n syn: diskette, opp: hard disk
Floppy disks can store data.

disquete, diskette, disco flexible, floppy
Los disquetes pueden almacenar datos.

hard disk [ˌhɑːd 'dɪsk] n opp: floppy disk
A **hard disk** can store more data than a floppy disk.

disco duro

Un disco duro puede almacenar más datos que un disquete.

word processing ['wɜːd ˌprəʊsesɪŋ] n
You use **word processing** programs for typing letters.

tratamiento de textos

Para escribir cartas se usa un programa de tratamiento de textos.

file [faɪl] n
Copy all **files** from the hard disk onto a diskette.

archivo, fichero
Copia todos los archivos del disco duro en un diskette.

MATERIALES

«1–2000»

hard [hɑːd] adj opp: soft
Diamonds are **harder** than steel.

duro, sólido, firme
Los diamantes son más duros que el acero.

soft [sɒft] adj opp: hard
Lead is one of the **softest** metals.

blando, flojo
El plomo es uno de los metales más blandos.

dry [draɪ] adj opp: wet
Wait until the paint is completely **dry**.

seco
Espera hasta que la pintura esté completamente seca.

wet [wet] adj opp: dry
Careful, the paint is still **wet**!

húmedo, mojado, fresco
¡Cuidado, la pintura todavía está fresca!

smooth [smuːð] adj opp: rough
Sand the surface until it's perfectly **smooth**.

liso, terso, suave, llano
Lija la superficie hasta que quede completamente lisa.

rough [rʌf] *adj opp:* smooth
Tweed is a **rough** woollen cloth.

áspero, rugoso, basto
El *tweed* es un tejido de lana áspera.

---

powder ['paʊdə] *n*
Cement is a grey **powder**.

polvo, polvos
El cemento es un polvo gris.

---

from [frɒm] *prep syn:* (out) of
Recycled paper is made **from** waste paper.

de, con
El papel reciclado se hace con papel usado.

(out) of [(aʊt)ɒv] *prep*
Corks are made **(out) of** the bark of the cork oak.

de, con
Los corchos están hechos de corteza de alcornoque.

---

real [rɪəl] *adj*
I think it's glass and not a **real** diamond.

auténtico, verdadero, real
Creo que es cristal, no un diamante auténtico.

---

wood [wʊd] *n*
These chairs are all **wood**.

madera
Estas sillas son todas de madera.

---

wooden ['wʊdn] *adj*
Nothing beats **wooden** floors for a cosy atmosphere.

de madera
Nada supera a un suelo de madera para crear un ambiente acogedor.

---

stone [stəʊn] *n*
The cottage has a wooden roof and **stone** walls.

piedra
La casita tiene el tejado de madera y las paredes de piedra.

---

coal [kəʊl] *n*
Oil, **coal** and natural gas are fossil fuels.

carbón, hulla
El petróleo, el carbón y el gas natural son combustibles fósiles.

---

oil [ɔɪl] *n*
Spilt **oil** (⚠ no: petrol) pollutes the sea and beaches for years.

petróleo
Las fugas de petróleo contaminan el mar y las playas durante años.

---

gas [gæs] *n*
We heat our home with **gas**, but we cook with electricity.

gas
Calentamos la casa con gas pero cocinamos con electricidad.

---

cotton ['kɒtn] *n*
Cotton is more comfortable to wear than synthetics.

algodón
El algodón es más cómodo de llevar que las fibras sintéticas.

---

wool [wʊl] *n*
The best **wool** comes from sheep in Scotland.

lana
La mejor lana proviene de las ovejas de Escocia.

---

woollen, *US* **woolen** ['wʊlən] *adj*
It might be wise to take a **wool(l)en** sweater.

de lana
Quizás sería conveniente llevar un jersey de lana.

metal ['metl] n
Gold and silver are precious **metals**.

metal
El oro y la plata son metales preciosos.

gold [gəʊld] n
A goldsmith makes **gold** into jewellery.

oro
Un orfebre convierte el oro en joyas.

silver ['sɪlvə] n
Sterling **silver** has a fineness of 0.925.

plata
La plata de ley tiene una pureza de 0,925.

«2001–4000»

material [mə'tɪərɪəl] n syn: substance
Modern industry mainly uses man-made **materials**.

material, materia
La industria moderna usa principalmente materiales sintéticos.

substance ['sʌbstəns] n syn: material
Car exhaust gases contain lots of toxic **substances**.

sustancia, materia
Los gases de escape de los automóviles contienen muchas sustancias tóxicas.

fuel ['fjuːəl] n
Fossil **fuels**, such as oil, are too precious to be burned.

combustible, carburante
Los combustibles fósiles como el petróleo son demasiado valiosos para ser quemados.

solid ['sɒlɪd] adj opp: liquid
This stove runs on coal or any other **solid** fuel.

sólido
Esta estufa funciona con carbón o con cualquier otro combustible sólido.

liquid ['lɪkwɪd] n, adj opp: solid
The measure of **liquids** in Spain is the litre.
Candles are made by pouring **liquid** wax into a mould.

líquido
La unidad de medida para líquidos en España es el litro.
Las velas se hacen vertiendo cera líquida en un molde.

solid ['sɒlɪd] adj
This cupboard is made of **solid** oak.

macizo
Este armario está hecho de roble macizo.

chemical ['kemɪkl] n, adj

Our rivers and lakes are heavily polluted by **chemicals**.

Chemical weapons must be internationally banned.

sustancia química, producto químico, químico
Nuestros ríos y lagos están gravemente contaminados por sustancias químicas.
Las armas químicas tienen que prohibirse a nivel internacional.

artificial [ˌɑːtɪˈfɪʃl] *adj opp:*
natural
Artificial flowers are made of plastic or silk.

artificial, postizo
Las flores artificiales se hacen con plástico o con seda.

pure [pjʊə] *adj*
This sweater is made of **pure** cashmere.

puro
Este jersey está hecho de puro cachemir.

mix [mɪks] *v/t*
You get concrete by **mixing** sand, stones, cement and water.

mezclar, combinar
Se consigue hormigón mezclando arena, piedras, cemento y agua.

mixture [ˈmɪkstʃə] *n*
Smog is a **mixture** of smoke and fog.

mezcla
El *smog* es una mezcla de humo y niebla.

iron [ˈaɪən] *n, adj*
Concrete is made stronger by **iron**.

hierro
El hormigón se hace más resistente con hierro.

steel [stiːl] *n*
Iron is turned into **steel** in a steelworks.

acero
En una fábrica siderúrgica se transforma el hierro en acero.

tin [tɪn] *n*
Tin cans should not be dumped, but recycled.

estaño, hojalata
Las latas de estaño no deberían tirarse sino que deberían ser recicladas.

copper [ˈkɒpə] *n*
Electric wire is made of **copper**.

cobre
El cable eléctrico está hecho de cobre.

lead [led] *n*
Lead is a soft grey heavy metal.

plomo
El plomo es un metal gris, blando y pesado.

rubber [ˈrʌbə] *n*
Tyres, balls, condoms and many other articles are made of **rubber**.

goma, caucho, *LA* **hule**
Los neumáticos, los balones, los preservativos y muchos otros artículos están hechos de goma.

plastic [ˈplæstɪk] *n*
Credit cards are often called **plastic** money.

plástico
A las tarjetas de crédito se las suele llamar dinero de plástico.

cloth [klɒθ] *n*
Blue jeans are made of a strong cotton **cloth**.

paño, tela
Los tejanos están hechos de una tela fuerte de algodón.

silk [sɪlk] *n*
Silk and cashmere are among the most expensive fabrics.

seda
La seda y el cachemir se encuentran entre los tejidos más caros.

leather ['leðə] n
Motorcyclists wear **leather** clothes for protection.

cuero, piel
Los motociclistas llevan ropa de cuero como protección.

---

fibre, US **fiber** ['faɪbə] n
Nylon was one of the first synthetic **fibres**.

fibra
El nailon fue una de las primeras fibras sintéticas.

---

brick [brɪk] n
The old court house is built of red **brick**.

ladrillo
El antiguo palacio de justicia está construido con ladrillo rojo.

---

concrete ['kɒŋkriːt] n
Modern architecture uses mainly **concrete**, glass and steel.

hormigón
La arquitectura moderna usa principalmente hormigón, vidrio y acero.

Comer y beber

GENERALIDADES

«1–2000»

food [fuːd] n
We must produce enough **food** to fight hunger in the world.

comida, alimentos, comestibles
Tenemos que producir suficiente comida para combatir el hambre en el mundo.

---

eat [iːt] v/i, v/t
⚠ **ate** [eɪt], **eaten** ['iːtn]
You'll get fat if you **eat** so much.

comer, tomar

Vas a engordar si sigues comiendo tanto.

---

drink [drɪŋk] v/i, v/t
⚠ **drank** [dræŋk], **drunk** [drʌŋk]
Americans **drink** a lot of water with their meals.

beber, tomar

Los norteamericanos beben mucha agua en las comidas.

---

have [hæv] v/t
⚠ **had** [hæd], **had** [hæd]
I usually **have** tea for breakfast.
I just **had** a sandwich for lunch.

tomar, comer, beber

Suelo tomar té para desayunar.
Acabo de comer un bocadillo para almorzar.

---

hungry ['hʌŋgrɪ] adj opp: thirsty
I'm so **hungry** – what's for supper?

hambriento, que tiene hambre
Tengo mucha hambre, ¿qué hay para cenar?

hunger ['hʌŋgə] *n opp:* thirst
In Africa people die of **hunger** every minute.

hambre
En África, cada minuto muere gente de hambre.

thirsty ['θɜːstɪ] *adj opp:* hungry
Working in this heat makes you **thirsty**.

sediento, que tiene sed
Trabajar con este calor hace que tengas sed.

thirst [θɜːst] *n opp:* hunger
I had quite a **thirst** after jogging for an hour.

sed
Tenía bastante sed después de hacer footing durante una hora.

meal [miːl] *n*
Dinner is usually the main **meal** of the day in the USA.

comida
En EE UU, la cena suele ser la principal comida del día.

breakfast ['brekfəst] *n*
Do you have tea or coffee for **breakfast**? → *dinner*

desayuno
¿En el desayuno tomas té o café?

☞ **breakfast, lunch, dinner** y **supper**, *precedidas de* **have**, *significan 'desayunar', 'comer' y 'cenar':* **When do you usually have supper?** *(¿Cuándo sueles cenar?).*

lunch [lʌntʃ] *n*
For **lunch** I usually have a salad or a sandwich. → *dinner*

almuerzo, comida
En el almuerzo suelo tomar una ensalada o un bocadillo.

dinner ['dɪnə] *n*
Dinner will be served at 9 p.m.

cena
La cena se servirá a las 9 de la tarde.

dish [dɪʃ] *n*
Paella is my favourite rice **dish**.

plato
La paella es mi plato de arroz favorito.

«2001–4000»

appetite ['æpɪtaɪt] *n*
Eating before meals will spoil your **appetite**.

apetito, ganas
Comer antes de las comidas quita el apetito.

☞ *No hay ninguna expresión que equivalga a la española '¡Buen provecho!'. Sin embargo, se oye con frecuencia – sobre todo en EE UU – la locución* **Enjoy (your meal)!**

flavour, *US* flavor ['fleɪvə] *n syn:*
taste
This dish has the typical **flavour**
of Italian food.

sabor, gusto

Este plato tiene el sabor típico
de la comida italiana.

chew [tʃuː] *v/t*
This meat is so tough I can't
chew it.

masticar
Esta carne está tan dura que no
puedo masticarla.

swallow ['swɒləʊ] *v/t*
Chew your food well before you
swallow it.

tragar(se), engullir, deglutir
Mastica bien la comida antes de
tragarla.

supper ['sʌpə] *n syn:* dinner
Small children usually go to bed
right after **supper**. → *dinner*

cena
Los niños pequeños suelen ir a la
cama justo después de la cena.

snack [snæk] *n*

I usually have coffee and a
snack during my lunch break.

**bocadillo, tentempié,
piscolabis**
En la pausa para comer suelo
tomar café y un tentempié.

dessert [dɪ'zɜːt] *n*
Would you like ice cream or fruit
for **dessert**?

postre
¿De postre desea helado o
fruta?

ALIMENTACIÓN

Varios

«1–2000»

bread [bred] *n*
For grilled cheese sandwiches
you need **bread**, cheese, butter
and mustard.

pan
Para hacer bocadillos calientes
de queso se necesita pan, queso, mantequilla y mostaza.

roll [rəʊl] *n*
A hot dog is a small sausage in a
split **roll**.

panecillo, *LA* **bolillo**
Un perrito caliente es un panecillo partido por la mitad con una
salchicha pequeña dentro.

milk [mɪlk] *n*
In Britain the **milk** is brought to
your door every morning.

leche
En Gran Bretaña cada mañana te
traen la leche a la puerta de casa.

butter ['bʌtə] *n*
Spread my toast with **butter** and
jam, please.

mantequilla
Unta mi tostada con mantequilla
y mermelada, por favor.

cream [kriːm] *n*

I prefer my coffee without sugar but with a lot of **cream**.

nata, crema de leche, *LA* **crema**

Prefiero mi café sin azúcar pero con mucha crema de leche.

cheese [tʃiːz] *n*

I want my pizza with tomato and **cheese** only.

queso

Quiero mi pizza sólo con queso y tomate.

egg [eg] *n*

A full English breakfast includes bacon and **eggs**.

huevo

Un desayuno inglés completo incluye tocino y huevos.

rice [raɪs] *n*

Rice is the most important food in Asia.

arroz

En Asia, el arroz es el principal alimento.

potato [pəˈteɪtəʊ] *n*
⚠ *pl* **potatoes** [pəˈteɪtəʊz]

I'd like a baked **potato** with my steak.

patata, papa

Desearía una patata al horno con el bistec.

soup [suːp] *n*

Would you like **soup** or a salad with your meal?

sopa, caldo

¿Desea sopa o ensalada con la comida?

jam [dʒæm] *n*

She likes her toast with butter and strawberry **jam** (⚠ no: marmalade).

mermelada, confitura

Le gusta tomar su tostada con mantequilla y mermelada de fresa.

☞ **marmalade** – *escrito con 'a' – es siempre mermelada de naranja u otros cítricos.*

---

cake [keɪk] *n*

I baked a **cake** for your birthday.

pastel, tarta, pasta, pastelillo, *LA* **queque**

He hecho una tarta para tu cumpleaños.

chocolate [ˈtʃɒklət] *n*

She ate a whole bar of **chocolate** and now she feels sick.

chocolate

Se comió una tableta de chocolate entera y ahora tiene náuseas.

ice cream [ˌaɪs ˈkriːm] *n*

In the USA many people prefer frozen yoghurt to **ice cream**.

helado, *LA* **sorbete**

En EE UU, mucha gente prefiere el yogur helado a un helado.

sweets [swiːts] *pl*

Eating **sweets** is bad for your teeth.

caramelos, dulces, golosinas

Comer golosinas es malo para los dientes.

sweet [swiːt] *adj opp:* bitter
This wine is **sweet** – don't you have a dry one?

dulce, azucarado
Este vino es dulce, ¿no tiene uno seco?

sugar ['ʃʊgə] *n opp:* salt
The tea's too sweet – I took too much **sugar**.

azúcar
El té está demasiado dulce. He puesto demasiado azúcar.

sour ['saʊə] *adj*
Keep the milk in the fridge or it'll go **sour**.

agrio
Guarda la leche en la nevera o se pondrá agria.

bitter ['bɪtə] *adj opp:* sweet
Coffee without sugar tastes **bitter**.

amargo
El café sin azúcar sabe amargo.

salt [sɒlt] *n*
Put some **salt** and oil in the water for the spaghetti.

sal
Pon un poco de sal y aceite en el agua de los espaguetis.

pepper ['pepə] *n*
There's salt and **pepper** on every table.

pimienta
Hay sal y pimienta en todas las mesas.

tin [tɪn] *n syn:* can
Instead of opening a **tin** you should use fresh vegetables.

lata, bote, *LA* **pote**
En lugar de abrir una lata deberías usar legumbres frescas.

☞ **tin** *se refiere a una lata para comida o conservas:* **a tin of sardines** *(una lata de sardinas),* **a tin of condensed milk** *(una lata de leche condensada).* **can** *es un recipiente tanto para conservas como para bebidas:* **a can of beans** *(una lata de alubias),* **a beer can** *(una lata de cerveza).*

---

can [kæn] *n syn:* tin *(GB)*
He took a **can** of beer out of the fridge.

lata, bote
Tomó una lata de cerveza de la nevera.

«2001–4000»

flour ['flaʊə] *n*
To bake a cake you need **flour**, eggs, sugar and butter.

harina
Para hacer un pastel se necesita harina, huevos, azúcar y mantequilla.

fat [fæt] *n*
Pork contains a lot of **fat**.

grasa
La carne de cerdo contiene mucha grasa.

cereal ['sɪərɪəl] *n*
Cereals such as cornflakes are often eaten for breakfast.

cereal
Los cereales, como por ejemplo los copos de maíz, se suelen tomar con el desayuno.

honey ['hʌnɪ] *n*
I use **honey** instead of sugar to sweeten my tea.

miel
Uso miel en lugar de azúcar para endulzar el té.

spice [spaɪs] *n*
Mexican food contains lots of pepper and other **spices**.

especia, *LA* **olor**
La comida mexicana contiene mucha pimienta y otras especias.

salad ['sæləd] *n*
All meals include soup or **salad**.

ensalada
Todos los menús incluyen sopa o ensalada.

pie [paɪ] *n*
Pies can be filled with fruit or meat.

pastel, tarta, *LA* **lay, empanada**
Los pasteles se pueden rellenar con fruta o con carne.

chips [tʃɪps] *pl*
Fish and **chips** are very popular in Britain.

patatas fritas, *LA* **papas fritas**
El pescado con patatas fritas es muy típico de Gran Bretaña.

☞ **chips** *es la denominación tradicional británica para referirse a las patatas fritas que se sirven en las hamburgueserías y que en EE UU se llaman* **French fries**. *Las patatas fritas crujientes que se suelen comprar en bolsa y se toman como aperitivo se llaman* **(potato) crisps** *en Gran Bretaña y* **(potato) chips** *en EE UU.*

Carnes y pescados

«1–2000»

meat [miːt] *n*
I'm not a vegetarian, but I don't like **meat**. I prefer fish.

carne
No soy vegetariano pero no me gusta la carne. Prefiero el pescado.

pork [pɔːk] *n*

Jews and Muslims don't eat **pork**.

(carne de) cerdo, *LA* **(carne de) chancho**
Los judíos y los musulmanes no comen carne de cerdo.

beef [biːf] *n*

A lot of **beef** is needed for the big hamburger chains.

carne de vaca, carne de vacuno, *LA* **carne de res**
Las grandes cadenas de hamburgueserías necesitan mucha carne de vacuno.

chicken ['tʃɪkɪn] *n*
My mother fed me **chicken** soup when I was ill.

pollo
Mi madre me alimentaba con sopa de pollo cuando estaba enfermo.

sausage ['sɒsɪdʒ, *US* 'sɔːsɪdʒ] *n*
Frankfurters are small reddish smoked **sausages**.

salchicha, embutido
Las salchichas de Frankfurt son pequeñas salchichas ahumadas de color rojizo.

«2001–4000»

seafood ['siːfuːd] *n*
This restaurant specializes in shrimps and other **seafood**.

marisco(s)
Este restaurante está especializado en camarones y otros mariscos.

veal [viːl] *n*

A Wiener schnitzel is a breaded and fried **veal** cutlet.

(carne de) ternera, *LA* **añojo,** *LA* **novilla**
Un escalope es una chuleta de ternera empanada y frita.

lamb [læm] *n*
The British like roast **lamb** with mint sauce.

(carne de) cordero
A los ingleses les gusta el cordero asado con salsa de menta.

steak [steɪk] *n*
Would you like your **steak** rare, medium or well-done?

bistec, filete
¿Desea su bistec poco hecho, al punto o muy hecho?

chop [tʃɒp] *n*
We're having lamb **chops** with French fries and green beans.

chuleta, costilla
Hay chuletas de cordero con patatas fritas y judías verdes.

ham [hæm] *n*
In the USA, people often have **ham** and eggs for breakfast.

jamón
En EE UU se suele comer jamón y huevos para desayunar.

bacon ['beɪkən] *n*
Bacon and eggs is always included in a full English breakfast.

tocino, panceta, beicon
El tocino y los huevos siempre se incluyen en un desayuno inglés completo.

raw [rɔ:]
Food prepared with **raw** eggs can be dangerous.

crudo
La comida preparada con huevos crudos puede ser peligrosa.

lean [li:n] *adj opp:* fatty
Lean meat is said to be healthier than fatty meat.

magro
Dicen que la carne magra es más sana que la carne grasa.

tender ['tendə] *adj opp:* tough
Only very **tender** meat should be eaten as steaks.

tierno, blando
Sólo la carne muy tierna se debería comer como bistec.

tough [tʌf] *adj opp:* tender
Steaks get **tough** when cooked too long.

duro, estropajoso
Los bistecs se ponen duros si se cocinan durante mucho rato.

Frutas y verduras

«1–2000»

fruit [fru:t] *n*
You should eat less meat and more **fruit** and vegetables.

fruta(s)
Deberías comer menos carne y más frutas y verduras.

vegetables ['vedʒtəblz] *pl*

We grow our own potatoes, tomatoes and other **vegetables**.

verdura(s), legumbres, hortalizas
Cultivamos nuestras propias patatas, tomates y otras hortalizas.

apple ['æpl] *n*
An **apple** a day keeps the doctor away. (proverbio)

manzana
Una manzana al día mantiene alejado al médico (proverbio).

pear [peə] *n*
These are apples and **pears** from our own garden.

pera
Estas manzanas y peras son de nuestro propio huerto.

orange ['ɒrɪndʒ] *n*
Marmalade is made of **oranges** and other citrus fruits. → *jam*

naranja
La mermelada se hace con naranjas y otras frutas cítricas.

cherry ['tʃerɪ] *n*
Kirsch is a strong alcoholic drink made from **cherries**.

cereza
El kirsch es una fuerte bebida alcohólica hecha de cerezas.

nut [nʌt] *n*
I like my muesli ['mju:zlɪ] with lots of **nuts** and raisins.

fruto seco
Me gusta el muesli con muchos frutos secos y pasas.

☞ **nut** *es un término genérico que designa a la mayoría de los frutos secos con cáscara. Existen* **hazelnuts** *(avellanas),* **walnuts** *(nueces) o* **peanuts** *(cacahuetes, LA manís), entre otros.*

«2001–4000»

bean [biːn] *n*
Mexican chil(l)i is made from meat, **beans** and spices.

alubia, judía
El chile mexicano se hace con carne, alubias y especias.

pea [piː] *n*
For vegetables we'll have carrots and green **peas** from our garden.

guisante, *LA* **arveja,** *LA* **chícharo**
De verdura tomaremos zanahorias y guisantes de nuestro huerto.

carrot ['kærət] *n*
Rabbits love **carrots**.

zanahoria
A los conejos les encantan las zanahorias.

tomato [tə'mɑːtəʊ, *US* tə'meɪtəʊ] *n*
⚠ *pl* **tomatoes** [–təʊz]
I like spaghetti with **tomato** sauce.

tomate, *LA* **jitomate**

Me gustan los espaguetis con salsa de tomate.

lettuce ['letɪs] *n*
She made a mixed salad of **lettuce**, tomatoes and cucumbers.

lechuga
Hizo una ensalada mixta con lechuga, tomates y pepinos.

cabbage ['kæbɪdʒ] *n*
Sauerkraut is made from **cabbage**.

col, berza, repollo
El chucrut se hace con col.

onion ['ʌnjən] *n*
Cutting up **onions** makes my eyes water.

cebolla, *LA* **ascalonia,** *LA* **chalote**
Cortar cebollas hace que me lloren los ojos.

herb [hɜːb] *n*
I grow parsley, basil and other **herbs** in my garden.

hierba (fina)
En mi huerto cultivo perejil, albahaca y otras hierbas.

strawberry ['strɔːbərɪ] *n*
At Wimbledon spectators eat **strawberries** with cream.

fresa, fresón, *LA* **frutilla,** *LA* **fraga**
En Wimbledon los espectadores comen fresas con nata.

plum [plʌm] *n*

All cherries and **plums** have stones.

ciruela
Todas las cerezas y las ciruelas tienen hueso.

grapes [greɪps] *pl*
Grapes are used for making wine.

uva(s)
La uva se usa para hacer vino.

banana [bə'nɑːnə, *US* bə'nænə] *n*
Monkeys like **bananas**.

plátano, *LA* **banana**
A los monos les gustan los plátanos.

lemon ['lemən] *n*
Fried fish is served with slices of **lemon**.

limón
El pescado frito se sirve con rodajas de limón.

ripe [raɪp] *adj*
Don't eat these apples – they aren't **ripe** yet.

maduro
No comáis estas manzanas; todavía no están maduras.

Bebidas

«1–2000»

drink [drɪŋk] *n*
Let's go to a pub for a **drink**.

This restaurant sells soft **drinks** only.

bebida, trago, copa
Vayamos a un bar a tomar una copa.
Este restaurante sólo sirve bebidas sin alcohol.

tea [tiː] *n*
The British drink **tea** several times a day.

té
Los británicos toman té varias veces al día.

coffee ['kɒfɪ] *n*
Do you want tea or **coffee** for breakfast?

café
¿Para desayunar quiere té o café?

beer [bɪə] *n*
In a pub the British usually drink **beer**.

cerveza
En el pub, los británicos suelen tomar cerveza.

wine [waɪn] *n*
I'd like a glass of red **wine** with my spaghetti.

vino
Querría un vaso de vino tinto con los espaguetis.

bottle ['bɒtl] *n*
It's cheaper to order a **bottle**.

botella
Es más barato pedir una botella.

«2001–4000»

refreshment(s) [rɪˈfreʃmənts] *pl*
Refreshments will be served during the flight.

refresco, refrigerio
Se servirá un refrigerio durante el vuelo.

juice [dʒuːs] *n*
I like freshly-pressed orange **juice**.

zumo, jugo
Me gusta el zumo de naranja recién exprimido.

soft drink [ˈsɒft drɪŋk] *n opp:*
alcoholic drink
We don't sell beer or wine, but we do sell all kinds of **soft drinks**.

refresco, bebida sin alcohol

No vendemos ni cerveza ni vino, pero servimos todo tipo de bebidas sin alcohol.

alcohol [ˈælkəhɒl] *n*
Cocktails are mixed drinks usually containing **alcohol**.

alcohol
Los cócteles son bebidas combinadas que suelen contener alcohol.

dry [draɪ] *adj opp:* sweet
This wine's too sweet – don't you have a **dry** one?

seco
Este vino es demasiado dulce, ¿no tiene uno seco?

barrel [ˈbærəl] *n syn:* keg
I have to tap a new **barrel**.

barril, tonel, cuba
Tengo que poner la espita a un barril nuevo.

drunk [drʌŋk] *adj opp:* sober
He was so **drunk** he couldn't stand up straight.

borracho
Estaba tan borracho que no podía tenerse en pie.

PREPARACIÓN DE PLATOS

«1–2000»

boil [bɔɪl] *v/i, v/t*
Water **boils** at 100° Celsius.

hervir, cocer, *LA* **cocinar**
El agua hierve a 100 °C.

bake [beɪk] *v/t*

Shall we **bake** her a cake for her birthday?

cocer (al horno), hacer (al horno), hornear
¿Le hacemos un pastel para su cumpleaños?

fry [fraɪ] *v/t*
The steaks will get tough if you **fry** them too long.

freír
Los bistecs te quedarán duros si los fríes durante demasiado rato.

roast [rəʊst] *v/t, adj*

Roast the meat in the oven at 200° Celsius.

asar, tostar, asado, tostado
Asa la carne en el horno a 200 °C.

slice [slaɪs] n

She spread butter and jam on a **slice** of toast.

tajada, rodaja, lonja, loncha, rebanada
Untó de mantequilla y mermelada una rebanada de pan tostado.

drop [drɒp] n
Put a few **drops** of oil into the spaghetti water.

gota
Pon unas gotas de aceite en el agua de los espaguetis.

«2001–4000»

prepare [prɪˈpeə] v/t
I did the dishes while she was **preparing** dinner.

preparar
Yo fregué los platos mientras ella preparaba la cena.

stir [stɜː] v/t
She put sugar in her coffee and **stirred** it.

remover, agitar, revolver
Se puso el azúcar en el café y lo removió.

spread [spred] v/t
  spread [spred], **spread** [spred]
She **spread** butter on the bread.

untar, extender

Untó mantequilla en el pan.

VAJILLA Y CUBERTERÍA

«1–2000»

dish [dɪʃ] n
The waiter brought a large **dish** of spaghetti.

plato, fuente
El camarero trajo una gran fuente de espaguetis.

pot [pɒt] n
There's a **pot** of hot chili in the oven.
We ordered a **pot** of tea and biscuits.

olla, puchero, tetera, tarro
Hay una olla de chile caliente en el horno.
Pedimos té en una tetera y galletas.

pan [pæn] n
She fried bacon and eggs in a large iron (frying) **pan**.

cazuela, cacerola, perol, sartén
Frió el tocino y los huevos en una gran sartén de hierro.

plate [pleɪt] n

She put another pancake on his **plate**.

cup [kʌp] *n*
She poured some more tea in my **cup**.

glass [glɑːs] *n*
"Cheers!" he said and raised his **glass**.

fork [fɔːk] *n*
Children must learn how to eat with a knife and **fork**.

knife [naɪf] *n*
pl **knives** [naɪvz]
You need a sharp **knife** to cut this meat.

spoon [spuːn] *n*
A little milk and two **spoons** of sugar, please.

plato
Se puso otra tortita en el plato.

taza
Vertió un poco más de té en mi taza.

vaso, copa
"¡Salud!", dijo, y levantó su copa.

tenedor
Los niños deben aprender a comer con cuchillo y tenedor.

cuchillo

Se necesita un cuchillo afilado para cortar esta carne.

cuchara, cucharada
Un poco de leche y dos cucharadas de azúcar, por favor.

«2001–4000»

china ['tʃaɪnə] *n*
She laid the table with her best **china** and crystal glasses.

set [set] *n*

I got a 21-piece tea **set** for my birthday.

bowl [bəʊl] *n*
The waiter brought a dish of chop suey and a **bowl** of rice.

saucer ['sɔːsə] *n*
She laid the breakfast table with plates and cups and **saucers**.

kettle ['ketl] *n*
He put the **kettle** on to make tea.

lid [lɪd] *n*

porcelana
Preparó la mesa con su mejor porcelana y sus mejores copas de cristal.

juego (de mesa), servicio (de mesa)
Me regalaron un juego de té de 21 piezas por mi cumpleaños.

fuente, cuenco, bol, escudilla
El camarero trajo un plato de chop suey y un cuenco con arroz.

platillo
Puso la mesa para el desayuno con platos, tazas y platillos.

hervidor, tetera
Puso a calentar la tetera para hacer té.

Boil it for 10 minutes with the **lid** on.

handle ['hændl] n
I bought a heavy iron frying pan with a wooden **handle**.

tray [treɪ] n
Put the breakfast dishes on a **tray** and take it to the kitchen.

tablecloth ['teɪblklɒθ] n
Sorry, I've spilt some coffee on the **tablecloth**.

opener ['əʊpənə] n
Don't forget to take a bottle **opener** and a tin (US can) opener.

cork [kɔːk] n
He pulled out the champagne **cork** with a pop.

tapa, cobertera
Déjelo hervir durante 10 minutos con la tapa puesta.

mango, asa, asidero
Compré una pesada sartén de hierro con mango de madera.

bandeja, *LA* **charola**
Pon los platos del desayuno en una bandeja y llévala a la cocina.

mantel
Lo siento, he derramado un poco de café sobre el mantel.

abridor, abrelatas
No te olvides de llevar un abridor de botellas y un abrelatas.

(tapón de) corcho
Al sacar el corcho del champán, dio un taponazo.

BARES Y RESTAURANTES

«1–2000»

restaurant ['restrɒnt] n
There are many Chinese and Indian **restaurants** in London.

bar [bɑː] n

Let's have a drink at the **bar**.

pub [pʌb] n
In a **pub** you buy your drink at the bar.

service ['sɜːvɪs] n
The **service** is very bad here.

waiter ['weɪtə] n
The **waiter** brought us the menu.

waitress ['weɪtrɪs] n
Jane works as a **waitress** in a small restaurant.

serve [sɜːv] v/i, v/t

restaurante
En Londres hay muchos restaurantes chinos e indios.

bar, *LA* **cantina, barra, mostrador**
¡Tomemos una copa en el bar!

pub, taberna, bar, tasca
En el pub, pagas tu bebida en la barra.

servicio
El servicio de aquí es muy malo.

camarero, *LA* **mesero**
El camarero nos trajo la carta.

camarera, *LA* **mesera**
Jane trabaja de camarera en un pequeño restaurante.

In most US states a barman won't **serve** you if you're under 21.

Gazpacho is a Spanish vegetable soup which is **served** cold.
→ attend

servir, atender
En la mayoría de los estados estadounidenses, un barman no te servirá si eres menor de 21 años.
El gazpacho es una sopa de verduras española que se sirve fría.

---

order ['ɔːdə] n, v/t

Jack always **orders** more food than he can eat.

pedido, encargo, pedir, encargar
Jack siempre pide más comida de la que puede comerse.

---

tip [tɪp] n
In the US a 15% **tip** is expected for service.

propina, gratificación
En EE UU se suele dar un 15% de propina por cada servicio.

«2001–4000»

inn [ɪn] n syn: pub, hotel
I know a nice old **inn** where you could stay.

posada, mesón, fonda
Conozco una bonita posada antigua donde os podéis hospedar.

---

snack bar ['snæk bɑː] n
We bought some hot dogs and drinks at a **snack bar**.

cafetería, bar, LA **lonchería**
Hemos comprado unos perritos calientes y unos refrescos en un bar.

---

self-service [ˌself'sɜːvɪs] n, adj

Most fast-food restaurants are **self-service**.

self-service, restaurante autoservicio, de autoservicio
La mayoría de los restaurantes de comida rápida son autoservicios.

---

menu ['menjuː] n
May I have the **menu**, please?

carta, lista de platos
¿Me puede traer la carta, por favor?

☞ **menu** es la lista completa de los platos que se ofrecen en un restaurante. Para referirse al 'menú del día' o 'cubierto fijo', se usará **set meal** o **set lunch**.

Viajar y circular

VIAJAR

«1–2000»

go [gəʊ] v/i
△ went [went], gone [gɔn]
Going by train can be much faster than going by car.

ir, viajar

Viajar en tren puede ser mucho más rápido que viajar en coche.

travel ['trævl] v/i
He always travels 1st class during the holiday season.

viajar

En temporada de vacaciones siempre viaja en primera clase.

trip [trɪp] n
I'd like to take a trip round the whole world.
The English like to take day trips to France.

viaje, excursión

Me gustaría hacer un viaje alrededor del mundo.
A los ingleses les gusta hacer excursiones de un día a Francia.

start [stɑːt] v/i
It's a long trip; we'll have to start early to get there on the same day.

salir, partir, ponerse en marcha

Es un viaje largo; tendremos que partir temprano para llegar el mismo día.

leave [liːv] v/i, v/t opp: arrive
△ left [left], left [left]
We're leaving from Euston Station at 7 a.m.

salir, partir, irse

Saldremos de la estación de Euston a las 7 de la mañana.

run [rʌn] v/i
△ ran [ræn], run [rʌn]
The trains from London to Brighton run every hour.

circular, ir, salir

Los trenes que van de Londres a Brighton circulan cada hora.

timetable ['taɪmˌteɪbl] n syn: schedule (US)
You can see the departure and arrival times on the timetable.

horario

En los horarios se pueden ver las horas de salida y de llegada.

arrival [ə'raɪvl] n opp: departure
Due to fog there will be some late arrivals.

llegada

Debido a la niebla, algunas llegadas se retrasarán.

departure [dɪ'pɑːtʃə] n opp: arrival
What is the departure time of your flight to London?

salida, partida, ida

¿Cuál es la hora de salida de tu vuelo a Londres?

catch [kætʃ] v/t opp: miss
△ caught [kɔːt], caught [kɔːt]
If we arrive on time, we'll catch the Inter City train.

tomar, alcanzar

Si llegamos a tiempo, tomaremos el tren de largo recorrido.

miss [mɪs] *v/t opp:* catch
We **missed** our plane because the train to Buenos Aires was late.

perder, dejar escapar
Perdimos nuestro avión porque el tren que iba a Buenos Aires llegó tarde.

passenger ['pæsɪndʒə] *n*
The driver and ten **passengers** were hurt in the accident.

pasajero/a, viajero/a
El conductor y diez pasajeros resultaron heridos en el accidente.

ticket ['tɪkɪt] *n*
You need a **ticket**.

billete, *LA* **boleto**
Usted necesita un billete.

luggage ['lʌgɪdʒ] *n syn:* baggage (*US*)
Let's take our **luggage** to the check-in counter.

equipaje

Llevemos nuestro equipaje al mostrador de facturación.

abroad [ə'brɔːd] *adv opp:* (at) home
More Britons spend their holidays at home than **abroad**.

en el extranjero, al extranjero

Los británicos pasan las vacaciones más en casa que en el extranjero.

customs ['kʌstəmz] *pl*
First you show your passport, then you go through **customs**.

aduana
Primero muestre su pasaporte y después cruce la aduana.

way [weɪ] *n*
Let's ask a policeman if this is the **way** to the White House.

camino, dirección, sentido
Preguntemos a un policía si éste es el camino a la Casa Blanca.

guide [gaɪd] *n*
You can't visit the caves without a **guide**.
You can buy the **guide** to the Tate Gallery in 10 different languages.

guía
No se pueden visitar las cuevas sin un guía.
La guía para la Tate Gallery se puede comprar en 10 idiomas diferentes.

stay [steɪ] *n, v/i*

We did a lot of sightseeing during our **stay** in London.
We **stayed** (⚠ no: lived) at a small motel outside San Francisco.

estancia, quedarse, hospedarse
Durante nuestra estancia en Londres hicimos mucho turismo.
Nos hospedamos en un pequeño hotel fuera de San Francisco.

hotel [həʊ'tel] *n*
In Britain bed and breakfasts are cheaper than **hotels**.

hotel
En Gran Bretaña, las pensiones con alojamiento y desayuno son más baratas que los hoteles.

«2001–4000»

journey ['dʒɜːnɪ] *n syn:* trip
It's a three-day **journey** by train from the east to the west coast.

viaje, trayecto
Es un trayecto de tres días en tren desde la costa este hasta la costa oeste.

via ['vaɪə] *prep*
We're flying to New York **via** Amsterdam.

por (vía de), pasando por, vía
Volamos hacia Nueva York vía Amsterdam.

return ticket *(GB)* [rɪ'tɜːn ˌtɪkɪt] *n*, **round-trip ticket** *(US)* [ˌraʊnd trɪp 'tɪkɪt] *n*
Do you want a single or **return ticket** (US a one-way or **round-trip ticket**)?

billete de ida y vuelta

¿Quiere un billete sencillo o de ida y vuelta?

fare [feə] *n*
The bus **fare** from the airport to the city centre is £10.

precio, billete, *LA* **boleto**
El precio del autobús desde el aeropuerto hasta el centro de la ciudad es de 10 libras.

pick up [ˌpɪk 'ʌp] *v/t*
My train arrives at 5 p.m. – can you **pick** me **up** at the station?

recoger, *LA* **buscar**
Mi tren llega a las 5 de la tarde, ¿puedes recogerme en la estación?

on board [ɒn 'bɔːd] *prep*
I feel sick as soon as I'm **on board** a plane.

a bordo
Me mareo en cuanto subo a bordo de un avión.

depart [dɪ'pɑːt] *v/i opp:* arrive
Trains to Scotland **depart** from Euston Station.

salir, partir, irse
Los trenes hacia Escocia salen de la estación de Euston.

land [lænd] *v/i opp:* take off
The plane **landed** in London after a six-hour flight.

aterrizar, tomar tierra
El avión aterrizó en Londres después de un vuelo de seis horas.

crash [kræʃ] *n syn:* accident
Twenty people were killed in a plane **crash**.

accidente, colisión, choque
Veinte personas murieron en un accidente de aviación.

tourist ['tʊərɪst] *n*
In the summer there are more **tourists** than students in Oxford.

turista
En verano, en Oxford, hay más turistas que estudiantes.

traveller, traveler *(US)* ['trævlə] *n*
Most **travel(l)ers** go by plane.

viajero/a
La mayoría de los viajeros van en avión.

travel agency ['trævl ˌeɪdʒnsɪ] *n*
I book all my flights at my **travel agency**.

agencia de viajes
Reservo todos mis vuelos en mi agencia de viajes.

tour [tʊə] *n*
We're going on a bicycle **tour** round South Wales.

viaje, excursión, gira, recorrido
Vamos a hacer un recorrido en bicicleta por el sur de Gales.

sightseeing ['saɪtˌsiːɪŋ] *n*
I don't do much **sightseeing**.

turismo, excursionismo, visita de puntos de interés
No hago mucho turismo.

sights [saɪts] *n (pl)*
It is one of the most popular **sights** of London.

monumentos, puntos de interés turístico, curiosidades
Éste es uno de los puntos de interés turístico más concurridos de Londres.

suitcase ['suːtkeɪs] *n syn:* case, bag
I've packed my **suitcase** and I'm ready to leave.

maleta, *LA* valija, *LA* veliz
He hecho la maleta y ya estoy listo para partir.

bag [bæg] *n syn:* (suit)case
Let's check in our **bags** and then go to the duty-free shop.

bolsa, equipaje, maleta, *LA* valija, *LA* veliz
Facturemos el equipaje y vayamos a la tienda de duty-free.

pack [pæk] *v/i*, *v/t opp:* unpack
I'm leaving tomorrow but haven't **packed** yet.

hacer las maletas, hacer el equipaje
Me voy mañana, pero todavía no he hecho el equipaje.

passport ['pɑːspɔːt] *n*
To enter the USA, you need a **passport** but no visa.

pasaporte
Para entrar en EE UU hace falta pasaporte pero visado no.

visa ['viːzə] *n*
I asked for a **visa** for four weeks.

visado, *LA* visa
He solicitado un visado para cuatro semanas.

declare [dɪ'kleə] *v/t*
Have you anything to **declare**?

declarar
¿Tiene algo que declarar?

duty ['djuːtɪ] *n*
If you have more than 200 cigarettes on you, you'll have to pay **duty** on them.

derechos (de aduana), aranceles
Si se llevan más de 200 cigarrillos, tendrán que pagar aranceles.

accommodation [əˌkɒmə'deɪʃn] *n*
Hotel **accommodation** in New York is not cheap.

alojamiento, habitaciones
Las habitaciones de hotel en Nueva York no son baratas.

bed and breakfast
[ˌbedn'brekfəst] *n*
We like to stay at **bed and breakfasts**.

cama con desayuno

Nos gusta hospedarnos en pensiones con derecho a cama y desayuno.

youth hostel ['juːθ ˌhɒstl] *n*
On our bicycle tour we only stayed at **youth hostels**.

albergue (de juventud)
Durante nuestro recorrido en bicicleta sólo nos hospedamos en albergues.

double room [ˌdʌbl'ruːm] *n opp:*
single room
We're a party of six, so we need three **double rooms**.

habitación doble

Somos un grupo de seis, así que vamos a necesitar tres habitaciones dobles.

single room [ˌsɪŋgl 'ruːm] *n opp:*
double room
A **single room** usually has only one bed.

habitación individual,
LA **habitación sencilla**
Una habitación individual suele tener sólo una cama.

reception [rɪ'sepʃn] *n syn:* desk
First we have to go to the **reception** to check in.

recepción
Primeros tenemos que ir a la recepción para firmar el registro.

check in [ˌtʃek 'ɪn] *v/i opp:*
check out

You have to **check in** before you board the plane.

facturar (el equipaje), *LA*
chequear (el equipaje), firmar el registro (en un hotel)
Antes de subir a bordo de un avión tienes que facturar el equipaje.

camping ['kæmpɪŋ] *n*
For families, **camping** is cheaper than staying at a hotel.

cámping, hacer cámping
Para las familias, hacer cámping es más barato que hospedarse en un hotel.

tent [tent] *n*
We found a nice campsite and put up our **tent**.

tienda (de campaña), *LA* **carpa**
Encontramos un bonito cámping y plantamos la tienda.

CIRCULAR

El tráfico

Circulación

«1–2000»

traffic ['træfɪk] *n*
The **traffic** comes to a standstill during the rush hour.

circulación, tráfico, *LA* tránsito
La circulación queda atascada en las horas punta.

noise [nɔɪz] *n*
There's so much **noise** from the street.

ruido, estrépito, estruendo
¡Llega tanto ruido de la calle!

driver ['draɪvə] *n*
A **driver** is responsible for the safety of his car.

conductor/a, chófer, *LA* chofer
Un conductor es responsable de la seguridad de su coche.

drive [draɪv] *v/i, v/t*
⚠**drove** [drəʊv], **driven** ['drɪvn]
She **drove** us to the airport in her new car.
Shall we walk or **drive**?

conducir, *LA* manejar, ir en automóvil, llevar en automóvil
Nos llevó al aeropuerto en su automóvil nuevo.
¿Vamos andando o en automóvil?

ride [raɪd] *v/i, v/t*
⚠ **rode** [rəʊd], **ridden** ['rɪdn]
You must be 16 to **ride** (⚠ no: drive) a motorbike.

conducir, montar

Hay que tener 16 años para poder conducir una moto.

turn [tɜːn] *v/i, n*
Follow this street and **turn** right after the bank.

Make a left **turn** at the end of this road.

girar, torcer, giro, vuelta, curva
Sigue por esta calle y gira a la derecha después de pasar el banco.
Haz un giro a la izquierda al final de esta carretera.

cross [krɒs] *v/t*
Look both ways before you **cross** the road.

cruzar, pasar, atravesar
Mira a ambos lados antes de cruzar la carretera.

park [pɑːk] *v/i, v/t*
It's almost impossible to find a place to **park**.

estacionar, aparcar
Es casi imposible encontrar lugar para estacionar.

stop [stɒp] *n*
Get off at the next **stop**.

parada, paro, alto
Bájese en la próxima parada.

bus stop ['bʌs stɒp] *n*

The British always queue at a **bus stop**.

parada de autobús, *LA* parada de (ómnibus, colectivo, etc.)
Los británicos siempre hacen cola en las paradas de autobús.

petrol *(GB)* ['petrəl] *n syn:* gas
Modern cars run on unleaded
petrol only.

gasolina, *LA* **nafta,** *LA* **bencina**
Los automóviles modernos sólo
funcionan con gasolina sin plomo.

gas *(US)* [gæs] *n syn:* petrol *(GB)*
We have enough **gas** to reach
the next **gas** station.

gasolina, *LA* **nafta,** *LA* **bencina**
Nos queda suficiente gasolina
para llegar a la próxima gasolinera.

«2001–4000»

crowded ['kraʊdɪd] *adj*

During the rush hour buses and
underground trains are **crowded**.

**lleno, atestado, muy
concurrido**
En las horas punta, los autobuses y metros van llenos.

noisy ['nɔɪzɪ] *adj opp:* quiet

I couldn't live in the town centre
– it's far too **noisy**!

**ruidoso, estrepitoso,
escandaloso**
No podría vivir en el centro de la
ciudad; ¡es demasiado ruidoso!

rush hour ['rʌʃ aʊə] *n*

Let's leave the city centre before
the **rush hour**.

**hora(s) punta, hora(s) de
máximo tránsito**
Abandonemos el centro de la
ciudad antes de que sea la hora
punta.

block [blɒk] *v/t*

A large furniture van **blocked** the
street.

obstruir, cerrar, estorbar,
LA **atorar**
Una gran camioneta de mudan-
zas obstruía la calle.

motorway *(GB)* ['məʊtəweɪ] *n*
syn: freeway, expressway *(US)*
The M1 is the **motorway** that
connects London and Leeds.

autopista

La M1 es la autopista que conecta Londres con Leeds.

freeway *(US)* ['friːweɪ] *n syn:*
motorway *(GB)*, expressway
(US)
There's a dense network of **free-
ways**.

autopista

Hay una densa red de autopistas.

speed limit ['spiːd ˌlɪmɪt] *n*

The **speed limit** on British mo-
torways is 70 miles per hour.

**velocidad máxima, límite de
velocidad**
La velocidad máxima en las
autopistas británicas es de 70
millas por hora (aproximadamente 112 km/h).

traffic sign ['træfɪk saɪn] *n syn:* road sign
Motorists must pay attention to the **traffic signs**.

señal de circulación, señal de tráfico
Los conductores deben prestar atención a las señales de circulación.

---

crossroads ['krɒsrəʊdz] *n syn:* intersection
The **crossroads** was blocked.

cruce, encrucijada

El cruce estaba obstruido.

---

bend [bend] *n syn:* curve
There are lots of very sharp **bends** in the old mountain road.

curva, recodo, vuelta
Hay muchas curvas muy pronunciadas en la antigua carretera de montaña.

---

traffic light(s) ['træfɪk laɪt(s)] *n (pl)*
He didn't notice the **traffic light(s)** and crashed into another car.

semáforo, luces (de tráfico)

No se fijó en el semáforo y chocó con otro coche.

---

pedestrian [pɪ'destrɪən] *n*
They are turning many old parts of the town into **pedestrian** precincts.

peatón
Están convirtiendo muchas partes antiguas de la ciudad en zonas para peatones.

---

car park *(GB)* ['kɑː pɑːk] *n syn:* parking lot *(US)*
On Saturdays all the **car parks** in city centres are full.

aparcamiento, párking

Los sábados, todos los aparcamientos de los centros de las ciudades están llenos.

---

garage ['gærɑːʒ, *US* gə'rɑːʒ] *n*
We had to push the car to the nearest **garage**. → *garage*

taller (de reparaciones)
Tuvimos que empujar el coche hasta el taller más cercano.

---

filling station ['fɪlɪŋ ˌsteɪʃn] *n syn:* petrol station *(GB)*, gas station *(US)*
The tank's almost empty – let's stop at the next **filling station**.

gasolinera, estación de servicio

El depósito está casi vacío; paremos en la próxima estación de servicio.

---

breakdown ['breɪkdaʊn] *n*

Our car's had a **breakdown** – could you give us a tow?

avería, *LA* **pana,** *LA* **descompostura**
Nuestro coche ha tenido una avería, ¿podría remolcarnos?

---

break down [ˌbreɪk 'daʊn] *v/i*
We need a new car – this one **breaks down** every few miles.

averiarse, *LA* **descomponerse**
Necesitamos un automóvil nuevo; éste se avería con demasiada frecuencia.

---

tow [təʊ] *v/t*
Our car broke down and had to be **towed** to the nearest garage.

remolcar, llevar a remolque
Nuestro coche se averió y tuvo que ser remolcado hasta el taller más cercano.

☞ **tow** *rima con* **blow** *y* **throw,** *no con* **how** *y* **now.**

---

run over ['rʌn ,əʊvə] *v/t syn:*
knock down
A child ran out onto the street
and was **run over** by a bus.

atropellar

Un niño salió corriendo hacia la
carretera y fue atropellado por
un autobús.

---

driving licence *(GB)* ['draɪvɪŋ
[,laɪsns], *US* **driver's license**
['draɪvəz ,laɪsns] *n*
You must be 16 in the US and 17
in Britain to get your **driving
licence/driver's license**.

**carnet de conducir, licencia
para conducir**

Para obtener el carnet de conducir en EE UU hay que tener 16
años, y en Gran Bretaña, 17.

---

seat belt ['siːt belt] *n syn:* safety
belt
Nowadays all cars have **seat
belts**.

cinturón de seguridad

Hoy en día todos los automóviles tienen cinturones de seguridad.

---

crash helmet ['kræʃ ,helmɪt] *n*
It's illegal to ride a motorcycle
without a **crash helmet**.

casco protector
Es ilegal conducir una motocicleta sin casco protector.

---

hitchhike ['hɪtʃhaɪk] *v/i*

Young people often **hitchhike**.

hacer autostop, *LA* **hacer dedo,**
LA **pedir aventón**
La gente joven a menudo hace
autostop.

Vehículos

«1–2000»

---

car [kɑː] *n*

Most people leave their **cars** at
home.

automóvil, coche, *LA* **carro,**
LA **auto**
La mayoría de la gente deja el
coche en casa.

---

motorcycle ['məʊtə,saɪkl] *n syn:*
motorbike
The Harley-Davidson is the most
famous **motorcycle**.

motocicleta

La Harley-Davidson es la motocicleta más famosa.

---

bicycle ['baɪsɪkl] *n syn:* bike
He rides his **bicycle** to school
every morning.

bicicleta, ir en bicicleta
Cada mañana va en bicicleta a la
escuela.

bus [bʌs] *n*

The best way to see the sights in London is to take a **bus**.

autobús, *LA* **camión**, *LA* **ómnibus**, *LA* **colectivo**
La mejor manera de visitar los lugares de interés turístico en Londres es tomando un autobús.

---

coach *(GB)* [kəʊtʃ] *n syn:* bus *(US)*

Day trips by **coach** are very popular in Britain.

autocar, coche de línea, *LA* **camión**, *LA* **autobús**
Los viajes de un día en autocar son muy típicos en Gran Bretaña.

---

tram *(GB)* [træm] *n syn:* streetcar *(US)*
Trams are the most environmentally friendly means of public transport.

tranvía, tren

Los tranvías son el medio de transporte más ecológico.

---

taxi ['tæksɪ] *n syn:* cab
Let's take a **taxi** from the station to the hotel.

taxi
Tomemos un taxi desde la estación hasta el hotel.

---

wheel [wiːl] *n*
Cars have four **wheels** – bicycles have only two.

rueda
Los automóviles tienen cuatro ruedas, las bicicletas sólo dos.

«2001–4000»

---

vehicle ['viːɪkl] *n*
Motor **vehicles** aren't allowed in pedestrian precincts.

vehículo
Los vehículos de motor no pueden circular por las zonas peatonales.

---

truck [trʌk] *n syn:* lorry *(GB)*
This **truck** weighs more than 45 tons.

camión (de carga), *LA* **trailer**
Este camión pesa más de 45 toneladas.

---

lorry *(GB)* ['lɒrɪ] *n syn:* truck
Most fruit and vegetables are transported by **lorries**.

camión (de carga), *LA* **trailer**
La mayoría de frutas y verduras son transportadas por camiones.

---

bike [baɪk] *n syn:* bicycle
In the summer I go to work by **bike**.

bici(cleta), motocicleta
En verano voy a trabajar en bicicleta.

---

tyre, tire *(US)* ['taɪə] *n*
We had a puncture and had to change a **tyre**.

neumático, *LA* **llanta**
Tuvimos un pinchazo y hubo que cambiar un neumático.

caravan *(GB)* [ˈkærəvæn] *n syn:*
trailer *(US)*
A **caravan** is like a house on
wheels pulled by a car.

caravana, remolque, *LA* **trailer**

Una caravana es como una casa
sobre ruedas arrastrada por un
automóvil.

---

trailer [ˈtreɪlə] *n*
We transport our boat on a **trailer** behind our car.

remolque
Transportamos nuestra barca en
un remolque detrás del automóvil.

Tren

«1–2000»

railway [ˈreɪlweɪ], railroad *(US)*
[ˈreɪlrəʊd] *n*
Britain had the first **railways** that
used steam locomotives.

ferrocarril, vía (férrea), línea
ferroviaria
Gran Bretaña tuvo los primeros
ferrocarriles con máquinas de
vapor.

---

train [treɪn] *n*
The **train** arrived at the station
five minutes late.

tren
El tren llegó a la estación cinco
minutos tarde.

---

engine [ˈendʒɪn] *n*
Modern trains have diesel or
electric **engines**.

máquina, locomotora
Los trenes modernos tienen locomotoras diesel o eléctricas.

---

underground *(GB)* [ˈʌndəɡraʊnd]
n syn: subway *(US)*
The **Underground** is the fastest
traffic system in London.

metro, ferrocarril subterráneo

El metro es el medio de transporte más rápido de Londres.

---

station [ˈsteɪʃn] *n*
Most trains from the Continent
arrive at Victoria **Station**.

estación
La mayoría de los trenes continentales llegan a la estación
Victoria.

---

change [ˈtʃeɪndʒ] *v/i*

You have to **change** in Edinburgh for Aberdeen.

hacer transbordo, cambiar (de
tren)
Para ir a Aberdeen tiene que hacer transbordo en Edimburgo.

«2001–4000»

rail [reɪl] n
Passengers must not cross the rails.
Travelling by rail is less harmful to the environment.

carril, raíl, riel, vía, ferrocarril
Se prohíbe a los pasajeros cruzar la vía.
Viajar en ferrocarril es menos perjudicial para el medio ambiente.

express train [ɪk'spres treɪn] n

Is there an express train that goes nonstop to Brighton?

expreso, tren rápido, tren directo
Hay algún expreso que vaya directo a Brighton?

tube (GB) [tjuːb] n syn: underground (GB), subway (US)
The fastest way to get around London is by tube.

metro, ferrocarril subterráneo

La manera más rápida de moverse por Londres es en metro.

carriage ['kærɪdʒ] n syn: car (US)
I like to sit in the carriage next to the dining car.

vagón, coche
Me gusta sentarme en el vagón que está al lado del vagón restaurante.

dining car ['daɪnɪŋ kɑː] n

I like to go to the dining car during a long train journey.

coche-comedor, vagón restaurante
Me gusta ir al vagón restaurante durante los viajes en tren de largo recorrido.

compartment [kəm'pɑːtmənt] n
Sorry, this isn't a smoking compartment.

compartimiento, departamento
Lo siento, éste no es el compartimiento de fumadores.

guard (GB) [gɑːd] n syn: conductor (US)
You have to show your ticket to the guard.

jefe de tren, revisor, revisora

Se tiene que mostrar el billete al revisor.

connection [kə'nekʃn] n
If this train is late, I'll miss my connection to Paris.

enlace, correspondencia
Si este tren llega tarde, perderé mi enlace con París.

platform ['plætfɔːm] n
Your connection leaves from the same platform.

andén, vía
Su enlace sale desde el mismo andén.

waiting room ['weɪtɪŋ ruːm] n
Let's sit in the waiting room until our train leaves.

sala de espera
Sentémonos en la sala de espera hasta que salga nuestro tren.

ticket office ['tɪkɪt ˌɒfɪs] *n*

Buy your ticket of the **ticket office**.

taquilla, oficina de billetes, *LA* **boletería,** *LA* **despacho de boletos**
Compre su billete en la taquilla.

Avión

«1–2000»

plane [pleɪn] *n syn:* aeroplane *(GB)*, airplane *(US)*
The jumbo jet is one of the largest **planes**.

avión

El jumbo es uno de los aviones más grandes.

flight [flaɪt] *n*
There are several nonstop **flights** a day.

vuelo
Hay varios vuelos directos cada día.

airport ['eəpɔːt] *n*
London has three international **airports**.

aeropuerto
Londres tiene tres aeropuertos internacionales.

airline ['eəlaɪn] *n*

Most **airlines** offer nonstop flights to New York.

línea aérea, aerolínea, compañía de aviación
La mayoría de las líneas aéreas ofrecen vuelos directos a Nueva York.

«2001–4000»

aeroplane *(GB)* ['eərəpleɪn] *n syn:* plane, airplane *(US)*
The Concorde is a passenger **aeroplane**.

avión

El Concorde es un avión de pasajeros.

jet [dʒet] *n*
The first **jets** were fighter planes.

jet, avión a reacción, reactor
Los primeros aviones a reacción fueron los aviones caza.

wing [wɪŋ] *n*
The engines of a jumbo jet are under its **wings**.

ala
Los motores de un jumbo están debajo de las alas.

airhostess *(GB)* ['eə,həʊstɪs] *n*
syn: stewardess, flight attendant
(US)
An **airhostess** looks after the
passengers during a flight.

auxiliar de vuelo, azafata,
LA **aeromoza**

Una azafata se ocupa de los pasajeros durante el vuelo.

---

takeoff ['teɪkɒf] *n opp:*
touchdown
Some minutes before **takeoff**
the plane taxies to the runway.

despegue

Unos minutos antes del despegue, el avión rueda por la pista.

---

take off [,teɪk'ɒf] *v/i opp:* land
Planes land and **take off** on the
runway.

despegar
Los aviones aterrizan y despe-
gan sobre la pista.

---

crash [kræʃ] *v/i*
In 1988 a plane **crashed** near
Lockerbie, Scotland, killing 270
people.

estrellarse, tener un accidente
En 1988 un avión se estrelló
cerca de Lockerbie, en Escocia,
y perecieron 270 personas.

Barco

«1–2000»

ship [ʃɪp] *n syn:* boat
Slaves were taken from Africa to
America by **ship**.
I know the **ship**'s company.

barco, buque, navío
Los esclavos fueron trasladados
en barco de África a América.
Conozco a la tripulación del
buque.

---

boat [bəʊt] *n*

We have a small **boat** for fishing.

In the 1950's most people trav-
elled to America by **boat**.

barco, buque, barca,
embarcación, bote
Tenemos una pequeña barca
para pescar.
En la década de 1950, la mayoría de la gente viajaba a América
en barco.

---

port [pɔːt] *n syn:* harbour
Pipelines transport the oil from
the **ports**.

puerto
Los oleoductos transportan el
petróleo desde los puertos.

---

harbour, *US* **harbor** ['hɑːbə] *n*
syn: port
The boats stayed in the **har-
bo(u)r** because of the storm.

puerto

Los botes se quedaron en el
puerto debido a la tormenta.

---

captain ['kæptn] *n*
The **captain** is the person in
command of a ship.

capitán, capitana
El capitán es la persona que está
al mando de un barco.

«2001–4000»

voyage ['vɔɪɪdʒ] *n*

On his first **voyage** to America, Columbus landed in the West Indies.

viaje *(por mar)*, **viaje** *(en barco)*, **travesía**
En su primer viaje en barco a América, Colón desembarcó en las Antillas.

cruise [kruːz] *n*
We're going on a ten-day **cruise** in the Caribbean.

crucero, viaje por mar
Haremos un crucero de diez días por el Caribe.

crossing ['krɒsɪŋ] *n*
There were strong winds and we had a rough **crossing**.

travesía
Hacía un viento muy fuerte y tuvimos una mala travesía.

ferry ['ferɪ] *n*
Most people cross the English Channel by **ferry**.

ferry, transbordador
La mayoría de la gente cruza el canal de la Mancha en ferry.

sailor ['seɪlə] *n syn:* seaman
He's a **sailor** on a big oil tanker.

marinero, marino
Es marinero en un gran petrolero.

sail [seɪl] *n*, *v/i*
We struck the **sails** because of the storm.
This ship **sails** tomorrow for Cardiff.

vela, navegar, zarpar
Arriamos las velas debido a la tormenta.
Este barco zarpa mañana hacia Cardiff.

steer [stɪə] *v/t*

A pilot helps the captain **steer** his ship into the harbour.

gobernar *(un barco)*, **dirigir, guiar**
El piloto ayuda al capitán a dirigir el barco hacia el puerto.

drown [draʊn] *v/i*
A sailor fell overboard and **drowned**.

ahogarse, perecer ahogado
Un marinero cayó por la borda y se ahogó.

wreck [rek] *n*

They found the **wreck** of the Titanic after more than 70 years.

naufragio, barco naufragado, barco hundido
Encontraron el barco naufragado Titánic más de 70 años después.

Astronáutica

«1–2000»

satellite ['sætɪlaɪt] *n*
International phone calls and TV programmes are transmitted by **satellite**.

satélite
Las llamadas internacionales y los programas de televisión se transmiten vía satélite.

rocket ['rɒkɪt] *n*
Powerful **rockets** are needed to launch spaceships.

cohete
Se necesitan cohetes muy potentes para lanzar naves espaciales.

astronaut ['æstrənɔːt] *n*
Astronaut Neil Armstrong was the first man on the moon.

astronauta
El astronauta Neil Armstrong fue el primer hombre en pisar la Luna.

«2001–4000»

space flight ['speɪs flaɪt] *n*
The history of manned **space flight** begins with Yuri Gagarin.

vuelo espacial
La historia de los vuelos espaciales tripulados empieza con Yuri Gagarin.

spacecraft ['speɪskrɑːft] *n syn:* spaceship *pl* **spacecraft** ['speɪskrɑːft]
NASA sent six Apollo **spacecraft** to the moon.

nave espacial, astronave

La NASA envió seis naves espaciales Apolo a la Luna.

space shuttle ['speɪs ˌʃʌtl] *n*

Space shuttles are manned spaceships that return to earth after a mission.

transbordador espacial, lanzadera espacial
Los transbordadores espaciales son naves tripuladas que regresan a la Tierra después de una misión.

launch [lɔːntʃ] *v/t*
Space shuttles are **launched** from Cape Canaveral.

lanzar
Los transbordadores espaciales se lanzan desde Cabo Cañaveral.

Continentes, países y nacionalidades

Continentes y países

Africa ['æfrɪkə]	**África**
America [ə'merɪkə]	**América, Estados Unidos, Norteamérica**
Argentina [,ɒːdʒən'tiːna] *the* Argentine ['ɒːdʒəntaɪn]	**Argentina**
Asia ['eɪʃə]	**Asia**
Australia [ɒ'streɪljə]	**Australia**
Austria ['ɒstrɪə]	**Austria**
Belgium ['beldʒəm]	**Bélgica**
Bolivia [bə'lɪvɪə]	**Bolivia**
Chile ['tʃɪlɪ]	**Chile**
China ['tʃaɪnə]	**China**
Colombia [kə'lʌmbɪə] *the* Commonwealth ['kɒmənwelθ]	**Colombia** *la* **Commonwealth**
Costa Rica [,kɒstə'riːkə]	**Costa Rica**
Cuba ['kjuːbə]	**Cuba**
Denmark ['denmɑːk]	**Dinamarca**
Dominican Republic [de,mɪnɪkən rɪ'pʌblɪk]	**República Dominicana**
Ecuador ['ekwədɔːr]	**Ecuador**
El Salvador [el'sælvədɔːr]	**El Salvador**
England ['ɪŋglənd]	**Inglaterra**
Europe ['jʊərəp] *the* European Union [,jʊərəpiːən 'juːnjən]	**Europa** *la* **Unión Europea**
France [frɑːns]	**Francia**
Germany ['dʒɜːməni]	**Alemania**
Great Britain [,greɪt 'brɪtn]	**Gran Bretaña**
Greece [griːs]	**Grecia**
Guatemala [,gwɒtɪ'mɑːlə]	**Guatemala**
Honduras [hɑn'djuərəs]	**Honduras**

Hungary [ˈhʌŋgərɪ]	Hungría
India [ˈɪndɪə]	India
Ireland [ˈaɪələnd]	Irlanda
Italy [ˈɪtəlɪ]	Italia
Japan [dʒəˈpæn]	Japón
Mexico [ˈmeksɪkəʊ]	México, Méjico
the Netherlands [ˈneðələnds] *pl*	*los* Países Bajos, Holanda
Nicaragua [ˌnɪkəˈrægjuə]	Nicaragua
Norway [ˈnɔːweɪ]	Noruega
Panama [ˌpænəˈmɑː]	Panamá
Paraguay [ˈpærəgwaɪ]	Paraguay
Peru [peˈruː]	Perú
Poland [ˈpəʊlənd]	Polonia
Portugal [ˈpɔːtʃugl]	Portugal
Puerto Rico [ˌpwɜːtəʊ ˈriːkəʊ]	Puerto Rico
Russia [ˈrʌʃə]	Rusia
Scotland [ˈskɒtlənd]	Escocia
Spain [speɪn]	España
Sweden [ˈswiːdn]	Suecia
Switzerland [ˈswɪtsələnd]	Suiza
Turkey [ˈtɜːkɪ]	Turquía
the United States [jʊˌnaɪtɪd ˈsteɪts], *the* USA [ˌjuːesˈeɪ]	*los* Estados Unidos, EE UU
Uruguay [ˈjuərəgwaɪ]	Uruguay
Venezuela [ˌveneˈzweɪlə]	Venezuela
Wales [weɪlz]	Gales

GENTILICIOS

African ['æfrɪkən] n	**africano/a**
American Indian [ə'merɪkən 'ɪndɪən] n, **Native American** [ˌneɪtɪv ə'merɪkən] n	**amerindio/a**
American [ə'merɪkən] n	**americano/a, norteamericano/a**
Argentinian [ˌɒːdʒən'tɪnɪən] n	**argentino/a**
Austrian ['ɒstrɪən] n	**austríaco/a**
Bolivian [bə'lɪvɪən] n	**boliviano/a**
the British ['brɪtɪʃ] pl	*los* **británicos**
Chilean ['tʃɪlɪən] n	**chileno/a**
Chinese [ˌtʃaɪ'niːz] n the Chinese [ˌtʃaɪ'niːz] pl	**chino/a** *los* **chinos**
Colombian [kə'lʌmbɪən] n	**colombiano/a**
Costa Rican [ˌkɒstə 'riːkən] n	**costarricense**
Cuban ['kjuːbən] n	**cubano/a**
Dominican [də'mɪnɪkən] n	**dominicano/a**
Dutchman ['dʌtʃmən] n (pl **Dutchmen** ['dʌtʃmən]) **Dutchwoman** ['dʌtʃˌwʊmən] n (pl **Dutchwomen** ['dʌtʃˌwɪmɪn]) the Dutch [dʌtʃ] pl	**holandés** **holandesa** *los* **holandeses**
Ecuadorean [ˌekwə'dɔːrɪən] n	**ecuatoriano/a**
Englishman ['ɪŋglɪʃmən] n (pl **Englishmen** ['ɪŋglɪʃmən]) **Englishwoman** ['ɪŋglɪʃwʊmən] n (pl **Englishwomen** ['ɪŋglɪʃwɪmɪn]) the English ['ɪŋglɪʃ] n pl	**inglés** **inglesa** *los* **ingleses**
European [ˌjʊərə'piːən] n	**europeo/a**
Frenchman ['frentʃmən] n (pl **Frenchmen** ['frentʃmən]) **Frenchwoman** ['frentʃˌwʊmən] n (pl **Frenchwomen** ['frentʃˌwɪmɪn]) the French [frentʃ] pl	**francés** **francesa** *los* **franceses**

German ['dʒɜːmən] n	alemán, alemana
Greek [griːk] n	griego/a
Guatemalan [ˌgwɒtɪ'maːlən] n	guatemalteco/a
Honduran [hɒn'djʊərən] n	hondureño/a
Indian ['ɪndɪən] n	indio/a
Irishman ['aɪərɪʃmən] n (pl Irishmen ['aɪərɪʃmən])	irlandés
Irishwoman ['aɪərɪʃˌwʊmən] n (pl Irishwomen ['aɪərɪʃˌwɪmɪn])	irlandesa
the Irish ['aɪərɪʃ] pl	los irlandeses
Italian [ɪ'tæljən] n	italiano/a
Japanese [ˌdʒæpə'niːz] n the Japanese [ˌdʒæpə'niːz] pl	japonés, japonesa los japoneses
Mexican ['meksɪkən] n	mexicano/a
Nicaraguan [ˌnɪkə'rægjuən] n	nicaragüense
Panamanian [ˌpænə'meɪnjən] n	panameño/a
Paraguayan [ˌpærə'gwaɪən] n	paraguayo/a
Peruvian [pə'ruːvjən] n	peruano/a
Puerto Rican [ˌpwɜːtəʊ'riːkən] n	puertorriqueño/a
Russian ['rʌʃn] n	ruso/a
Salvadorean [ˌsælvə'dɔːrɪən] n	salvadoreño/a
Scot [skɒt] n	escocés, escocesa
Spaniard ['ʃpænjəd] n	español/a
Swiss [swɪs] n the Swiss [swɪs] pl	suizo/a los suizos
Uruguayan [ˌjuərə'gwaɪən] n	uruguayo/a
Venezuelan [ˌvene'zweɪlən] n	venezolano/a

IDIOMAS Y NACIONALIDADES

African ['æfrɪkən] adj	africano
American [ə'merɪkən] adj	americano
Argentinian [ˌɒːdʒən'tɪnɪən] adj	argentino
Austrian ['ɒstrɪən] adj	austríaco
Bolivian [bə'lɪvɪən] adj	boliviano
British ['brɪtɪʃ] adj	británico
Chilean ['tʃɪlɪən] adj	chileno
Chinese [ˌtʃaɪ'niːz] adj, n	chino
Colombian [kə'lʌmbɪən] adj	colombiano
Costa Rican [ˌkɒstə 'riːkən] adj	costarricense
Cuban ['kjuːbən] adj	cubano
Dominican [də'mɪnɪkən] adj	dominicano
Dutch [dʌtʃ] adj, n	holandés
Ecuadorean [ˌekwə'dɔːrɪən] adj	ecuatoriano
English ['ɪŋglɪʃ] adj, n	inglés
European [ˌjʊərə'piːən] adj	europeo
French [frentʃ] adj, n	francés
German ['dʒɜːmən] adj, n	alemán
Greek [griːk] adj, n	griego
Guatemalan [ˌgwɒtɪ'maːlən] adj	guatemalteco
Honduran [hɒn'djuərən] adj	hondureño
Irish ['aɪərɪʃ] adj, n	irlandés
Italian [ɪ'tæljən] adj, n	italiano
Japanese [ˌdʒæpə'niːz] adj, n	japonés
Mexican ['meksɪkən] adj	mexicano
Nicaraguan [ˌnɪkə'rægjʊən] adj	nicaragüense
Panamanian [ˌpænə'məɪnjən] adj	panameño
Paraguayan [ˌpærə'gwaɪən] adj	paraguayo
Peruvian [pə'ruːvjən] adj	peruano
Portuguese [ˌpɔːtʃu'giːz] adj, n	portugués
Puerto Rican [ˌpwɜːtəu'riːkən] adj	puertorriqueño

Russian ['rʌʃn] *adj, n*	**ruso**
Salvadorean [ˌsælvəˈdɔːrɪən] *adj*	**salvadoreño**
Scottish ['skɒtɪʃ] *adj, n*	**escocés**
Spanish ['spænɪʃ] *adj, n*	**español**
Swiss [swɪs] *adj*	**suizo**
Turkish ['tɜːkɪʃ] *adj, n*	**turco**
Uruguayan [ˌjʊərʊˈgwaɪən] *adj*	**uruguayo**
Venezuelan [ˌveneˈzweɪlən] *adj*	**venezolano**

CONCEPTOS GENERALES

El tiempo

EL TRANSCURSO DEL AÑO

«1–2000»

year [jeə] *n*
A **year** has twelve months.

año
Un año tiene doce meses.

> ☞ *Un trimestre y un semestre suelen traducirse por (**a period of**) **three months** y **a period of six months**. En el contexto universitario también se usan **term** y **semester** respectivamente.*

season ['siːzn] *n*
The four seasons are spring, summer, autumn (us: fall) and winter.

estación del año
Las cuatro estaciones del año son: primavera, verano, otoño e invierno.

spring [sprɪŋ] *n*
Leaves and flowers come out in **spring**.

primavera
Las hojas y las flores salen en primavera.

summer ['sʌmə] *n*
Swallows fly to northern countries in **summer**.

verano, estío
En verano, las golondrinas vuelan hacia los países del norte.

autumn ['ɔːtəm] *n syn:* fall (*US*)
In **autumn** the leaves begin to fall.

otoño
Las hojas empiezan a caer en otoño.

US **fall** [fɔːl] *n syn:* autumn
Indian summer is a period of fine weather in **fall**.

otoño
El veranillo de San Martín es un período de buen tiempo en otoño.

winter ['wɪntə] *n*
Winter is the coldest time of the year.

invierno
El invierno es la temporada más fría del año.

month [mʌnθ] *n*
February is the shortest **month** of the year.

mes
Febrero es el mes más corto del año.

week [wiːk] *n*
A **week** has seven days.

semana
Una semana tiene siete días.

day [deɪ] *n opp:* night
Most people work five **days** a week.

día
La mayoría de la gente trabaja cinco días a la semana.

daily ['deɪlɪ] *adj*
"The Guardian" is the best **daily** newspaper in Britain.

diario, cotidiano
El *Guardian* es el mejor periódico diario de Gran Bretaña.

holiday ['hɒlədeɪ] *n*

The 4th of July is a legal **holiday** in the USA. → *holidays*

(día de) fiesta, día festivo,
LA **(día) feriado**
El 4 de julio es una fiesta oficial en EE UU.

«2001–4000»

monthly ['mʌnθlɪ] *adj, adv*
"The National Geographic" is a **monthly** magazine.

mensual, mensualmente
El *National Geographic* es una revista mensual.

weekly ['wiːklɪ] *adj, adv*
"The Observer" is a **weekly** paper.

semanal, semanalmente
El *Observer* es un periódico semanal.

weekday ['wiːkdeɪ] *n*
Banks in England are open on **weekdays** from 9.30 to 3.30.

día laborable, día entre semana
En Inglaterra los bancos están abiertos los días laborables de 9:30 a 15:30.

weekend [ˌwiːk'end, *US* ['wiːkend] *n*
We spend most of our **weekends** in our cottage at the seaside.

fin do semana
Pasamos la mayoría de fines de semana en nuestra casita de la costa.

☞ *En inglés británico se dice* **at the weekend** *o* **at weekends** *(durante el fin de semana, durante los fines de semana) mientras que en inglés americano se dice* **on** *the weekend o* **on** *weekends.*

New Year
[ˌnjuːˈjeə, *US* ˌnuːˈjɪər] *n*
Merry Christmas and a Happy
New Year!

Año Nuevo

¡Feliz Navidad y próspero Año
Nuevo!

New Year's Eve
[ˌn(j)uːjeə(r)zˈiːv] *n*
Many Londoners celebrate **New
Year's Eve** on Trafalgar Square.

Noche Vieja

Muchos londinenses celebran la
Noche Vieja en Trafalgar Square.

LOS MESES

January [ˈdʒænjuərɪ] *n*	enero
February [ˈfebruərɪ] *n*	febrero
March [mɑːtʃ] *n*	marzo
April [ˈeɪprəl] *n*	abril
May [meɪ] *n*	mayo
June [dʒuːn] *n*	junio
July [dʒuˈlaɪ] *n*	julio
August [ˈɔːgəst] *n*	agosto
September [sepˈtembə] *n*	septiembre
October [ɒkˈtəʊbə] *n*	octubre
November [nəʊˈvembə] *n*	noviembre
December [dɪˈsembə] *n*	diciembre

LOS DÍAS DE LA SEMANA

Sunday [ˈsʌndeɪ] *n*	domingo
Monday [ˈmʌndeɪ] n	lunes
Tuesday [ˈtjuːzdeɪ] *n*	martes
Wednesday [ˈwenzdeɪ] *n*	miércoles
Thursday [ˈθɜːzdeɪ] *n*	jueves
Friday [ˈfraɪdeɪ] *n*	viernes
Saturday [ˈsætədeɪ] *n*	sábado

LAS PARTES DEL DÍA

«1–2000»

morning ['mɔːnɪŋ] *n*
Most newspapers come out in the **morning**.

mañana
La mayoría de los periódicos salen por la mañana.

---

afternoon [ˌɑːftə'nuːn] *n*
Let's meet in the late **afternoon** or early evening. → *evening*

tarde
¡Quedemos entrada la tarde o al anochecer!

---

evening ['iːvnɪŋ] *n*
Most people watch TV in the **evening**.

tarde, atardecer, noche
La mayoría de la gente mira la televisión por la noche.

☞ *En inglés la tarde se divide entre* **afternoon** *y* **evening**. **afternoon** *se refiere a la parte del día que transcurre entre las doce del mediodía hasta las seis de la tarde aproximadamente.* **evening** *es la parte del día que transcurre entre las seis de la tarde y la hora en que uno va a dormir generalmente.*

---

night [naɪt] *n opp:* day
The best TV programmes are on late at **night**.

noche
Los mejores programas de televisión los emiten tarde por la noche.

«2001–4000»

noon [nuːn] *n, syn:* midday *opp:* midnight
Many shops close at **noon** for lunch.

mediodía
Muchas tiendas cierran al mediodía para comer.

---

midnight ['mɪdnaɪt] *n opp:* noon, midday
a.m. means after **midnight**, before noon.

medianoche
a.m. significa después de medianoche, antes de mediodía.

LAS HORAS

«1–2000»

what time [ˌwɒt ˈtaɪm]
What time does the match begin?

a qué hora
¿A qué hora comienza el partido?

at [æt] *prep*
The concert begins **at** eight.

a
El concierto empieza a las ocho.

o'clock [əˈklɒk]
School begins at 8 **o'clock**.

horas (marca temporal)
El colegio empieza a las ocho.

hour [ˈaʊə] *n*
I'll be back in half an **hour**.

hora
Estaré de vuelta dentro de media hora.

quarter [ˈkɔːtə] *n*
My train leaves at (a) **quarter** to five. → *past*

cuarto
Mi tren sale a las cinco menos cuarto.

minute [ˈmɪnɪt] *n*
A quarter of an hour has 15 **minutes**.

minuto
Un cuarto de hora tiene 15 minutos.

second [ˈsekənd] *n*
A minute has 60 **seconds**.

segundo
Un minuto tiene 60 segundos.

past [pɑːst] *prep*
It's (a) quarter **past** one.
It's half **past** two.

y
Son la una y cuarto.
Son las dos y media.

☞ *A veces es más fácil expresar las horas tal y como aparecen en los horarios oficiales, es decir 1.15 (**one fifteen**), 2.30 (**two thirty**) o 4.45 (**four forty-five**). Hay que tener en cuenta que en el inglés hablado, el sistema horario se calcula sobre doce horas así que, por ejemplo, leeremos 20.15 como **eight fifteen**.*

to [tuː] *prep*
It's ten (minutes) **to** three. → *past*

menos
Son las tres menos diez.

OTROS CONCEPTOS DE TIEMPO

Hoy, ayer y mañana

«1–2000»

time [taɪm] *n*
I'd love to come but I haven't got (the) **time**.
What's the **time**? – It's ten o'clock.

tiempo, hora
Me encantaría ir pero no tengo tiempo.
¿Qué hora es? –Son las diez.

---

when [wen] *adv*
When are you going on holiday?

cuándo
¿Cuándo te vas de vacaciones?

---

when [wen] *cj*
I always take the train **when** I go to London.
When I last stayed there, I saw "The Phantom of the Opera".

cuando
Siempre tomo el tren cuando voy a Londres.
Cuando estuve allí por última vez, vi *El fantasma de la ópera*.

---

in [ɪn] *prep*
World War I began **in** 1914 and ended in 1918.

en, en el año
La Primera Guerra Mundial empezó en el año 1914 y terminó en el año 1918.

---

while [waɪl] *cj syn: as, when*
Our house was broken into **while** we were away on holiday.
→ *during*

mientras
Entraron en casa a robar mientras estábamos fuera de vacaciones.

---

during ['djuərɪŋ] *prep*
I never watch TV **during** the day.

durante
Nunca miro la televisión durante el día.

☞ **during** y **for** *son preposiciones que se confunden fácilmente porque ambas se pueden traducir por 'durante'.* **during** *hace referencia al período o al momento en que ocurre algo:* **I visited her during the winter** *(La visité durante el invierno).* **for** *se refiere a la duración de una acción:* **I smoked for five years and then I stopped** *(Fumé durante cinco años y después lo dejé).*

---

century ['sentʃəri] *n*
The Industrial Revolution began in the middle of the 18th **century**.

siglo
La Revolución Industrial empezó a mediados del siglo XVIII.

---

date [deɪt] *n*
What's the **date** today? – It's the first of June.

fecha
¿A qué fecha estamos? –Es el uno de junio.

now [naʊ] *adv*
Don't wait. Act **now**!

ahora
No esperes. ¡Hazlo ahora!

present ['preznt] *n, adj opp:*
past, future
We live in the **present** and not in
the past.

**presente, actualidad, actual,
corriente**
Vivimos en el presente y no en el
pasado.

today [tə'deɪ] *adv*
If you post the letter **today**, it will
get there tomorrow.

hoy
Si envías la carta hoy, llegará
mañana.

moment ['məʊmənt] *n*
It will take a **moment**.

momento, instante
Sólo será un momento.

past [pɑːst] *n opp:* present,
future
Don't think of the **past** – you're
living now!

pasado
No penséis en el pasado, ¡vosotros vivís ahora!

former ['fɔːmə] *adj*
George Bush is a **former** US
President.

antiguo, anterior, ex
George Bush es un antiguo presidente de EE UU.

yesterday ['jestədɪ] *adv*
I only started **yesterday**.

ayer
Empecé justo ayer.

ago [ə'gəʊ] *adv*
Dinosaurs existed 150 million
years **ago**.

hace
Los dinosaurios existieron hace
150 millones de años.

future ['fjuːtʃə] *n opp:* past
A fortune-teller claims to be able
to see into the **future**.

futuro, porvenir
Una adivina afirma ser capaz de
ver el futuro.

near [nɪə] *adj*
We won't solve the ozone problem in the **near** future.

cercano, próximo, inmediato
No solucionaremos el problema
del ozono en un futuro próximo.

tomorrow [tə'mɒrəʊ] *adv*
You can speak to the boss
tomorrow.

mañana
Mañana podrá hablar con el jefe.

«2001–4000»

period ['pɪərɪəd] *n syn:* time, age
In the **period** from 1919 to 1933
alcohol was illegal in the US.

período, época, edad, plazo
Durante el período entre 1919 y
1933 el alcohol fue ilegal en
EE UU.

this [ðɪs] *adj*
I got up late **this** morning.

este, esta
Esta mañana me levanté tarde.

nowadays ['nauədeɪz] *adv syn:*
these days
We used to have three TV channels to choose from – **nowadays**
we have up to 100!

**hoy (en) día, actualmente, en la
actualidad**
Antes teníamos tres canales de
televisión entre los que elegir,
¡hoy en día tenemos hasta 100!

tonight [tə'naɪt] *adv*
Let's go dancing **tonight**.

esta noche
¡Vayamos a bailar esta noche!

meanwhile ['miːnwaɪl] *adv syn:*
in the meantime
The ozone debate started years
ago. **Meanwhile** the size of the
ozone hole has tripled.

entretanto, mientras tanto

El debate sobre el ozono empezó hace años. Mientras tanto, el
tamaño de la capa de ozono se
ha triplicado.

then [ðen] *adv opp:* now,
nowadays
I remember the first landing on
the moon – I was a little boy
then.

**(por) entonces, en aquella
época**
Recuerdo el primer alunizaje; entonces yo era muy pequeño.

last night [ˌlɑːst 'naɪt] *adv*
Did you see the talk show at 9
o'clock **last night**?

anoche
¿Viste el programa de entrevis-
tas anoche a las 9?

the day before yesterday [ðə
'deɪ bɪˌfɔː 'jestədeɪ] *adv*
I hope the steaks are still O.K.
I bought them **the day before
yesterday**.

anteayer

Espero que los filetes todavía
estén bien. Los compré anteayer.

the day after tomorrow [ðə 'deɪ
ˌɑːftə tə'mɒrəu] *adv*
It's a long flight – we'll arrive in
Australia **the day after tomorrow**.

pasado mañana

Es un largo vuelo; llegaremos a
Australia pasado mañana.

Expresar duración

«1–2000»

until [ʌn'tɪl] *prep syn:* till, to
Office workers in Britain usually
start at 9 and work **until** 5
o'clock.

hasta
En Gran Bretaña, los oficinistas
suelen empezar a las 9:00 y trabajan hasta las 17:00.

till [tɪl] *prep syn:* until, to
I'll take care of the baby **till** you
come back.

hasta
Yo cuidaré del niño hasta que
vuelvas.

for [fə] *prep*
I lived in the USA **for** one year.

durante
Viví en EE UU durante un año.

since [sɪns] *prep, cj*
She's been ill **since** last week.

desde, desde que
Está enferma desde la semana pasada.

It's been a week **since** she fell ill.

Ha pasado una semana desde que cayó enferma.

☞ *No se deben confundir* **for** *(desde hace) y* **since** *(desde).* **for** *especifica el período durante el que transcurre una acción, por ej.:* **for two months** *(desde hace dos meses), mientras que* **since** *hace referencia al momento en que empezó una acción; por ej.:* **since January** *(desde enero).*

for [fɔː] *prep*
She's been ill **for** a week.

desde hace..., hace...
Está enferma desde hace una semana.

still [stɪl] *adv*
It was **still** dark when we left.

todavía
Todavía estaba oscuro cuando nos fuimos.

long [lɒŋ] *adj, adv*

It's a **long** flight from Madrid to Melbourne. → *large*

largo, mucho tiempo, largo tiempo
Es un largo vuelo desde Madrid hasta Melbourne.

forever [fər'evə] *adv*
The Beatles will be remembered **forever**.

(para) siempre
Los Beatles siempre serán recordados.

«2001–4000»

while [waɪl] *n*
I saw her a little **while** ago.

rato, tiempo
La he visto hace un rato.

length [leŋθ] *n*
The average **length** of a film is about 100 minutes.

longitud, duración
La duración media de una película es de unos 100 minutos.

fortnight *(GB)* ['fɔːtnaɪt] *n*

I'm going on holiday for a **fortnight**.

quince días, quincena, dos semanas
Me voy quince días de vacaciones.

Expresar frecuencia

«1–2000»

ever ['evə] *adv*
Have you **ever** been there?

alguna vez
¿Ha estado allí alguna vez?

always ['ɔːlweɪz] *adv opp:* never
In tennis one player **always** wins.

siempre
En el tenis siempre gana un jugador.

often ['ɒfn] *adv opp:* rarely, seldom
I like the theatre but I don't **often** have time to go.

a menudo, muchas veces, con frecuencia
Me gusta el teatro pero no tengo tiempo para ir con frecuencia.

sometimes ['sʌmtaɪmz] *adv*
Sometimes I go by car, but usually I take the bus.

a veces, algunas veces
A veces voy en automóvil, pero por regla general tomo el autobús.

rarely ['reəlɪ] *adv syn:* seldom, *opp:* often
They've moved away, so we **rarely** see them.

raramente, pocas veces

Se mudaron a otra parte, así que casi nunca los vemos.

never ['nevə] *adv opp:* always
You never saw anything like it.

nunca, jamás
Nunca se ha visto nada parecido.

«2001–4000»

frequent ['friːkwənt] *adj*
He takes his portable computer on his **frequent** flights.

frecuente
Lleva la computadora portátil en sus frecuentes vuelos.

seldom ['seldəm] *adv syn:* rarely, *opp;* ofton
I'm not a vegetarian, but I very **seldom** eat meat.

pocas veces, raramente

No soy vegetariano pero como carne muy raramente.

Antes y después

«1–2000»

already [ɔːl'redɪ] *adv*
I'm not coming – I've **already** seen the film. → *yet*

ya
Yo no voy; ya he visto la película.

---

before [bɪ'fɔː] *prep, cj, adv opp:* after
I always jog **before** breakfast.

She was a teacher **before** she became a writer.
I don't know her name but I've seen her **before**.

antes (de), antes (de) que, anteriormente
Siempre hago jogging antes del desayuno.
Era maestra antes de convertirse en escritora.
No sé su nombre pero la he visto antes.

---

just [dʒʌst] *adv*
I don't know anybody – I've **just** moved here.

justo, ahora mismo, acabar de (hacer algo)
No conozco a nadie; acabo de mudarme aquí.

---

on time [ɒn 'taɪm] *adv opp:* late
We started late but arrived **on time**.

puntual(mente), a tiempo, en punto
Salimos tarde pero llegamos puntuales.

---

in time [ɪn 'taɪm] *adv*
We arrived just **in time** to catch our train.

con tiempo, con antelación
Hemos llegado con el tiempo justo para tomar el tren.

---

early ['ɜːlɪ] *adj, adv opp:* late
The plane was due at 12 but arrived 20 minutes **early**.

temprano, con antelación
El avión tenía que llegar a las doce pero vino con 20 minutos de antelación.

---

only ['əʊnlɪ] *adv*
Stay a little longer – it's **only** ten o'clock.

sólo, solamente
Quédate un poco más, ¡sólo son las diez!

---

soon [suːn] *adv*
Don't be afraid – your mother will **soon** be back.

pronto
No temas, tu madre estará pronto de vuelta.

---

first [fɜːst] *adv*
There's so much work I don't know what to do **first**.

primero, en primer lugar
Hay tanto trabajo que no sé qué hacer en primer lugar.

---

at once [ət 'wʌns] *adv*

Don't wait – do it **at once**!

I can't understand anything if you're all talking **at once**!

en seguida, inmediatamente, de una vez, a la vez
No esperes más, ¡hazlo en seguida!
¡Si habláis todos a la vez no entiendo nada!

then [ðen] *adv*
First the President spoke and **then** his guest.

entonces, después
Primero habló el Presidente y después su invitado.

after [ˈɑːftə] *prep, cj, adv opp:*
before
He likes to take a nap **after** lunch.
He went to college **after** he had finished school.

después (de), después (de) que, una vez (que)
Le gusta echar la siesta después de comer.
Fue a la universidad una vez hubo terminado la escuela.

afterwards [ˈɑːftəwədz] *adv*
Let's go to a show and have a drink **afterwards**.

después, luego
Vayamos al teatro y después a tomar una copa.

late [leɪt] *adj, adv opp:* early
If I don't catch the train, I'll be **late** for work.
At weekends I go to bed **late** (⚠ no: lately).

tarde
Si no tomo el tren llegaré tarde al trabajo.
Los fines de semana me voy a dormir tarde.

later [ˈleɪtə] *adv*
Bye now, I'll see you **later**.

más tarde, luego, después
¡Adiós!, ¡hasta luego!

last [lɑːst] *adj, adv opp:* first

The **last** train leaves around midnight.
As usual, Fred arrived **last**.

último, por último, en último lugar
El último tren sale hacia la medianoche.
Como siempre, Fred llegó el último.

at last [æt ˈlɑːst] *adv syn:* finally
I thought they weren't coming, but here they are **at last**!

por fin
Pensaba que no venían, ¡pero por fin están aquí!

«2001–4000»

yet [iet] *adv*
I'm looking for Sue – have you seen her **yet**?

ya, todavía
Estoy buscando a Sue –¿La has visto ya?

☞ **yet** *puede aparecer tanto en oraciones interrogativas como en negativas, pero se traduce al español de dos maneras distintas. Por ej.:* **Have you done that yet?** *(¿Lo has hecho ya?) y* **I haven't done that yet** *(Todavía no lo he hecho).*

immediately [ɪ'miːdjətlɪ] *adv*
syn: at once
Send an ambulance **immediately**!

inmediatamente, en seguida, en el acto
Envíen una ambulancia inmediatamente.

---

at first [ət 'fɜːst] *adv*
At first I didn't like New York, but now it's my favourite place.

al principio
Al principio Nueva York no me gustaba, pero ahora es mi ciudad favorita.

---

recently ['riːsntlɪ] *adv*

The film came out only **recently**; I haven't seen it yet.

recientemente, hace poco, últimamente
La película se estrenó hace poco; todavía no la he visto.

---

lately ['leɪtlɪ] *adv*

I haven't watched much TV **lately**.

últimamente, recientemente, hace poco
Últimamente no he visto mucho la televisión.

---

punctual ['pʌŋktʃʊəl] *adj*
I have a date with Peter at eight but he's never **punctual**.

puntual
Tengo una cita con Peter a las ocho pero él nunca es puntual.

---

final ['faɪnl] *adj*
I won't do it – and that's **final**!
She's happy – she passed her **final** exams.

último, final, definitivo
No lo haré, ¡y es definitivo!
Está muy contenta. Ha aprobado sus exámenes finales.

---

finally ['faɪnəlɪ] *adv syn:* at last
After several traffic jams we **finally** reached Brighton.

por último, finalmente, por fin
Tras varios atascos, por fin llegamos a Brighton.

EL PASO DEL TIEMPO

«1–2000»

ready ['redɪ] *adj*
Is dinner **ready**? I'm hungry.

listo, preparado, a punto
¿Está lista la cena? Tengo hambre.

---

begin [bɪ'gɪn] *v/i, v/t syn:* start,
opp: end, finish
⚠ **began** [bɪ'gæn], **begun**
[bɪ'gʌn]
World War II **began** in 1939 and ended in 1945.

empezar, comenzar, iniciar

La Segunda Guerra Mundial empezó en 1939 y terminó en 1945.

start [stɑːt] *n, v/i, v/t*
She **started** to say something but stopped.

principio, empezar, iniciar
Empezó a decir algo pero se calló.

---

stay [steɪ] *v/i opp:* leave
Our friends came to see us last night and **stayed** till 2 a.m.

quedarse, permanecer
Nuestros amigos vinieron a visitarnos anoche y se quedaron hasta las dos de la madrugada.

---

keep [kiːp] *v/i*
⚠ **kept** [kept], **kept** [kept]
Try to **keep** calm – it's quite safe.

mantenerse, permanecer

Intenta mantenerte tranquilo; es completamente seguro.

---

continue [kən'tɪnjuː] *v/i, v/t syn:* go on *opp:* stop, end
Many school-leavers want to **continue** their education at college.

seguir, continuar

Muchos de los que terminan sus estudios en la escuela quieren continuar su educación en la universidad.

---

go on [ˌgəʊ 'ɒn] *v/i syn:* happen, continue
What the hell's **going on** here?

You can't **go on** like that – you need some rest.

pasar, ocurrir, seguir, continuar

¿Qué diablos está pasando aquí?
No puedes seguir así; necesitas un descanso.

---

time [taɪm] *n*
Is this your first **time** in London? – No, I've been here many **times**.

vez
¿Es su primera vez en Londres? –No, he estado aquí muchas veces.

---

once [wʌns] *adv*

Once (⚠ no: one time) a week I go to football practice.
London **once** was a Roman town.

una vez, en una ocasión, antes, antiguamente
Una vez a la semana entreno a fútbol.
Antiguamente, Londres fue una ciudad romana.

---

twice [twaɪs] *adv*
I go jogging **twice** (⚠ no: two times) a week, on Wednesdays and Sundays.

dos veces
Hago jogging dos veces a la semana, los miércoles y los domingos.

---

again [ə'gen] *adv syn:* once more
The song is so nice – play it **again**, Sam!

otra vez, de nuevo
¡Esta canción es tan bonita! ¡Tócala otra vez, Sam!

---

repeat [rɪ'piːt] *v/t*
If you fail the test you can **repeat** it once.

repetir
Si suspendes el examen, puedes repetirlo una vez.

progress ['prəʊgres] *n*
He's still in hospital but making good **progress**.

progreso(s)
Todavía está en el hospital, pero está haciendo muy buenos progresos.

---

become [bɪ'kʌm] *v/i*
⚠**became** [bɪ'keɪm], **become** [bɪ'kʌm]
Elizabeth II **became** Queen of England in 1952.

convertirse en, hacerse, volverse

Isabel II se convirtió en reina de Inglaterra en 1952.

---

get [get] *v/i syn:* become
⚠**got** [gɒt], **got** [gɒt], *US* **gotten** ['gɒːtn]
Summers are **getting** hotter every year.

volverse, ponerse, hacerse

Los veranos se están volviendo cada año más calurosos.

---

follow ['fɒləʊ] *v/i, v/t*
The earthquake was **followed** by huge fires.

seguir
El terremoto fue seguido de tremendos incendios.

---

change [tʃeɪndʒ] *n, v/i, v/t*

The computer brought many **changes** in all areas of life.

He hasn't **changed** at all since I last saw him.

cambio, cambiar, modificar(se), transformar(se)
La computadora ha causado muchos cambios en todos los ámbitos de la vida.
No ha cambiado en absoluto desde la última vez que le vi.

---

stop [stɒp] *v/i opp:* start
Could you **stop** talking? I'm trying to think.

parar(se), detenerse
¿Podrías parar de hablar? Intento pensar.

---

finish ['fɪnɪʃ] *v/i, v/t syn:* end, stop
What time does the programme **finish**?

terminar, acabar, concluir

¿A qué hora termina el programa?

---

end [end] *n, v/i, v/t syn:* stop, *opp:* start
The **end** of World War II began with the Allied invasion in 1944.

The atom bomb **ended** World War II in 1945.

final, fin, terminar, acabar

El final de la Segunda Guerra Mundial empezó con la invasión de los aliados en 1944.
La bomba atómica terminó la Segunda Guerra Mundial en 1945.

---

finished ['fɪnɪʃt] *adj*
My essay is almost **finished** (⚠no: ready).

terminado, acabado
Mi redacción está casi terminada.

---

over ['əʊvə] *adv syn:* finished
Let's go home. the party's **over**.

terminado, acabado
Vámonos a casa. La fiesta ha terminado.

«2001–4000»

---

beginning [bɪ'gɪnɪŋ] *n syn:* start, *opp:* end
I enjoyed the book from the **beginning** to the end.

principio, comienzo

Disfruté del libro desde el principio hasta el final.

---

introduction [ˌɪntrə'dʌkʃn] *n*
The **introduction** of the steam engine led to the Industrial Revolution.

introducción, inserción
La introducción de la máquina de vapor condujo a la Revolución Industrial.

---

take place [ˌteɪk 'pleɪs] *v/i*

In Britain most weddings **take place** in church.

tener lugar, celebrarse, realizarse
En Gran Bretaña, la mayoría de las bodas se celebran por la iglesia.

---

last [lɑːst] *v/i*
The cold weather **lasted** several weeks.

durar, mantenerse
El frío duró varias semanas.

---

remain [rɪ'meɪn] *v/i*

Please **remain** seated till the plane has come to a standstill.

quedar(se), permanecer, seguir, continuar
Por favor, permanezcan sentados hasta que el avión se haya detenido.

---

keep [kiːp] *v/t*
⚠ **kept** [kept], **kept** [kept]
Keep going till you see a gate on your right.

quedar(se), permanecer, seguir, mantener(se)
Siga adelante hasta que vea una verja a su derecha.

---

permanent ['pɜːmənənt] *adj opp:* temporary
I spend a lot of time here but it isn't my **permanent** home.

permanente, estable

Paso mucho tiempo aquí, pero no es mi domicilio permanente.

---

develop [dɪ'veləp] *v/i, v/t*

Buds **develop** into blossoms.

Carmakers are **developing** non-polluting engines.

desarrollar(se), transformar(se), evolucionar
Los capullos se transforman en flores
Los fabricantes de automóviles están desarrollando motores no contaminantes.

---

development [dɪ'veləpmənt] *n*
Oil is important for the Arab countries' **development**.

desarrollo, progreso, evolución
El petróleo es importante para el desarrollo de los países árabes.

---

stage [steɪdʒ] *n*
Electric cars are still at the experimental **stage**.

fase, etapa, grado
Los coches eléctricos están todavía en fase experimental.

up-to-date [ˌʌp tə ˈdeɪt] *adj*
This new book gives you **up-to-date** facts and figures. → *actual*

moderno, actual(izado), al día
Este nuevo libro ofrece datos y cifras actualizados.

interrupt [ˌɪntəˈrʌpt] *v/t*
He **interrupts** his wife every time she says something.

interrumpir
Interrumpe a su esposa cada vez que dice algo.

delay [dɪˈleɪ] *n, v/t*

At the airport there were lots of **delays** due to fog.

retraso, demora, aplazar, retrasar
Se produjeron muchos retrasos en el aeropuerto debido a la niebla.

El espacio

CONCEPTOS ESPACIALES

«1–2000»

place [pleɪs] *n*
I know this **place** – I've been here before.
Let's look for a **place** in the shade.

sitio, lugar, puesto
Conozco este lugar; ya he estado aquí antes.
¡Busquemos un sitio a la sombra!

where [weə] *adv*
Where are you going on holiday?

dónde, adónde
¿Adónde vais de vacaciones?

here [hɪə] *adv opp:* there
I've lived **here** all my life.

aquí, acá
He vivido aquí toda mi vida.

there [ðeə] *adv*
I tried to call you, but you weren't **there**.
Are **there** any more questions?

allí, allá, ahí, haber
Intenté llamarle pero no estaba en casa.
¿Hay más preguntas?

to [tuː] *prep*
It's about 400 miles from Los Angeles **to** San Francisco.

a, hacia, hasta
Hay unas 400 millas desde Los Ángeles hasta San Francisco.

in [ɪn] *prep, adv*
Always keep eggs **in** the refrigerator!

en, dentro (de), adentro
¡Guarda siempre los huevos en la nevera!

on [ɒn] *prep*
There is a white cat **on** the roof.

There are beautiful pictures **on** all the walls.

sobre, encima de, en
Hay un gato blanco encima del tejado.
Hay cuadros preciosos en las paredes.

at [æt] *prep*
We're meeting **at** the station at 7 a.m.
The police shot **at** the car but missed it.

en, a, junto a
Nos encontraremos en la estación a las 7 de la mañana.
La policía disparó al coche pero falló el tiro.

out [aut] *adv opp:* in
She put on her coat and walked **out**.

afuera, (hacia) fuera
Se puso el abrigo y salió afuera.

away [ə'weɪ] *adv*
They jumped on their bicycles and rode **away**.
The Mexican border is only a few miles **away** from San Diego.
→ *off*

lejos, fuera, a una distancia de
Saltaron sobre sus bicicletas y se fueron.
La frontera mexicana esta sólo a unas cuantas millas de distancia de San Diego.

somewhere ['sʌmweə] *adv*
Try to find him – he must be **somewhere**.

en/a/por alguna parte
Intenta encontrarle; tiene que estar en alguna parte.

anywhere ['enɪweə] *adv*

Have you seen my glasses **anywhere**? I can't find them.

**en/a/por cualquier parte,
en/a/por alguna parte**
¿Has visto mis gafas en alguna parte? No las encuentro.

nowhere ['nəuweə] *adv opp:*
everywhere
The missing person was **nowhere** to be found.

en/a/por ninguna parte

No se encontraba al desaparecido por ninguna parte.

everywhere ['evrɪweə] *adv opp:*
nowhere
In Britain you'll find a nice pub **everywhere**.

en/a/por todas partes

En Gran Bretaña encontrarás bonitos pubs en todas partes.

room [ruːm] *n syn:* space
There's enough **room** for a family of four.

sitio, espacio, cabida
Hay espacio suficiente para una familia de cuatro.

distance ['dɪstəns] *n*
The Channel Tunnel allows trains to cover the **distance** between London and Paris in about three hours.

distancia
El túnel del Canal de la Mancha permite a los trenes cubrir la distancia entre Londres y París en unas tres horas.

far [fɑː] *adj, adv opp:* near
⚠**farther** ['fɑːðə], **further** ['fɜːðə], **farthest** ['fɑːðəst], **furthest** ['fɜːðəst]
We can walk there – it isn't **far**.

lejano, lejos, a lo lejos

Podemos ir andando; no está lejos.

☞ *Las formas comparativas* **farther, farthest** *se usan sólo con un significado espacial. Por el contrario,* **further, furthest** *se usan tanto espacialmente como en sentido figurado. Por ej.:* **two miles further** *(dos millas más allá),* **further education** *(educación posescolar),* **further facts** *(nuevos datos).*

---

near [nɪə] *adj, adv, prep syn:*
close, *opp:* far
Can you tell me where the **nearest** (⚠ no: next) bus stop is?
I live quite **near**, I can walk home.

cercano, próximo, cerca (de), junto a, próximo
¿Me puede decir dónde está la parada de autobús más cercana?
Vivo bastante cerca, puedo ir andando a casa.

☞ **nearest** *significa 'el situado más cerca' y no debe confundirse con* **next** *que significa 'el próximo' o 'más cercano' en una sucesión, como por ejemplo,* **Get off at the next stop!** *(¡Bájese en la próxima parada!).*

---

next to ['neks tuː] *prep syn:*
beside
She's an old friend – we sat **next to** each other at school.

junto a, al lado de

Es una vieja amiga; en la escuela nos sentábamos una al lado de la otra.

---

opposite ['ɒpəzɪt] *adj, prep*
Turn around and go in the **opposite** direction.
The teacher usually stands **opposite** the class.

opuesto, contrario, enfrente de
Dé la vuelta y vaya en dirección contraria.
Por lo general, el profesor se sitúa enfrente de la clase.

---

against [ə'genst] *prep*
Put the ladder **against** the wall.

contra, al lado, junto a
Pon la escalera contra la pared.

---

front [frʌnt] *n, adj opp:* back, rear
The dining car is at the **front** of the train.
Passengers in the **front** seats run the highest risk.

parte delantera, delantero, primero
El vagón restaurante está en la parte delantera del tren.
Los pasajeros de los asientos delanteros son los que corren más riesgo.

---

in front of [ɪn 'frʌnt əv] *prep opp:* behind
Lots of people were standing **in front of** the cinema.

delante de

Había mucha gente delante del cine.

---

middle ['mɪdl] *n*
Germany is right in the **middle** of Europe.

medio, centro, mitad
Alemania está justo en el centro de Europa.

among [ə'mʌŋ] *prep*
There are several valuable examples **among** your stamps.
→ *between*

entre, en medio de
Entre tus sellos se encuentran varios ejemplares de valor.

---

back [bæk] *adv*
I'm going away and will be **back** on Sunday.

de vuelta
Me voy fuera; estaré de vuelta el domingo.

---

back [bæk] *n, adj opp:* front

Children should sit in the **back** of a car.

parte trasera, fondo, trasero, de atrás
Los niños deberían sentarse en la parte de atrás del coche.

---

behind [bɪ'haɪnd] *prep, adv*
He was hiding **behind** a tree.

detrás de, (por) detrás, atrás
Estaba escondido detrás de un árbol.

---

beside [bɪ'saɪd] *prep syn:* next to
Bride and groom stand **beside** each other during the wedding ceremony.

junto a, al lado de
Durante la ceremonia de la boda, el novio y la novia están de pie uno al lado del otro.

---

side [saɪd] *n*
In Britain cars drive on the left **side** of the road.

lado
En Gran Bretaña los coches conducen por el lado izquierdo de la carretera.

---

right [raɪt] *n, adj, adv opp:* left

On your **right** you can see Tower Bridge.
Turn **right** at the crossroads.

lado derecho, derecho, (a la) derecha
A su derecha pueden ver el Tower Bridge.
Gire a la derecha en el cruce.

---

left [left] *n, adj, adv opp:* right

The department store is on the **left**.
Make a **left** turn at the traffic lights.

lado izquierdo, izquierdo, (a la) izquierda
Esos grandes almacenes están a la izquierda.
Al llegar al semáforo haga un giro a la izquierda.

---

up [ʌp] *adv, prep opp:* down

She went **up** to the first floor to put the children to bed.
The ghost town Bodie is high **up** in the mountains. → *off*

(hacia) arriba, en lo alto de, encima de
Subió al primer piso para meter a los niños en la cama.
Bodie, el pueblo fantasma, está en lo alto de las montañas.

---

over ['əʊvə] *prep, adv*

The dog jumped **over** the fence and ran away. → *off*
We're having a little party – are you coming **over**?

(por) encima de, *LA* **(por) arriba de, acá**
El perro saltó por encima de la valla y se escapó.
Vamos a hacer una pequeña fiesta, ¿queréis venir?

above [ə'bʌv] *prep, adv opp:* below

The plane was flying far **above** the clouds.

(por) encima de, arriba de

El avión volaba muy por encima de las nubes.

---

upper ['ʌpə] *adj opp:* lower

The bedrooms are on the **upper** floor.

superior, más alto, de arriba

Los dormitorios están en el piso de arriba.

---

high [haɪ] *adj adv opp:* low, deep

Mount Everest is the **highest** mountain.

alto

El monte Everest es la montaña más alta.

---

under ['ʌndə] *prep opp:* over, above

Most of the iceberg is **under** the surface of the water.

debajo de, bajo

La mayor parte del iceberg está bajo la superficie del agua.

---

down [daʊn] *adv, prep, opp:* up

He went **down** to the cellar to look at the heating. → *off*

abajo, hacia abajo

Bajó al sótano para mirar el sistema de calefacción.

---

low [ləʊ] *adj, adv opp:* high

The clouds are very **low** – it's going to rain.

bajo

Las nubes están muy bajas; va a llover.

---

deep [diːp] *adj*

Careful when you go swimming – the water's very **deep!**

profundo, hondo

Ten cuidado cuando vayas a nadar; el agua es muy profunda.

---

surface ['sɜːfɪs] *n*

Oil is pumped to the **surface** from the underground oilfields.

superficie

El petróleo se bombea hasta la superficie desde los yacimientos subterráneos.

---

flat [flæt] *adj*

East of the Rocky Mountains the land is mostly **flat**.

llano, plano, liso

Al este de las montañas Rocosas el terreno es llano en su mayor parte.

---

long [lɒŋ] *adj opp:* short

The **longest** rivers are the Amazon and the Nile. → *large*

largo

Los ríos más largos son el Amazonas y el Nilo.

---

straight [streɪt] *adj, adv*

I can't draw a **straight** line without a ruler.

recto, derecho

No puedo trazar una línea recta sin una regla.

---

wide [waɪd] *adj, adv*

Our garage isn't **wide** enough for your big car.

ancho, extenso

Nuestro garaje no es lo bastante ancho para vuestro coche.

narrow ['nærəʊ] *adj opp:* wide, broad
The street is too **narrow** for buses and lorries.

estrecho
Esta calle es demasiado estrecha para los autobuses y los camiones.

«2001–4000»

space [speɪs] *n syn:* room
There isn't enough **space** in the living room for all our furniture.

espacio, sitio
En la sala de estar no hay suficiente espacio para todos nuestros muebles.

position [pə'zɪʃn] *n syn:* location
San Francisco is known for its beautiful **position** overlooking the Bay.

posición, situación, ubicación
San Francisco es conocido por su bonita situación sobre la bahía.

spot [spɒt] *n syn:* place
Let's look for a nice **spot** for a picnic.

sitio, lugar
Busquemos un sitio bonito para hacer un picnic.

all over ['ɔːl ˌəʊvə] *prep syn:* throughout
In London you can see tourists from **all over** the world.

en/por todas partes
En Londres se pueden ver turistas de todas partes del mundo.

throughout [θruː'aʊt] *prep syn:* all over
Fish 'n' chip shops are to be found **throughout** England.

en/por todas partes
En Inglaterra, hay tiendas de pescado frito con patatas fritas por todas partes.

distant ['dɪstənt] *adj syn:* faraway, *opp:* nearby
Their fast ships took the Vikings to **distant** countries.

distante, lejano, remoto
Sus veloces embarcaciones llevaron a los vikingos a tierras lejanas.

inside [ɪn'saɪd] *n, adv, prep, opp:* outside
When you wash the car, please clean the **inside**, too.
We'd rather stay **inside** when it is so cold.

interior, hacia dentro, por dentro, dentro (de)
Cuando lave el coche, limpie también el interior, por favor.
Cuando hace tanto frío preferimos quedarnos dentro.

inner ['ɪnə] *adj*
Crime and poverty are problems of **inner** cities.

interior, interno, céntrico
El crimen y la pobreza son problemas de los barrios céntricos.

central ['sentrəl] *adj*
We live in a very **central** part of town.

central, céntrico
Vivimos en un barrio muy céntrico.

outer ['aʊtə] *adj opp:* inner
The thick **outer** walls of the house keep the inside cool.

exterior, externo
Las gruesas paredes exteriores de la casa mantienen fresco el interior.

outside [aʊt'saɪd] *n, adv, prep opp:* inside
The **outside** of the building needs painting.
The kids always play **outside** when the weather's good.

exterior, parte exterior, fuera (de), al exterior de
El exterior del edificio necesita una mano de pintura.
Los niños siempre juegan fuera cuando hace buen tiempo.

aside [ə'saɪd] *adv*
The boy stepped **aside** to let the old woman pass.

aparte, a un lado
El chico se puso a un lado para dejar pasar a la anciana.

top [tɒp] *n, adj*

A penthouse is an exclusive flat built on **top** of a tall building.

cima, parte superior, el más alto, primero
Un penthouse es un selecto apartamento construido en la parte superior de un edificio alto.

on top of [ɒn 'tɒp əv] *prep*
Put the hamburger on the roll and a slice of cheese **on top of** it.

encima
Pon la hamburguesa en el panecillo y pon una loncha de queso encima.

at the top (of) [æt ðə 'tɒp (əv)]

Your chances are good, you're **at the top of** the waiting list.

a la cabeza (de), en la primera posición (de)
Tienes muchas posibilidades; eres el primero de la lista de espera.

height [haɪt] *n*
The **height** of Mount Everest is 29,028 feet.

altura, altitud
La altura del monte Everest es de 29.028 pies (8.848 m).

below [bɪ'ləʊ] *prep syn:* under, *opp:* above
There's a lot of oil **below** the surface of the desert.

bajo, debajo de

Hay mucho petróleo bajo la superficie del desierto.

at the bottom (of) [æt ðə 'bɒtəm (əv)]
Look at the picture **at the bottom of** page 12.

en el fondo, en la parte inferior (de), el último (de)
Mirad la ilustración en la parte inferior de la página 12.

depth [depθ] *n*
This diver's watch is water resistant to a **depth** of 100 metres.

profundidad
Este reloj de buceador es sumergible hasta una profundidad de 100 metros.

broad [brɔːd] *adj syn:* wide, *opp:* narrow
Bodybuilders have **broad** shoulders and a slim waist.

ancho, extenso, amplio

Los culturistas tienen las espaldas anchas y la cintura estrecha.

width [wɪdθ] *n*

We are measuring the length and **width** of the room.

anchura, ancho, extensión, amplitud
Estamos midiendo el largo y el ancho de la habitación.

MOVIMIENTO Y REPOSO

«1–2000»

move [muːv] *v/i, v/t*
Don't open the door while the train's **moving**.

mover(se)
No abra la puerta mientras el tren esté en movimiento.

turn [tɜːn] *v/i, v/t*
The wheels were **turning** but the car didn't move.
She **turned** around and waved at us.

girar(se), dar vueltas, volverse
Las ruedas giraban pero el automóvil no se movía.
Se volvió y nos saludó con el brazo.

step [step] *n, v/i*
There's a nice pub only a few **steps** further along.
Don't **step** into the puddle.

paso, dar un paso, pisar
Hay un bonito pub a sólo unos pasos de aquí.
No pises el charco.

jump [dʒʌmp] *v/i*
Horses can **jump** over high fences.

saltar, brincar
Los caballos pueden saltar por encima de altas vallas.

rise [raɪz] *v/i opp:* fall
⚠ **rose** [rəʊz], **risen** ['rɪzən]
The road **rises** steeply and leads up the mountain.

The members of the jury **rose** from their seats.

subir, elevarse, levantarse

La carretera sube muy empinada y conduce hasta la cima de la montaña.
Los miembros del jurado se levantaron de sus asientos.

☞ **to rise** y **to raise** *se confunden con frecuencia.* **to rise** *significa 'levantarse' o 'elevarse', y no lleva complemento directo, como por ej.,* **we rose** *(nos levantamos). Sin embargo,* **to raise** *se usa siempre con un complemento directo y significa 'levantar o alzar algo o a alguien', por ej.,* **we raised our glasses** *(levantamos nuestras copas).*

sink [sɪŋk] *v/i, v/t*   **hundir(se), disminuir, menguar**
⚠ **sank** [sæŋk], **sunk** [sʌŋk]
Torpedoes are used to **sink** enemy ships.
Los torpedos se usan para hundir barcos enemigos.
Two days after the flood the water sank to a normal level again.
Dos días después de la inundación, el nivel del agua menguó hasta normalizarse.

drop [drɒp] *v/i syn:* fall   **caer, disminuir**
The bottle **dropped** on the floor and broke.
La botella cayó al suelo y se rompió.

fall [fɔːl] *v/i syn:* drop   **caer(se)**
⚠ **fell** [fel], **fallen** ['fɔːlən]
She **fell** off her horse and broke her arm.
Se cayó de su caballo y se rompió un brazo.

fall [fɔːl] *n*   **caída**
Grandma is in hospital after a bad **fall**.
La abuela está en el hospital a causa de una grave caída.

lie [laɪ] *v/i*   **estar tumbado, estar acostado, echarse**
⚠ **lay** [leɪ], **lain** [leɪn]
A week from now we'll be **lying** on the beach.
Dentro de una semana estaremos tumbados en la playa.
She likes to **lie** down for a while after lunch. → *lie*
Le gusta echarse un rato después de la comida.

☞ **to lie**, <u>**lay**</u>, **lain** *(estar tumbado, echarse)* y **to** <u>**lay**</u>, **laid**, **laid** *(poner) son verbos irregulares de fácil confusión por tener algunas formas en común (lay). Conviene tener cuidado también con el verbo* **to lie**, **lied**, **lied** *(mentir):* **He was lying** *puede significar 'Estaba mintiendo' o bien 'Estaba tumbado'.*

sit [sɪt] *v/i*   **estar sentado, sentarse**
⚠ **sat** [sæt], **sat** [sæt]
I usually **sit** at my desk when I work.
Cuando trabajo suelo hacerlo sentado en mi escritorio.
Come in and **sit** down, please.
Entre y siéntese, por favor.

stand [stænd] *v/i*   **estar de pie,** *LA* **estar parado**
⚠ **stood** [stʊd], **stood** [stʊd]
We have to **stand** when the bus is full.
Cuando el autobús va lleno, tenemos que estar de pie.

«2001–4000»

presence ['prezns] *n*
He felt her **presence**.

presencia
Sintió su presencia.

balance ['bæləns] *n*
She lost her **balance** and fell into the pool.

equilibrio
Perdió el equilibrio y cayó a la piscina.

movement ['muːvmənt] *n*
A karate fighter's **movements** must be as quick as lightning.

movimiento
Los movimientos de un karateca tienen que ser tan rápidos como el rayo.

hang [hæŋ] *v/i*
⚠ **hung** [hʌŋ], **hung** [hʌŋ]
The clothes are **hanging** on a clothesline to dry.
Can I **hang** my raincoat here?

colgar, estar colgado, pender, estar suspendido
La ropa está colgada en el tendedero para que se seque.
¿Puedo colgar el impermeable aquí?

roll [rəʊl] *v/i, v/t*
The ball **rolled** into the hole.

(hacer) rodar, ir rodando
La pelota rodó hacia dentro del hoyo.

flow [fləʊ] *v/i*
The Mississippi **flows** from Minnesota to the Gulf of Mexico.

fluir, correr
El Mississippi fluye desde Minnesota hasta el golfo de México.

float [fləʊt] *v/i*
Wood usually **floats** on the water.

flotar
La madera suele flotar en el agua.

rise [raɪz] *n syn:* increase, *opp:* fall
Are the long, hot summers a result of a general **rise** in temperature?

subida, aumento

¿Son los largos y calurosos veranos el resultado de un aumento general de la temperatura?

push [pʊʃ] *v/i, v/t*
Please don't **push** – there's room for everybody.

empujar
Por favor, no empujen; hay sitio para todos.

rock [rɒk] *v/i, v/t*
The boat was **rocking** on the waves.

mecer(se), balancear(se)
La barca se balanceaba sobre las olas.

shock [ʃɒk] *n*
The **shock** of the explosion was felt miles away.

sacudida, temblor
La sacudida de la explosión se sintió a millas de distancia.

slip [slɪp] *v/i*
I **slipped** on the ice and fell.

deslizarse, resbalar
Resbalé sobre el hielo y caí.

creep [kriːp] *v/i*
⚠ **crept** [krept], **crept** [krept]
The snake **crept** towards the bird.

arrastrarse, reptar, deslizarse

La serpiente se arrastró hacia el pájaro.

RAPIDEZ Y LENTITUD

«1–2000»

speed [spiːd] *n*
The Concorde can reach **speeds** of Mach 2 and higher.

velocidad, rapidez
El Concorde puede llegar a velocidades de Mach 2 e incluso superiores.

run [rʌn] *v/i*
⚠ **ran** [ræn], **run** [rʌn]
Ian is walking. If you **run** you will catch him (up).

correr

Ian va caminando. Si corres, lo alcanzarás.

hurry ['hʌrɪ, *US* 'hɜːrɪ] *n, v/i*

There's no **hurry**.
We've got to **hurry**.

prisa, *LA* **apuro, darse prisa,** *LA* **apurarse**
No hay prisa.
Tenemos que apresurarnos.

be in a hurry [ˌbiː ɪn ə 'hʌrɪ]
Can this wait till tomorrow? I'm **in a hurry**.

tener prisa, *LA* **tener apuro**
¿No lo podemos dejar para mañana? Tengo prisa.

quick [kwɪk] *adj syn:* fast, *opp:* slow
Young children learn very **quickly**.

rápido, veloz

Los niños pequeños aprenden muy rápidamente.

fast [fɑːst] *adj, adv syn:* quick(ly), *opp:* slow(ly)
She's a **fast**, but careful driver.

rápido, veloz

Es una conductora rápida pero prudente.

slow [sləʊ] *adj opp:* quick, fast
Seeing London by bus is fun but very **slow**.

lento
Ver Londres en autobús es divertido pero muy lento.

«2001–4000»

rush [rʌʃ] *v/i syn:* hurry
The fire engine **rushed** to the scene of the fire.

precipitarse, ir rápidamente
El coche de bomberos acudió rápido al lugar del incendio.

overtake [ˌəʊvəˈteɪk] *v/i, v/t syn:* pass
⚠ **overtook** [ˌəʊvəˈtʊk], **overtaken** [ˌəʊvəˈteɪkən]
Don't **overtake** if you can't see the oncoming traffic.

alcanzar, adelantar, rebasar

No adelante si no puede ver el tráfico que viene en dirección contraria.

---

slow down [ˌsləʊ ˈdaʊn] *v/i, v/t opp:* speed up
Slow down – the speed limit is 25 mph!

reducir la velocidad, ir más despacio
¡Reduce la velocidad!; ¡el límite es de 25 millas por hora!

DIRECCIÓN

«1–2000»

direction [dɪˈrekʃn] *n*
He is walking in the wrong **direction**.

dirección, sentido
Camina en la dirección equivocada.

---

along [əˈlɒŋ] *prep, adv*
He was hit by a car while he was walking **along** the street.

a lo largo de, por
Iba andando por la calle cuando fue atropellado por un automóvil.

---

on [ɒn] *adv*
We walked **on** and **on** and finally got there.

(expresa continuación)
Seguimos caminando y finalmente llegamos.

---

about [əˈbaʊt] *adv syn:* around

In most big cities you can see homeless people wandering **about/around** aimlessly.

alrededor, dando vueltas

En la mayoría de las grandes ciudades se puede ver gente sin hogar que deambula dando vueltas por las calles sin rumbo fijo.

---

round [raʊnd] *prep, adv syn:* around
The earth turns **(a)round** the sun.
A merry-go-round goes **(a)round** in a circle.

alrededor (de), dando vueltas

La Tierra gira alrededor del Sol.
Un tiovivo va dando vueltas en círculo.

---

for [fɔː] *prep*
The ferry left **for** Harwich this morning.

hacia, para, rumbo a
El ferry partió esta mañana rumbo a Harwich.

towards [tə'wɔːdz, *US* tɔːdz] *prep*

I got a fright when I saw a big dog running **towards** me.

hacia

Vi un perro corriendo hacia mí y me asusté.

---

into ['ɪnt] *prep*

It's getting cold – let's go **into** the house.

en, dentro de, hacia el interior

Empieza a hacer frío; entremos en la casa.

---

out of ['aʊt ʊv] *prep opp:* into

He jumped **out of** bed when the alarm clock rang.

fuera de, hacia afuera

Saltó fuera de la cama cuando el despertador sonó.

---

from [frɒm] *prep*

Sean comes **from** Ireland.
I got a letter **from** Tom this morning.

de

Sean es de Irlanda.
Recibí una carta de Tom esta mañana.

---

off [ɒf] *adv, prep*

Get **off** (the bus) at the next stop.

She got into her car and drove **off**.

de, desde, hacia fuera, lejos

Baje (del autobús) en la próxima parada.
Se metió en su automóvil, arrancó y se fue.

☞*Obsérvese que la mayoría de las preposiciones o de los adverbios que acompañan a un verbo en inglés para modificar su significado no tienen una traducción propia en español. Cambian el significado del verbo original, por ej.:*
switch *(cambiar)* -**switch off** *(apagar),* **switch on** *(encender);*
take *(tomar)* –**take away** *(quitar, llevarse);*
come *(venir)* –**come in** *(entrar);*
look *(mirar)* –**look after** *(cuidar a),*
go *(ir)* –**go up** *(subir),* **go down** *(bajar), etc.*

---

through [θruː] *prep*

Our train is going **through** the Channel Tunnel.

a través, por (dentro de)

Nuestro tren va por el túnel del Canal de la Mancha.

---

across [ə'krɒs] *prep, adv*

A ferry took us **across** the river.

a través, cruzando (por)

Un ferry nos llevó a través del río.

«2001–4000»

forward ['fɔːwəd] *adv opp:* backwards

We put the clocks **forward** to switch to summer time.

adelante, hacia adelante

Adelantamos los relojes para cambiar al horario de verano.

approach [ə'prəutʃ] v/t
As the ship **approached** New York City, the first thing we saw was the Statue of Liberty.

acercarse a, aproximarse a
Cuando el barco se acercaba a Nueva York, lo primero que vimos fue la estatua de la Libertad.

backwards ['bækwədz] adv opp: forward
In a countdown you count **backwards** in seconds to zero.

atrás, hacia atrás, al revés
En una cuenta atrás, se cuentan los segundos al revés.

IR Y VENIR

«1–2000»

come [kʌm] v/i
⚠ **came** [keɪm], **come** [kʌm]
I want you to **come** to my birthday party.

venir, llegar

Quiero que vengas a mi fiesta de cumpleaños.

appear [ə'pɪə] v/i
He said he'd be here by six but he hasn't **appeared** yet.

aparecer, presentarse
Dijo que estaría aquí hacia las seis, pero todavía no ha aparecido.

arrive [ə'raɪv] v/i opp: depart, leave
The train **arrives** in London at 10.30.

llegar
El tren llega a Londres a las 10:30.

enter ['entə] v/i, v/t opp: leave
Don't forget to knock on the door before you **enter**.

entrar
No olvides llamar a la puerta antes de entrar.

go [gəʊ] v/i opp: stay, come
⚠ **went** [went], **gone** [gɒn]
I'd like to stay a little longer, but I really must **go** now.

irse, marcharse

Me gustaría quedarme un poco más, pero de verdad que tengo que irme ahora.

leave [liːv] v/i, v/t opp: enter, arrive ⚠ **left** [left], **left** [left]
To catch my bus I have to **leave** at 7.30.

irse, marcharse, salir

Para tomar el autobús tengo que salir a las 7:30.

walk [wɔːk] v/i
Most babies learn to **walk** when they are over a year old.

We had no car, so we had to **walk**.

andar, caminar, ir a pie
La mayoría de los bebés aprenden a caminar cuando han cumplido un año de edad.
No teníamos automóvil, así que tuvimos que ir a pie.

get [get] v/i
⚠ got [gɒt], got [gɒt], US gotten ['gɑ:tn]
How can we **get** there without a car?

llegar

¿Cómo podemos llegar allí sin automóvil?

---

pass [pɑ:s] v/i, v/t

She always waves at me when she **passes** my home.

pasar (por delante) de, adelantar, rebasar
Siempre me saluda con el brazo al pasar por delante de mi casa.

---

stop [stɒp] v/i, v/t
Don't get off the train before it **stops**.
We **stopped** to look at the shop windows.
The police **stopped** him because he was driving too fast.

parar(se), detener(se), cesar
No bajen del tren antes de que se detenga.
Paramos a mirar los escaparates.
La policía le paró porque conducía demasiado rápido

---

return [rɪ't3:n] n, v/i
I leave at 7.30 in the morning and **return** from work around five.

vuelta, regreso, volver, regresar
Salgo a las 7:30 de la mañana y vuelvo del trabajo alrededor de las cinco.

«2001–4000»

---

wander ['wɒndə] v/i, v/t

In most cities there are homeless people **wandering** the streets.

vagar (por), deambular, pasearse
En la mayoría de las ciudades hay gente sin hogar deambulando por las calles.

---

reach [ri:tʃ] v/t
The train **reached** Victoria Station 20 minutes late.
We couldn't **reach** the fruit without a ladder.

llegar a, llegar hasta, alcanzar
El tren llegó a la estación de Victoria 20 minutos tarde.
No podíamos alcanzar la fruta sin una escalera de mano.

---

settle ['setl] v/i, v/t

California was first **settled** by the Spanish.

establecerse, instalarse, colonizar, poblar
California fue colonizada por primera vez por los españoles.

---

disappear [ˌdɪsə'pɪə] v/i opp: appear
One day he **disappeared** and was never seen again.

desaparecer

Un día desapareció y nadie lo vio nunca más.

Cantidades y medidas

CONCEPTOS DE CANTIDAD

«1–2000»

another [əˈnʌðə] *adj*
Would you like **another** cup of coffee?

otro
¿Le gustaría tomar otra taza de café?

both [bəʊθ] *adj, pron*
Both of my parents are teachers.

ambos, los dos
Mis padres son ambos profesores.

dozen [ˈdʌzn] *n*
He made pancakes from a **dozen** eggs.

docena
Hizo tortitas con una docena de huevos.

quarter [ˈkɔːtə] *n*
My car is worth only a **quarter** of its original value.

cuarto, cuarta parte
Mi automóvil sólo vale la cuarta parte de su valor original.

half [hɑːf] *n, adj, pron*
⚠ *pl* **halves** [hɑːvz]
You cut a grapefruit into two **halves**.
226 grams is **half** a pound in English-speaking countries.

mitad, medio

El pomelo se corta en dos mitades.
En los países de habla inglesa, 226 gramos son media libra.

enough [ɪˈnʌf] *adj, adv, pron*

We don't have **enough** money to go on holiday.

bastante, suficiente, suficientemente
No tenemos dinero suficiente para ir de vacaciones.

a lot of [ə ˈlɒt əv] *syn:* much, many, *opp:* little, few
You can make **a lot of** money as a professional footballer.

mucho, gran cantidad

Siendo futbolista profesional se puede ganar mucho dinero.

much [mʌtʃ] *adj, adv, pron syn:* a lot (of), *opp:* little
I don't go out **much** because I haven't got time.

mucho, demasiado

No salgo mucho porque no tengo tiempo.

many [ˈmenɪ] *adj, pron syn:* a lot of, *opp:* few
⚠ **more** [mɔː], **most** [məʊst]
I haven't got **many** records but I've got a lot of books.

muchos, demasiados

No tengo demasiados discos, pero tengo muchos libros.

more [mɔː] *adj, adv, pron opp:* less, fewer
You'll see **more** of London if you use the bus.

más

Verás más de Londres si tomas el autobús.

over ['əʊvə] *prep*
We receive **over** 100 channels by satellite.

por encima de, más de
Recibimos más de 100 canales vía satélite.

most [məʊst] *adj, adv, pron opp:* least
Most (⚠ no: the most) people are against war.
What the kids enjoyed **most** was the clowns.

la mayoría, la mayor parte, más

La mayoría de gente está en contra de la guerra.
Lo que gustó más a los niños fueron los payasos.

all [ɔ:l] *adj*
He lost **all** his money at the races.
I like **all** kinds of sport.

todo
Perdió todo su dinero en las carreras de caballos.
Me gusta todo tipo de deporte.

a few [ə 'fju:] *syn:* some

The weather was fine except for **a few** rainy days.

unos cuantos, unos pocos, algunos
El tiempo fue bueno excepto por algunos días de lluvia.

a little [ə 'lɪtl]
I need a few eggs and **a little** butter for the omelette.

un poco de, algo de
Necesito unos cuantos huevos y un poco de mantequilla para la tortilla.

little ['lɪtl] *adj, adv, pron opp:* much, a lot (of)
⚠**less** [les], **least** [li:st]
I'm afraid there's **little** I can do for you.
There's so much work that I have **little** time to relax.

poco

Me temo que puedo hacer muy poco por usted.
Hay tanto trabajo que dispongo de poco tiempo para descansar.

few [fju:] *adj, pron opp:* a lot of, many
Many people live till they're 80 and older, but **few** live to be 100.

unos, pocos, algunos

Mucha gente llega a los 80 o más, pero pocos viven hasta los 100 años.

less [les] *adj, adv, pron opp:* more
Bed-and-breakfasts are **less** expensive than hotels.

menor, menos

Las pensiones con alojamiento y desayuno son menos caras que los hoteles.

least [li:st] *adj, adv, pron opp:* most
It's one of the **least** known of his films.

menor, mínimo, menos, lo menos
Es una de sus películas menos conocidas.

no [nəʊ] *adv*
There were not enough doctors, and **no** hospitals.

ningún
No había médicos suficientes ni ningún hospital.

nothing ['nʌθɪŋ] *pron, adv opp:*
something, everything
The safe's empty – there's **nothing** in it.

nada

La caja fuerte está vacía; no hay nada en ella.

«2001–4000»

contain [kən'teɪn] *v/t*
Skimmed milk **contains** less fat.

contener
La leche desnatada contiene menos grasa.

contents ['kɒntents] *pl*
Heat the **contents** of the can in a pan.

contenido
Caliente el contenido de la lata en una cazuela.

quantity ['kwɒntətɪ] *n opp:*
quality
Quality is more important than **quantity**.

cantidad

La calidad es más importante que la cantidad.

double ['dʌbl] *adj, v/i, v/t*
Would you like a **double** room or a single room?

doble, doblar(se), duplicar(se)
¿Desean una habitación doble o sencilla?

several ['sevrəl] *adj*
There are **several** ways to see London – the nicest is by bus.

varios, algunos, diversos
Hay varias maneras de ver Londres; la más bonita es en autobús.

plenty of ['plentɪ əv] *syn:* a lot of
Children need **plenty of** food.

mucho(s), bastante(s)
Los niños necesitan mucha comida.

mass [mæs] *n*

Henry Ford introduced **mass** production and made cars cheaper.

(en) masa, en serie, gran cantidad
Henry Ford introdujo la producción en serie e hizo que los automóviles fueran más baratos.

pile [paɪl] *n syn:* heap
There are **piles** of dirty dishes on the kitchen table.

montón, pila
Hay montones de platos sucios en la mesa de la cocina.

heap [hi:p] *n syn:* pile
There are **heaps** of books and documents on his desk.

montón, pila
Hay montones de libros y documentos sobre su escritorio.

majority [mə'dʒɒrətɪ] *n opp:*
minority
The **majority** of South Africans are black.

mayoría

La mayoría de los sudafricanos son negros.

total ['təʊtl] *n, adj*
You get the **total** by adding 3% tax and 15% service to the bill.

The affair was a **total** failure.

total
El total se calcula sumando a la cuenta un 3% de impuestos y un 15% por el servicio.
El asunto fue un fracaso total.

minority [maɪ'nɒrətɪ] *n opp:* majority
Only a small **minority** of women can be found in top management.

minoría

Sólo una pequeña minoría de mujeres ocupan puestos directivos.

only ['əʊnlɪ] *adj*
Until the 1930's the **only** way to get to America was by ship.

único, sólo
Hasta 1930, la única manera de llegar a América era en barco.

neither ... nor ['naɪðə ... 'nɔː]
Nuclear power is **neither** safe **nor** clean.

ni...ni
La energía nuclear no es ni segura ni limpia.

none [nʌn] *pron*
I tried three pay phones but **none** of them was working.

nadie, ninguno
Lo intenté en tres teléfonos públicos pero ninguno funcionaba.

NÚMEROS CARDINALES

«1–2000»

0	zero ['zerəʊ], *en números de teléfono:* 0 [əʊ]	12	twelve [twelv]
1	one [wʌn]	13	thirteen [ˌθɜː'tiːn]
2	two [tuː]	14	fourteen [ˌfɔː'tiːn]
3	three [θriː]	15	fifteen [ˌfɪf'tiːn]
4	four [fɔː]	16	sixteen [ˌsɪks'tiːn]
5	five [faɪv]	17	seventeen [ˌsevn'tiːn]
6	six [sɪks]	18	eighteen [ˌeɪ'tiːn]
7	seven ['sevn]	19	nineteen [ˌnaɪn'tiːn]
8	eight [eɪt]	20	twenty ['twentɪ]
9	nine [naɪn]	21	twenty-one [ˌtwentɪ'wʌn]
10	ten [ten]	22	twenty-two [ˌtwentɪ'tuː]
11	eleven [ɪ'levn]	30	thirty ['θɜːtɪ]
		40	forty ['fɔːtɪ] (⚠ *sin u*)

50	fifty ['fɪftɪ]		100 a (o **one**) hundred [ə (o nʌn) 'hʌndrəd] 1,000 a (o **one**) thousand [ə (o ˌnʌn) 'θaʊznd]
60	sixty ['sɪkstɪ]		
70	seventy ['sevntɪ]		1,000,000 a (o **one**) million [ə (o ˌwʌn) 'mɪljən]
80	eighty ['eɪtɪ]		
90	ninety ['naɪntɪ]		

number ['nʌmbə] *n*
Many people think that 7 is a lucky and 13 an unlucky **number**.

número, cifra
Mucha gente piensa que el 7 es un número de buena suerte y el 13 un número de mala suerte.

sum [sʌm] *n*
The **sum** of 6 and 4 is 10.
The US bought Alaska from Russia for the **sum** of $ 7,200,000.

suma, total, cantidad
La suma de 6 más 4 es 10.
EE UU compraron Alaska a los rusos por la suma de 7.200.000 dólares.

«2001–4000»

figure ['fɪgə, *US* 'fɪgjər] *n*
I don't know the latest **figures**.

cifra, número, cantidad
No conozco las últimas cifras.

billion ['bɪljən] *m, pron*
The world population is about five **billion**.

mil millones
La población mundial es de unos cinco mil millones.

☞ **billion** *significa 'mil millones' mientras que la palabra española 'billón' se traduce al inglés por* **trillion, a thousand billion** *o* **a million million**. *En algunas ocasiones, en inglés británico* **billion** *equivale al 'billón' español pero cada vez con menos frecuencia.*

add [æd] *v/t opp:* subtract
If you **add** 6 to 4 you get 10.

sumar, añadir, agregar
Si a 4 le sumas 6, te da 10.

subtract [səb'trækt] *v/t opp:* add
If you **subtract** 10 from 100 you get 90.

restar
Si a 100 le restas 10, obtienes 90.

multiply ['mʌltɪplaɪ] *v/t opp:* divide
You get the number of miles by **multiplying** kilometres by 1.6.

multiplicar
El número de millas se calcula multiplicando el número de kilómetros por 1,6.

divide [dɪ'vaɪd] *v/t opp:* multiply
You convert kilometres into miles
by **dividing** them by 1.6.

dividir
Los kilómetros se convierten a
millas dividiéndolos por 1,6.

MEDIDAS Y PESOS

«1–2000»

foot [fʊt] *n* **(ft)**
pl **feet** [fiːt]
  1 **foot** = 12 inches = 30.48 cm

pie

---

inch [ɪntʃ] *n* **(in)**
  1 **inch** = 2.54 cm

pulgada

---

metre, *US* **-er** ['miːtə] *n* **(m)**
  1 **meter** = 39.37 inches

metro

---

mile [maɪl] *n* **(m,** *US* **mi)**
  1 **mile** = 1.609 km
  1 nautical **mile** = 1.852 km

milla

---

yard [jɑːd] *n* **(yd)**
  1 **yard** = 3 feet = 91.44 cm

yarda

---

pound [paʊnd] *n* **(lb)**
  1 **pound** = 453.59 g

libra

«2001–4000»

centimetre, *US* **-er**
['sentɪˌmiːtə] *n* **(cm)**
  1 **centimetre** = 0.3937 inches

centímetro

---

kilometre, *US* **-er** [kɪ'lɒmɪtər] *n*
(km)
  1 **kilometre** = 0.6214 miles

kilómetro

---

barrel ['bærəl] *n* **(bl)**
  1 **barrel** = *aprox.* 30–40 gallons,
(petróleo) = 159l

tonel

---

gallon ['gælən] *n* **(gal)**
  1 **gallon** = GB 4.546l
             = US 3.785 l

galón

litre, US **-er** ['liːtə] n **(l)**
1 **litre** = GB 1.76 pints =
0.22 gallons (GB)
= US 2.11 pints =
0.26 gallons (US)

litro

---

pint [paɪnt] n **(pt)**
1 **pint** = GB 0.57 l
= US 0.47 l

pinta

---

gram [græm] n **(g)**
1 **gram** = 0.35 ounces

gramo

---

kilo ['kiːləʊ]
kilogram ['kɪləgræm] n **(kg)**
1 **kilo** = 2.2 pounds

kilo(gramo)

---

ounce [aʊns] n **(oz)**
1 **ounce** = 28.25 g

onza

---

ton [tʌn] n
1 long **ton** = 2240 pounds
1 short **ton** = 2000 pounds
1 metric **ton** (también **tonne** [tʌn])
= GB 0.984 (long) tons
= US 1.023 (short) tons
= 1000 kg

tonelada

---

measure ['meʒə] n, v/i, v/t
Foot and inch are **measures** of
length.
Temperatures are **measured** in
Celsius or Fahrenheit.

medida, medir
El pie y la pulgada son medidas
de longitud.
Las temperaturas se miden en
grados centígrados o Fahrenheit.

---

length [leŋθ] n
A brontosaurus had a **length** of
70 feet and a height of 14 feet.

longitud
Un brontosauro tenía una longitud de 70 pies (aproximadamente 20 m) y una altura de 14 pies
(4 m).

---

weigh [weɪ] v/t
Jockeys seldom **weigh** more
than 50 kilos.

pesar
Los jinetes raramente pesan más
de 50 kilos.

---

weight [weɪt] n
She went on a diet and lost a lot
of **weight**.

peso
Se puso a dieta y perdió mucho
peso.

Orden y clasificación

CONCEPTOS GENERALES
DE CLASIFICACIÓN

«1-2000»

---

kind [kaɪnd] *n syn:* sort, type
There are 50 different **kinds** of kangaroos in Australia.

clase, género, tipo, especie
En Australia hay 50 clases distintas de canguros.

---

sort [sɔːt] *n syn:* kind, type
In England you can buy many different **sorts** of tea.

clase, género, tipo, especie
En Inglaterra se pueden comprar muchas clases diferentes de té.

---

type [taɪp] *n syn:* kind, sort
Jeeps and Land Rovers are similar **types** of vehicles.

tipo, género
Los Jeeps y los Land Rovers son tipos de vehículo similares.

---

size [saɪz] *n*
This is too small – have you got a larger **size**?

tamaño, dimensiones, talla
Ésta es demasiado pequeña; ¿tiene una talla más grande?

---

quality [ˈkwɒlətɪ] *n opp:* quantity
It costs more but it's also better **quality**.

calidad
Es más cara pero también es de mejor calidad.

---

class [klɑːs] *n*
Are you travelling first or second **class**?

clase
¿Viaja en primera o en segunda clase?

---

order [ˈɔːdə] *n*
The names on this list are in alphabetical **order**.

orden, clasificación
Los nombres de esta lista están por orden alfabético.

---

pair [peə] *n*
The socks you are wearing aren't a **pair**!
He put on a new shirt and a clean **pair** of trousers.

pareja, par
¡Los calcetines que llevas no hacen pareja!
Se puso una camisa nueva y unos pantalones limpios.

☞ *En inglés, para denominar los objetos con dos partes, a menudo se usa* **a pair of**, *cuya traducción se omite en español. Por ej.:* **a pair of scissors** *(unas tijeras),* **a pair of trousers** *(unos pantalones).*

---

group [gruːp] *n*
Travelling in a **group** can be more fun than travelling alone.

grupo, (en) grupo
Viajar en grupo puede ser mucho más divertido que viajar solo.

«2001–4000»

rule [ruːl] n
Where people live together, there must be some **rules**.

regla, norma, principio
Donde hay gente conviviendo, tiene que haber unas normas.

arrange [əˈreɪndʒ] v/t

The books on this shelf are **arranged** in alphabetical order.

arreglar, ordenar, disponer, organizar
Los libros de esta estantería están ordenados alfabéticamente.

level [ˈlevl] n
We get high **levels** of ozone in summer.
There's a hole in the wall at eye **level**.

nivel, altura
En verano se alcanzan altos niveles de ozono.
Hay un agujero en la pared a la altura del ojo.

degree [dɪˈgriː] n
It was very cold – 15 **degrees** below zero.

grado, etapa, punto
Hacía mucho frío: 15 grados bajo cero.

extent [ɪkˈstent] n
We don't know the full **extent** of damage to trees by acid rain.

extensión, alcance, dimensión
No conocemos el alcance de los daños causados a los árboles por la lluvia ácida.

standard [ˈstændəd] n
Switzerland and Sweden are among the countries with the highest **standard** of living.

nivel, grado
Suiza y Suecia se encuentran entre los países con un nivel de vida más alto.

brand [brænd] n
What **brand** of chewing gum do you like best?

marca
¿Qué marca de chicle te gusta más?

turn [tɜːn] n
Who's next? – I think it's my **turn**.

turno, vez
¿Quién es el próximo? –Creo que es mi turno.

row [rəʊ] n
In the theatre I like to sit in the first **row**.

fila, hilera
En el teatro, me gusta sentarme en la primera fila.

series [ˈsɪəriːz, US ˈsɪriːz] n
⚠ pl **series** [ˈsɪəriːz]
One driver's mistake led to a whole **series** of accidents.

"Dallas" and "Dynasty" were two very successful TV **series** all over the world.

sucesión, serie

El error de un conductor originó toda una sucesión de accidentes.
Dallas y *Dinastía* fueron dos series de televisión de mucho éxito en todo el mundo.

set [set] *n*
Our wedding present is a 21-piece tea **set**.

juego, servicio, grupo, serie
Nuestro regalo de boda es un juego de té de 21 piezas.

COMPARACIÓN

«1–2000»

not a(n) ['nɒt ə(n)] *syn:* no
A whale is **not a** fish.

no... un/una
Una ballena no es un pez.

only ['əʊnlɪ] *adv*
There were **only** two of us against five of them.

sólo, solamente
Éramos sólo dos contra cinco.

alone [ə'ləʊn] *adj, adv*
Are you **alone** or is there someone with you?

solo
¿Estás solo o hay alguien contigo?

single ['sɪŋgl] *adj*
I don't remember a **single** word of what she said.

único, solo
No recuerdo ni una sola palabra de lo que dijo.

piece [piːs] *n*
For dessert you can have ice cream or a **piece** of apple pie.

pedazo, trozo, porción
De postre se puede tomar helado o una porción de tarta de manzana.

part [pɑːt] *n*
Tyres, brakes and other **parts** of a car must be checked regularly.

parte, fragmento, pieza
Los neumáticos, los frenos y otras piezas del automóvil tienen que comprobarse regularmente.

besides [bɪ'saɪdz] *prep*
Besides the nicotine, it's the tar that makes cigarettes dangerous.

además de
Además de la nicotina, es el alquitrán lo que hace que los cigarrillos sean peligrosos.

next [nekst] *adj*
We have to get off at the **next** station. → *near*

próximo, siguiente, inmediato
Tenemos que bajar en la próxima parada.

together [tuː'geðə] *adv*
We celebrated our birthday all **together**.

junto, juntos, juntamente
Celebramos nuestro cumpleaños todos juntos.

like [laɪk] *prep*
It looks **like** gold but it isn't.

como, parecido a
Parece oro pero no lo es.

as ... as [æz ... æz]
It's urgent – come **as** soon **as** possible!

tan...como
¡Es urgente!; ¡ven tan pronto como puedas!

the same [ðə 'seɪm] adj, pron
Women still don't get **the same** wages as men.

We stayed at **the same** hotel as last year.

igual, el mismo, la misma
Las mujeres todavía no reciben el mismo salario que los hombres.

Estuvimos en el mismo hotel que el año pasado.

another [ə'nʌðə] adj, pron
His wife ran away with **another** man. → other

otro, demás
Su esposa se fugó con otro hombre.

☞**another** como adjetivo equivale a **a/an**+ **other**; sólo se usa en singular: **There was another man waiting** (Había otro hombre esperando). Su versión en plural es **other**, como por ej.: **There were other men waiting** (Había otros hombres esperando). El plural de **other** como pronombre es **others**.

---

other ['ʌðə] adj, pron
There's only one woman on the board, all the **others** are men.

otro, demás
Sólo hay una mujer en la junta directiva, todos los demás son hombres.

else [els] adv
Is there anything **else** I can do for you?
This food's awful – let's order something **else**.

más, otro, diferente
¿Hay algo más que pueda hacer por ti?
Esta comida es horrible; pidamos otra cosa.

rest [rest] n
I gave the waiter 20 pounds and told him to keep the **rest**.

resto
Le di 20 libras al camarero y le dije que se quedara con el resto.

different ['dɪfrənt] adj opp: the same
The cars look the same but have **different** engines.

diferente, distinto

Los coches parecen iguales pero tienen motores diferentes.

than [ðæn] cj
He's only 15, but taller **than** his father.

que
Sólo tiene 15 años pero es más alto que su padre.

regular ['regjuːlə] adj
Trains between Dover and London run at **regular** intervals.

regular
Los trenes entre Dover y Londres circulan con intervalos regulares.

common ['kɒmən] *adj opp:* uncommon
Sean is quite a **common** name in Ireland.

común, frecuente, usual
Sean (pronunciar [ʃɔːn]) es un nombre bastante frecuente en Irlanda.

---

very ['verɪ] *adv*
San Francisco is a wonderful city, but it is not **very** big.

muy
San Francisco es una ciudad maravillosa, pero no es muy grande.

---

very much [ˌverɪ 'mʌtʃ] *adv*
I like New York **very much** but I hate the climate.

mucho
Me gusta mucho Nueva York pero odio su clima.

---

special ['speʃl] *adj*
I wear my black suit on **special** occasions only.
There are several **special** trains to take the fans to the match.

especial
Llevo el traje negro sólo en ocasiones especiales.
Hay varios trenes especiales para llevar a los hinchas al partido.

---

especially [ɪ'speʃlɪ] *adv*
Mountain roads are dangerous, **especially** at night.

especialmente
Las carreteras de montaña son peligrosas, especialmente por la noche.

«2001–4000»

---

consist of [kən'sɪst ɒv]
The United Kingdom **consists of** Britain and Northern Ireland.

consistir en, estar formado por
El Reino Unido está formado por Gran Bretaña e Irlanda del Norte.

---

include [ɪn'kluːd] *v/t*
The price of a meal **includes** soup and salad.

incluir, comprender
El precio de una comida incluye la sopa y la ensalada.

---

combine [kəm'baɪn] *v/t*
Fog **combined** with air pollution leads to smog.

combinar, reunir, conjugar
La niebla combinada con la contaminación del aire causa la niebla tóxica.

---

either ... or ['aɪðə ... 'ɔː]
Make up your mind – say **either** yes **or** no.

o...o
Decídete: di o sí o no.

---

separate ['seprət] *adj*
The children share a room but sleep in **separate** beds.

separado
Los niños comparten una habitación pero duermen en camas separadas.

separate ['sepəreɪt] v/i, v/t
It's a pity. They **separated** after 15 years of marriage.

separar(se), dividir, desunir
Es una lástima. Se separaron después de 15 años de matrimonio.

---

both ... and [ˌbəʊð ... ənd]
Both John F. **and** Robert Kennedy were killed by assassins.

tanto...como
Tanto John F. como Robert Kennedy murieron asesinados.

---

extra ['ekstrə] adj, adv, n
The hotel charges **extra** for the use of the garage.

adicional, de más, extra
El hotel cobra un suplemento por usar el garaje.

---

but [bʌt] prep, adv syn: except

The weather's awful – rain, nothing **but** rain!

excepto, solamente, no más que
El tiempo es horrible: lluvia, ¡nada más que lluvia!

---

except [ɪk'sept] prep
The museum is open daily **except** on Mondays.

excepto
El museo está abierto cada día excepto los lunes.

---

exception [ɪk'sepʃn] n
Unfortunately, a woman at the head of a company is still an **exception**.

excepción
Desgraciadamente, una mujer al frente de una empresa es aún una excepción.

---

compare [kəm'peə] v/t
You can't **compare** them.

comparar
No puedes compararlos.

---

equal ['iːkwəl] adj syn: the same, opp: different
They demand **equal** pay for equal work.

igual, equitativo

Exigen sueldos iguales por trabajos iguales.

---

similar ['sɪmɪlə] adj
A grizzly is **similar** to a brown bear.

parecido, similar
Un oso pardo es parecido a un oso marrón.

---

match [mætʃ] v/i, v/t

The pink curtains and the green carpet do not **match**.

hacer juego, armonizar, ir a tono
Las cortinas rosas y la moqueta verde no hacen juego.

---

difference ['dɪfrəns] n
I see no **difference** between the original and the copy.

diferencia
No veo ninguna diferencia entre el original y la copia.

---

opposite ['ɒpəzɪt] n
The **opposite** of 'interesting' is 'boring'.

contrario
Lo contrario de "interesante" es "aburrido".

---

contrary ['kɒntrərɪ] n
Is it very hot in San Francisco? – On the **contrary**, it's quite cool.

contrario
¿Hace mucho calor en San Francisco? –Al contrario, hace bastante fresco.

normal [ˈnɔːml] *adj opp:* unusual
Normal working hours in Britain are from nine to five.

normal, corriente, regular
El horario normal de trabajo en Gran Bretaña es de nueve a cinco.

---

usual [ˈjuːʒʊəl] *adj syn:* normal, *opp:* unusual
She got home later than **usual**.

habitual, normal, corriente

Llegó a casa más tarde de lo habitual.

---

general [ˈdʒenərəl] *adj opp:* special
Everybody should get a good **general** education.

general

Todo el mundo debería recibir una buena educación general.

---

ordinary [ˈɔːdənərɪ] *adj opp:* extraordinary
Today is just an **ordinary** workday.

común, normal, ordinario

Hoy es simplemente un día normal de trabajo.

---

typical [ˈtɪpɪkl] *adj*
He is a **typical** Englishman.

típico
Es un inglés típico.

---

average [ˈævərɪdʒ] *n, adj*
Her income is above **average** but she also works very hard.

promedio, medio
Sus ingresos están por encima del promedio pero también trabaja muy duro.

---

mark [mɑːk] *n, v/t*
The police examined the tyre **marks** at the scene of the accident.

The trees **marked** with a cross will be cut down.

señal, marca, huella, señalar, marcar
La policía examinó las marcas de neumáticos en el lugar del crimen.
Se talarán los árboles marcados con una cruz.

---

for example [fɔːr ɪgˈzɑːmpl] *syn:* for instance
In some regions, **for example** Antarctica, it gets colder than −80 °C.

por ejemplo

En algunas regiones, como por ejemplo en la Antártida, se alcanzan temperaturas por debajo de los 80 °C.

---

detail [ˈdiːteɪl] *n*
There is a plan, but no **details** yet.

detalle
Hay un plan pero todavía faltan los detalles.

---

main [meɪn] *adj syn:* chief

Dinner is the **main** meal.

principal, más importante, mayor, central
La cena es la comida principal.

---

chief [tʃiːf] *adj syn:* main
Unemployment is one of the **chief** causes of poverty.

principal, primero, mayor
El desempleo es una las causas principales de pobreza.

whole [həʊl] *adj*
Many exchange students spend a **whole** year abroad.

todo, entero
Muchos estudiantes de intercambio pasan un año entero en el extranjero.

middle ['mɪdl] *adj*

He was **middle**-aged when he became a star.

(de en) medio, intermedio, mediano
Era un hombre de mediana edad cuando se convirtió en una estrella.

irregular [ɪ'regjuːlə] *adj opp:* regular
The verb 'to dream' can be regular or **irregular**.

irregular

El verbo *to dream* puede ser regular o irregular.

particular [pə'tɪkjuːlə] *adj syn:* special, *opp:* ordinary
Is there any **particular** colour you prefer?

particular, especial

¿Prefiere usted algún color en especial?

extreme [ɪk'striːm] *adj*
Extreme temperatures in the American Southwest are above 50 °C.

extremo, máximo
Las temperaturas máximas en el sudeste americano están por encima de los 50 °C.

rare [reə] *adj*
The eagle is a **rare** bird in Europe.

raro, poco común
El águila es un ave poco común en Europa.

limit ['lɪmɪt] *n, v/t*
You need not pay duty on gifts but there is a **limit** of £100.

The time allowed for speaking should be **limited** to 15 minutes.

límite, limitar, restringir
No hace falta pagar aranceles por los regalos, pero hay un límite de 100 libras.
El tiempo permitido para hablar debería estar restringido a 15 minutos.

NÚMEROS ORDINALES

«1–2000»

1st   **first** [fɜːst] *primero*
2nd   **second** ['sekənd] *segundo*
3rd   **third** [θɜːd] *tercero*
4th   **fourth** [fɔːθ] *cuarto*

5th	fifth [fɪfθ] (⚠ *escrito con -f*) *quinto*	
6th	sixth [sɪksθ] *sexto*	
7th	seventh ['sevnθ] *séptimo*	
8th	eighth [eɪtθ] *octavo*	
9th	ninth [naɪnθ] (⚠ *escrito sin -e*) *noveno, nono*	
10th	tenth [tenθ] *décimo*	
11th	eleventh [ɪ'levənθ] *undécimo*	
12th	twelfth [twelfθ] *duodécimo*	
13th	thirteenth [ˌθɜː'tiːnθ] *decimotercero*	
14th	fourteenth [ˌfɔː'tiːnθ] *decimocuarto*	
15th	fifteenth [ˌfɪf'tiːnθ] *decimoquinto*	
16th	sixteenth [ˌsɪks'tiːnθ] *decimosexto*	
17th	seventeenth [ˌsevn'tiːnθ] *decimoséptimo*	
18th	eighteenth [ˌeɪ'tiːnθ] *decimoctavo*	
19th	nineteenth [ˌnaɪn'tiːnθ] *decimonoveno, decimonono*	
20th	twentieth ['twentɪəθ] (⚠ **tres** *sílabas*) *vigésimo*	
21st	twenty-first [ˌtwentɪ'fɜːst] *vigésimo primero*	
22nd	twenty-second [ˌtwentɪ'sekənd] *vigésimo segundo*	
23rd	twenty-third [ˌtwentɪ'θɜːd] *vigésimo tercero*	
24th	twenty-fourth [ˌtwentɪ'fɔːθ] *vigésimo cuarto*	
30th	thirtieth ['θɜːtɪəθ] *trigésimo*	
40th	fortieth ['fɔːtɪəθ] *cuadragésimo*	
50th	fiftieth ['fɪftɪəθ] *quincuagésimo*	
60th	sixtieth ['sɪkstɪəθ] *sexagésimo*	
70th	seventieth ['sevntɪəθ] *septuagésimo*	
80th	eightieth['eɪtɪəθ] *octogésimo*	
90th	ninetieth ['naɪntɪəθ] *nonagésimo*	
100th	hundredth ['hʌndrədθ] *centésimo*	

«2001–4000»

1,000th	thousandth ['θauznθ] *milésimo*	
1,000,000th	millionth ['mɪljənθ] *millonésimo*	

Causa y efecto

«1–2000»

why [waɪ] *cj*
I don't know **why** she doesn't like me.

por qué
No sé por qué no le gusto.

reason ['riːzn] *n syn:* cause
I understand your **reasons**.

razón, motivo
Entiendo tus motivos.

because [bɪ'kɒz] *cj syn:* since, as
You can't get a driving licence **because** you aren't 17.

porque
No puedes obtener el carnet de conducir porque no tienes 17 años.

in order to [ɪn 'ɔːdə tuː] *syn:* to
He took the clock apart **in order to** repair it.

para
Desmontó el reloj para repararlo.

«2001–4000»

origin ['ɒrɪdʒɪn] *n*
"Cow" is a Germanic word, "beef" is of French **origin**.

origen, procedencia
"Cow" es una palabra germánica, "beef" es de origen francés.

original [ə'rɪdʒɪnəl] *n, adj*
This is not the **original** but a copy.
In advertising you need **original** ideas.

original
Éste no es el original sino una copia.
En publicidad se necesitan ideas originales.

cause [kɔːz] *n, v/t*
Bad brakes were the **cause** of the accident.
The forest fire was **caused** by lightning.

causa, causar
Los frenos defectuosos fueron la causa del accidente.
El incendio en el bosque fue causado por un rayo.

because of [bɪ'kɒz əv]

He is absent **because of** illness.

a causa de, debido a, por (motivo de)
Está ausente por enfermedad.

as [æz] *cj syn:* because, since
As she is away for a week, she can't attend the meeting.

como, puesto que
Como estará fuera durante una semana, no podrá asistir a la reunión.

since [sɪns] *cj syn:* because, as
Since we haven't got enough
money, we can't buy it.

puesto que, como
Como no tenemos dinero suficiente, no podemos comprarlo.

due to ['djuː tuː]
Due to fog, several flights had to
be cancelled.

debido a, por causa de
Debido a la niebla, varios vuelos
tuvieron que ser cancelados.

so [səʊ] *cj syn:* therefore
All flights were booked up, **so** I
had to go by train.

así que, por tanto
Todos los vuelos estaban reserva-
dos, así que tuve que ir en tren.

therefore ['ðeəfɔː] *adv*

Blue whales are very rare and
therefore a protected species.

**por consiguiente, por esta
razón**
Las ballenas azules son muy
poco comunes y, por consiguiente, una especie protegida.

consequence ['kɒnsəkwəns] *n*
The discovery of gold in the
West had disastrous **conse-
quences** for the Indians.

consecuencia
El descubrimiento de oro en el
oeste tuvo consecuencias desas-
trosas para los indígenas.

result [rɪ'zʌlt] *n syn:* effect
The ozone hole is the **result** of
many years of air pollution.

resultado
El agujero del ozono es el resultado de muchos años de contaminación del aire.

effect [ɪ'fekt] *n*
Loss of hair is one of the side
effects of chemotherapy.

efecto
La pérdida del cabello es uno de
los efectos secundarios de la
quimioterapia.

condition [kən'dɪʃn] *n*
I'll sell it to you on one **condition**: that you pay in cash.

condición
Te lo venderé con una condición:
que pagues en efectivo.

relationship [rɪ'leɪʃnʃɪp] *n*
At this school there's a good
relationship between teachers
and students.

relación, afinidad, trato
En esta escuela hay una buena
relación entre profesores y estudiantes.

Manera

«1–2000»

way [weɪ] *n*
Eating less is the best **way** to
lose weight.

manera, forma, método
Comer menos es la mejor manera de perder peso.

how [haʊ] *adv*
Often it doesn't matter what you say but **how** you say it.

cómo, de qué manera
Con frecuencia no importa lo que uno diga sino cómo lo diga.

---

like this/that [laɪk 'ðɪs/'ðæt]
That's not the right way to cut onions; do it **like this**.
I can't change him – he's always been **like that**.

así
Ésta no es la forma correcta de cortar cebollas; hazlo así.
No puedo cambiarlo; siempre ha sido así.

---

so [səʊ] *adv*
Stop eating **so** much – you're going to get fat.
Will we win? – I hope **so** but I don't think so.

tan, así, de este modo
Deja de comer tanto, ¡vas a engordar!
¿Ganaremos? –Así lo espero, pero no lo creo.

---

at all [ə'tɔːl]
She drinks little alcohol and no hard liquor **at all**.

en absoluto
Bebe poco alcohol, y de licor fuerte, nada en absoluto.

---

not at all [ˌnɒt ət'ɔːl]

I did**n't** think "A Fish Named Wanda" was funny **at all**.

en absoluto, de ninguna manera
No me pareció que *Un pez llamado Wanda* fuera en absoluto divertida.

---

in vain [ɪn 'veɪn]
We tried to extinguish the fire but our efforts were **in vain**.

en vano
Intentamos extinguir el fuego pero nuestro esfuerzo fue en vano.

---

hardly ['hɑːdlɪ] *adv syn:* scarcely
They like their teacher but have **hardly** learned anything.

apenas
Les gusta su profesor, pero apenas han aprendido algo.

☞ *La forma adverbial de* **hard** *(duro, pesado, sólido, firme) es también* **hard** *y no* **hardly**, *que significa siempre 'apenas':* **I studied hard for the test** *(Estudié mucho para el examen), pero* **I hardly studied for the test** *(Apenas estudié para el examen).*

---

a bit [ə 'bɪt] *syn:* a little
I'm **a bit** tired and am going to lie down for a while.

un poco, algo
Estoy un poco cansado, así que me voy a acostar un rato.

---

at least [ət 'liːst]

The hotel isn't good but **at least** it's cheap.
This gold watch costs **at least** £1,000.

por lo menos, al menos, cuando menos
El hotel no es bueno pero por lo menos es barato.
Este reloj de oro cuesta por lo menos 1.000 libras.

almost ['ɔːlməʊst] *adv syn:* nearly

casi, a punto de

Only a few more days – our holiday's **almost** over.

Sólo unos cuantos días más; nuestras vacaciones están a punto de terminar.

---

quite [kwaɪt] *adv syn:* rather

completamente, del todo, bastante

Could you wait a minute? I'm not **quite** ready yet.

¿Podría esperar un momento? Todavía no estoy preparada del todo.

It takes **quite** a while to get from the airport to the city centre.

Se tarda bastante en llegar desde el aeropuerto hasta el centro.

---

rather ['rɑːðə] *adv syn:* quite

bastante, más bien

12 °C in September – that's **rather** cold for Barcelona.

12 °C en septiembre es bastante frío para Barcelona.

I'd **rather** have supper at home than go out tonight.

Esta noche preferiría cenar en casa antes que salir fuera.

---

usually ['juːʒəlɪ] *adv*

normalmente, por lo general

We **usually** go to bed around midnight.

Normalmente nos vamos a la cama hacia la medianoche.

---

mostly ['məʊstlɪ] *adv*

en su mayor parte, en su mayoría, principalmente

The visitors to Madame Tussaud's are **mostly** foreign tourists.

Los visitantes del museo Madame Tussaud son, en su mayor parte, turistas extranjeros.

---

all [ɔːl] *adv syn:* completely

completamente, enteramente, del todo

Since her husband died, she's lived **all** alone.

Desde que su esposo murió, ha vivido completamente sola.

---

just [dʒʌst] *adv*

exactamente, justamente

It was neither too hot nor too cold, but **just** right.

No hacía ni demasiado calor ni demasiado frío, sino justo la temperatura adecuada.

---

really ['rɪəlɪ] *adv*

realmente, de verdad, en realidad

Wrestlers on TV don't **really** hurt each other.

En realidad, los luchadores que aparecen en televisión no se hacen daño unos a otros.

---

hard [hɑːd] *adv*

duro, firme

You're working too **hard** – you're going to make yourself ill. → *hardly*

Trabajas demasiado duro; te vas a poner enfermo.

---

by the way [ˌbaɪ ðə 'weɪ]

por cierto, a propósito

Oh **by the way**, could I borrow your car for a few hours?

¡Ah! por cierto, ¿podrías prestarme tu coche unas horas?

also ['ɔːlsəʊ] *adv syn:* too, as well
She speaks English and French and **also** a little German. → *too*

también
Habla inglés, francés y también un poco de alemán.

too [tuː] *adv syn:* also
I know the book and I've seen the film, **too**.
I love San Francisco. – I do **too**.

también
Conozco el libro y también he visto la película.
Me encanta San Francisco. –A mí también.

☞ *Obsérvese que* **also**, **too** *y* **as well** *significan los tres 'también', pero los dos últimos se usan siempre al final de la frase.*

besides [bɪ'saɪdz] *adv*
I don't need a new car – **besides**, I can't afford one.

además
No necesito un nuevo coche; además, no puedo permitírmelo.

even ['iːvn] *adv*
Lots of US stores are always open – **even** on Sundays.

incluso, hasta, aún
Muchas tiendas estadounidenses están siempre abiertas, incluso los domingos.

suddenly ['sʌdnlɪ] *adv*

Suddenly it began to rain.

de repente, de pronto, inesperadamente
De pronto empezó a llover.

«2001–4000»

means [miːnz] *n*
⚠ *pl* means
In New york the subway is the fastest **means** of transport.

medio, manera

En Nueva York el metro es el medio de transporte más rápido.

somehow ['sʌmhaʊ] *adv*

It isn't easy but we'll do it **somehow**.

de algún modo, de un modo u otro
No es fácil pero lo haremos de algún modo u otro.

by chance [baɪ 'tʃɑːns] *syn:* by accident
We didn't have a date – I met her purely **by chance**.

por casualidad

No habíamos quedado; la encontré por pura casualidad.

not even [nɒt 'iːvn]
Some vegetarians **don't even** eat eggs or cheese.

ni siquiera
Algunos vegetarianos ni siquiera comen huevos o queso.

scarcely ['skeəslɪ] *adv syn:* hardly
I don't go out much because I know **scarcely** any people here.

apenas

No salgo mucho porque apenas conozco gente aquí.

merely ['mɪəlɪ] *adv syn:* only

The Beatles weren't **merely** a pop group – they became a legend.

meramente, simplemente, sólo

Los Beatles no fueron simplemente un grupo de pop; se convirtieron en una leyenda.

partly ['pɑːtlɪ] *adv opp:* completely
Their house was **partly** destroyed in the storm.

en parte, parcialmente

Su casa fue parcialmente destrozada por la tormenta.

nearly ['nɪəlɪ] *adv syn:* almost
She had a serious accident and very **nearly** died.

casi
Tuvo un grave accidente y casi se muere.

willingly ['wɪlɪŋlɪ] *adv syn:* gladly, *opp:* unwillingly
He does a lot of the housework, and he does it **willingly**.

de buena gana, con gusto

Participa de buena gana en muchas tareas domésticas.

straight [streɪt] *adv*
I was so tired that after supper I went **straight** to bed.

directamente, inmediatamente
Estaba tan cansado que después de cenar me fui directamente a la cama.

generally ['dʒenərəlɪ] *adv*
English children **generally** start school at five.

en general, por lo común
Por lo común, los niños ingleses empiezan la escuela a los cinco años.

largely ['lɑːdʒlɪ] *adv*

The state of Nevada is **largely** desert.

en su mayor parte, en gran parte
El estado de Nevada está desierto en su mayor parte.

thoroughly ['θʌrəlɪ, *US* 'θɜːrəʊlɪ]

The police searched the scene of the crime **thoroughly** but found nothing.

a fondo, cuidadosamente, concienzudamente
La policía registró a fondo el lugar del crimen pero no encontró nada.

completely [kəm'pliːtlɪ] *adv syn:* wholly, totally
A few more days, and it will be **completely** finished.

completamente, totalmente

Unos cuantos días más y estará completamente terminado.

absolutely [ˌæbsəˈluːtlɪ] *adv*

Is the film worth seeing? – **Absolutely**!
We were **absolutely** exhausted after the long march.

absolutamente, totalmente, completamente

¿Vale la pena ver la película? –¡Por supuesto que sí!
Nos encontrábamos completamente exhaustos después de la larga caminata.

☞ **absolutely** *suele usarse como frase exclamativa por sí sola, como por ej.,* **Absolutely!** *(¡Claro que sí!, ¡Por supuesto que sí!, ¡Eso es!) o* **Absolutely not!** *(¡De ningún modo!).*

---

in any case [ɪn ˈenɪ keɪs] *syn:* at any rate

I don't know how much it costs, but **in any case** £10 will be enough.

en todo caso, en cualquier caso, de todas formas

No sé cuánto vale, pero en cualquier caso 10 libras será suficiente.

---

anyway [ˈenɪweɪ] *adv syn:* anyhow

Wait till tomorrow – it's too late now, **anyway**.

de todos modos, de todas formas, con todo

Espera hasta mañana; de todos modos ahora ya es demasiado tarde.

---

instead [ɪnˈsted] *adv*

If you don't like meat you can have some eggs **instead**.

en cambio, en lugar de eso, en vez de

Si no te gusta la carne, en su lugar puedes comer unos huevos.

---

otherwise [ˈʌðəwaɪz] *adv, cj*

I must go now, **otherwise** I'll be late.

de otra manera, si no, de lo contrario

Debo irme ahora, de lo contrario llegaré tarde.

---

in addition (to) [ɪn əˈdɪʃn (tuː)]
In addition (to these compulsory subjects) there are several optional subjects.

además (de)

Además (de estas asignaturas obligatorias) hay varias asignaturas optativas.

---

though [ðəʊ] *adv syn:* however, but, nevertheless

The work of a stuntman is dangerous – I enjoy it **though**.

sin embargo, aún así

El trabajo de un especialista de cine es peligroso. Sin embargo, a mí me gusta mucho.

☞ **though** *en el sentido de 'sin embargo' siempre va pospuesto. Al principio de una frase significa 'aunque'.*

Colores

«1–2000»

colour, US **color** ['kʌlə] *n*
What **colour** is (⚠ no: has) her hair?

color
¿De qué color tiene el pelo?

dark [dɑːk] *n, adj opp:* light
Cats can see in the **dark**.

Most businessmen in Manhattan wear **dark** suits.

Dustin Hoffman has **dark** brown hair.

oscuridad, oscuro
Los gatos pueden ver en la oscuridad.
La mayoría de los hombres de negocios de Manhattan llevan traje oscuro.
Dustin Hoffman tiene el pelo castaño oscuro.

white [waɪt] *adj opp:* black
The bride usually wears a **white** dress at the wedding.

blanco
La novia suele llevar un vestido blanco el día de la boda.

black [blæk] *adj opp:* white
Most Asians have straight **black** hair.

negro
La mayoría de los asiáticos tienen el pelo negro y liso.

red [red] *adj*
A Canadian Mountie wears a **red** uniform jacket.

rojo, colorado
La policía montada canadiense lleva la chaqueta del uniforme roja.

blue [bluː] *adj*
Our school uniform consists of a **blue** blazer and grey skirt or trousers.

azul
Nuestro uniforme de escuela consiste en una chaqueta azul y una falda o unos pantalones grises.

green [griːn] *adj*
I like spring when everything's **green**.

verde
Me gusta la primavera, cuando todo está verde.

yellow ['jeləʊ] *adj*
The footballer was shown the **yellow** card for a foul.

amarillo
El futbolista fue penalizado con tarjeta amarilla por una falta.

brown [braʊn] *adj*
Fry the steaks until they are **brown**.

marrón, castaño, dorado
Fría los filetes hasta que estén dorados.

«2001–4000»

light [laɪt] *adj opp:* dark
People with a **light** complexion should avoid the sun.
I like **light** blue shirts with short sleeves.

claro
La gente con la tez clara debería evitar el sol.
Me gustan las camisas de color azul claro de manga corta.

---

grey, *US también* **gray** [greɪ] *adj*
My hair's going **grey**; I'm getting old.

gris
Mi pelo se está volviendo gris; me estoy haciendo viejo.

---

pink [pɪŋk] *adj*
Baby girls are often dressed in **pink**.

rosa
A los bebés que son niña suelen vestirlos de rosa.

Formas

«1–2000»

form [fɔːm] *n syn:* shape
Many churches are built in the **form** of a cross.

forma
Muchas iglesias están construidas en forma de cruz.

---

shape [ʃeɪp] *n syn:* form
UFOs in the **shape** of a disc are called flying saucers.

forma, figura
A los ovnis con forma de disco se les llama platillos volantes.

---

line [laɪn] *n*
You use a ruler for drawing straight **lines**.

línea
Para hacer líneas rectas se usa una regla.

---

round [raʊnd] *adj*
The earth is **round**, not flat.

redondo
La Tierra es redonda, no plana.

---

circle ['sɜːkl] *n*
When we play games at school, we often sit in a **circle**.

círculo
En la escuela, cuando jugamos, solemos sentarnos en círculo.

---

corner ['kɔːnə] *n*
There's a TV set in the **corner** of our bedroom.

ángulo, esquina, rincón
En la esquina de nuestro dormitorio hay un televisor.

---

cross [krɒs] *n*
"You are here," he said and marked the place on the map with a **cross**.

cruz
"Usted se encuentra aquí", dijo, y marcó el lugar con una cruz sobre el mapa.

tip [tɪp] *n*
You only see the **tip** of the iceberg.

punta
Sólo se ve la punta del iceberg.

«2001–4000»

ball [bɔːl] *n*
The earth has the shape of a **ball**.

bola, esfera, pelota
La Tierra tiene forma de esfera.

edge [edʒ] *n*
It's dangerous to go too near the **edge** of the canyon.

borde, canto, margen
Es peligroso acercarse demasiado al borde del cañón.

point [pɔɪnt] *n syn:* tip
I need a sharpener – the **point** of my pencil has broken off.
Stars look like **points** of light in the sky at night.

punta, punto
Necesito un sacapuntas; la punta de mi lápiz se ha roto.
Las estrellas parecen puntos de luz en el cielo nocturno.

pointed ['pɔɪntɪd] *adj*
Tyrannosaurus rex had long **pointed** teeth.

puntiagudo, afilado, agudo
El *tiranosaurus rex* tenía los dientes largos y afilados.

arrow ['ærəʊ] *n*
Arrows are used to show direction on roads.

flecha
Las flechas se usan para señalar la dirección en las carreteras.

arch [ɑːtʃ] *n*
You find round **arches** in Romanesque style.

arco
En el estilo románico son comunes los arcos redondos.

knot [nɒt] *n*
The sailor tied the ropes together with a **knot**.

nudo
El marinero sujetó las cuerdas con un nudo.

VOCABULARIO COMPLEMENTARIO

Verbos

«1–2000»

belong to [bɪ'lɒŋ tuː]
I can't lend you this book – it doesn't **belong to** me.

pertenecer a
No puedo prestarte este libro; no me pertenece.

grow [grəʊ] *v/i*
⚠ **grew** [gru:], **grown** [grəʊn]
Children need a lot of food as long as they are **growing**.

crecer, aumentar

Los niños necesitan mucho alimento mientras están creciendo.

---

shine [ʃaɪn] *v/i*
⚠ **shone** [ʃɒn, *US* ʃoʊn], **shone** [ʃɒn, *US* ʃoʊn]
He polished his boots until they **shone**.

brillar, relucir, resplandecer

Lustró sus botas hasta que brillaron.

---

ring [rɪŋ] *v/i, v/t*
⚠ **rang** [ræŋ], **rung** [rʌŋ]
The telephone's **ringing** – I'll answer it.

sonar, tocar (timbre)

Está sonando el teléfono. Contestaré yo.

---

treat [tri:t] *v/t*
He's nice but **treats** us like children.
Glass must be **treated** with care.

tratar
Es simpático pero nos trata como si fuéramos niños.
El cristal hay que tratarlo con cuidado.

---

open ['əʊpən] *v/i*
In England most banks **open** at 9.30 and close at 3.30.

abrir(se)
En Inglaterra la mayoría de los bancos abren a las 9:30 y cierran a las 15:30.

---

strike [straɪk] *v/i, v/t*
⚠ **struck** [strʌk], **struck** [strʌk]
The farmhouse was **struck** by lightning and burnt down.

The clock **struck** twelve.

golpear, alcanzar, dar (la hora)

La granja fue alcanzada por un rayo y se incendió hasta quedar completamente destruida.
El reloj dio las doce.

---

break [breɪk] *v/i, v/t*
⚠ **broke** [brəʊk], **broken** ['brəʊkən]
Glass will **break** when you drop it.
He fell off a tree and **broke** his arm.

romper(se), quebrar(se)

El cristal se rompe si lo dejas caer.
Se cayó de un árbol y se rompió el brazo.

---

burn [bɜ:n] *v/i*
⚠ **burnt*** [bɜ:nt], **burnt*** [bɜ:nt]
The house was already **burning** when the fire brigade arrived.

quemar(se), arder, incendiarse

La casa ya estaba ardiendo cuando llegaron los bomberos.

«2001–4000»

concern [kənˈsɜːn] v/t

Environmental problems **concern** all of us.

tener que ver con, interesar, concernir
Los problemas medioambientales nos conciernen a todos.

spare [speə] v/t

I'm out of cash – can you **spare** £10?

tener de sobra, ahorrar, prescindir de
No llevo suelto; ¿tienes 10 libras de sobra?

introduce [ˌɪntrəˈdjuːs] v/t
Henry Ford **introduced** mass production to make his Model T.

introducir, lanzar, presentar
Henry Ford introdujo la producción en serie para fabricar su modelo "T".

omit [əʊˈmɪt] v/t opp: include

The report **omits** several important facts.

omitir, suprimir, pasar por alto
El informe omite varios hechos importantes.

reflect [rɪˈflekt] v/t
The lights were **reflected** in the river.

reflejar
Las luces se reflejaban en el río.

increase [ɪnˈkriːs] v/i, v/t opp: decrease
The US population **increased** by 10% between 1980 and 1990.

They've **increased** the price of oil again.

aumentar(se), crecer, subir (el precio)
La población estadounidense aumentó en un 10% entre 1980 y 1990.
Han subido otra vez el precio del petróleo.

lower [ˈləʊə] v/t opp: raise
The doctor prescribed something to **lower** her blood pressure.

bajar, reducir, disminuir
El doctor le recetó algo para bajarle la presión sanguínea.

handle [ˈhændl] v/t

Wash your hands before you **handle** food.

tocar, manosear, manejar, manipular
Lávese las manos antes de manipular los alimentos.

bear [beə] v/t
⚠ **bore** [bɔː], **borne** [bɔːn]
Our cherry tree **bears** a lot of fruit every year.
He called a doctor because he couldn't **bear** the pain any more.
→ support

dar, llevar, soportar

Todos los años nuestro cerezo da mucha fruta.
Llamó al médico porque no podía soportar más el dolor.

lean [li:n] v/i, v/t
⚠ leant* [lent], leant* [lent]
He **leant** a ladder against the wall and climbed up.
He **leant** down to the child to listen to her.

ladear(se), inclinar(se), apoyar(se)
Apoyó una escalera en la pared y subió.
Se inclinó hacia la niña para escucharla.

pour [pɔ:] v/i, v/t

The rain's **pouring** down.
Can I **pour** you another cup of tea?

llover mucho, fluir, verter, derramar, servir
Está lloviendo a cántaros.
¿Puedo servirte otra taza de té?

spread [spred] v/i, v/t
⚠ spread [spred], spread [spred]
Due to strong winds the forest fire **spread** rapidly.

extender(se), propagar(se)

Debido a los fuertes vientos, el incendio en el bosque se propagó rápidamente.

stick [stɪk] v/i, v/t
⚠ stuck [stʌk], stuck [stʌk]
She was busy **sticking** pictures into an album.
Our car **stuck** in the mud and wouldn't move.

pegar(se), atascarse, quedarse atrapado
Estaba ocupada pegando fotos en un álbum.
Nuestro automóvil quedó atrapado en el lodo y no se movía.

beat [bi:t] v/i, v/t syn: hit
⚠ beat [bi:t], beaten ['bi:tn]
The muggers **beat** him up and stole his money.
He's still alive – his heart is **beating**.

golpear, pegar, dar una paliza a, latir
Los asaltadores le dieron una paliza y le robaron el dinero.
Todavía está vivo; su corazón está latiendo.

hit [hɪt] v/t
⚠ hit [hɪt], hit [hɪt]
It isn't right to **hit** little children.
The bullet **hit** him in the head and killed him.
The motorcycle **hit** a car.

golpear, pegar, alcanzar

Pegar a los niños no está bien.
La bala le alcanzó la cabeza y le mató.
La motocicleta chocó contra un coche.

burst [bɜ:st] v/i syn: explode
⚠ burst [bɜ:st], burst [bɜ:st]
A tyre **burst** and caused a serious accident.

reventar(se), pincharse, estallar

Un neumático se pinchó y provocó un grave accidente.

scratch [skrætʃ] v/i, v/t
Don't touch the cat – it'll **scratch** you!

arañar, rasguñar, rascar
No toques al gato, ¡te arañará!

prick [prɪk] v/t
She **pricked** her finger when she was cutting roses.

pinchar, punzar, picar
Se pinchó el dedo mientras cortaba rosas.

Adjetivos

«1–2000»

big [bɪg] *adj syn:* large, *opp:* small, little
A Daimler is a **big** (⚠ no: great) expensive car.
My **big** brother always helps me.

grande, mayor
Un Daimler es un coche grande y caro.
Mi hermano mayor siempre me ayuda.

---

large [lɑːdʒ] *adj syn:* big, *opp:* small
This shirt is too **large** – do you have it in a smaller size?

grande
Esta camisa es demasiado grande. ¿La tiene en una talla más pequeña?

☞ **large** *significa 'grande'. La palabra española 'largo' equivale en inglés a* **long**.

---

small [smɔːl] *adj opp:* big, large

Their house is rather **small** but very comfortable.
Most jockeys are **small** men.

pequeño, menudo, *LA* **chico, bajo**
Su casa es bastante pequeña pero muy cómoda.
La mayoría de jinetes son hombres menudos.

---

little [lɪtl] *adj syn:* small, *opp:* big
They have a nice **little** cottage in the mountains.
My **little** brother is learning to ride a bike.

pequeño, *LA* **chico, menor**
Tienen una pequeña y bonita casita en las montañas.
Mi hermano menor está aprendiendo a montar en bicicleta.

---

short [ʃɔːt] *adj opp:* tall, long
I'm too **short** to play basketball.

Soldiers usually have **short** hair.

corto, breve, bajo
Soy demasiado bajo para jugar a baloncesto.
Los soldados suelen llevar el pelo corto.

---

thick [θɪk] *adj opp:* thin
The walls of the old house are three feet **thick**.

grueso, espeso, tupido
Las paredes de la vieja casa tienen tres pies de grosor.

---

thin [θɪn] *adj opp:* thick, fat
The ice is too **thin** to walk on.

delgado, fino
El hielo es demasiado delgado para caminar sobre él.

---

heavy ['hevɪ] *adj opp:* light
That big suitcase is much too **heavy** for you!

pesado
¡Esa maleta es demasiado pesada para ti!

light [laɪt] *adj opp:* heavy
This jacket is **light** but very warm.

ligero
Esta chaqueta es ligera, pero abriga mucho.

hard [hɑːd] *adj syn:* difficult, *opp:* easy
Some of the questions on the exam paper were really **hard**.

duro, difícil

Algunas preguntas del examen eran realmente difíciles.

strong [strɒŋ] *adj opp:* weak
I don't like coffee when it's too **strong**.

fuerte
No me gusta el café cuando es demasiado fuerte.

weak [wiːk] *adj opp:* strong
As a teacher, she's too **weak** – the kids do what they like.

débil, flojo
Como profesora, es demasiado débil; los niños hacen lo que quieren.

sharp [ʃɑːp] *adj opp:* blunt
You need a **sharp** knife to cut this steak.

afilado, puntiagudo
Para cortar este filete se necesita un cuchillo afilado.

mild [maɪld] *adj*
Winters have been very **mild** lately.

templado, suave, apacible
Los inviernos han sido muy templados últimamente.

hot [hɒt] *adj opp:* cold
It gets very **hot** – 100 °F and more – in the summer.
Hot meals are served from 12 to 2 p.m.

caliente, caluroso
Llega a hacer mucho calor en verano: 40 °C y más.
Se sirven comidas calientes de 12:00 a 14:00.

warm [wɔːm] *adj opp:* cold

This sweater will keep you **warm**.

caliente, caluroso, abrigado, que abriga
Este jersey te mantendrá caliente.

clear [klɪə] *adj*
The water is so **clear** that you can see the bottom of the lake.
We received very **clear** pictures of the moon's surface.

claro
El agua es tan clara que se puede ver el fondo del lago.
Recibimos fotografías muy claras de la superficie lunar.

quiet ['kwaɪət] *adj syn:* calm, *opp:* noisy, loud
Our hotel was very centrally located, but fairly **quiet**.

tranquilo, callado, silencioso

Nuestro hotel era muy céntrico pero bastante tranquilo.

full [fʊl] *adj opp:* empty
Please empty the wastepaper basket when it's **full**.

lleno, completo
Por favor, vaciad la papelera cuando esté llena.

empty ['emptɪ] *adj opp:* full
We've got to find a filling station – the tank's **empty**.

vacío
Tenemos que encontrar una gasolinera, el depósito está vacío.

open ['əʊpən] *adj opp:* closed, shut
The door was **open** but nobody was at home.

abierto
La puerta estaba abierta, pero no había nadie en casa.

on [ɒn] *adj opp:* off
The TV is **on** but nobody's watching. → *off*

encendido, *LA* **prendido**
El televisor está encendido pero nadie lo está mirando.

off [ɒf] *adj opp:* on
You turn the computer on or **off** with this switch. → *off*

apagado
Con este interruptor se enciende y se apaga la computadora.

out [aʊt] *adj opp:* on
Make sure all the lights are **out** before you leave.

apagado
Asegúrate de que todas las luces estén apagadas antes de marcharte.

new [nju:] *adj opp:* old
My torch needs **new** batteries.

nuevo, reciente
Mi linterna necesita pilas nuevas.

modern ['mɒdən] *adj opp:* old-fashioned
This chair was designed in the 1920s but looks very **modern**.

moderno

Esta silla fue diseñada en la década de 1920 pero parece muy moderna.

latest ['leɪtɪst]
Have you seen Steven Spielberg's **latest** (⚠no: last) movie?

(el) último, más reciente
¿Has visto la última película de Steven Spielberg?

old [əʊld] *adj opp:* new
I bought a new car and sold the **old** one.

viejo, antiguo
Compré un coche nuevo y vendí el viejo.

old-fashioned [ˌəʊld 'fæʃnd] *adj opp:* modern
I have an **old-fashioned** camera which still takes excellent pictures.

anticuado, pasado de moda

Tengo una cámara antigua que todavía toma unas fotos excelentes.

broken ['brəʊkən] *adj*
The teapot's **broken** – can it be repaired?

roto
La tetera está rota; ¿se puede arreglar?

free [fri:] *adj*
Only in a democracy can people really be **free**.

libre, suelto, gratuito
La gente sólo puede ser realmente libre en una democracia.

necessary ['nesəsrɪ] *adj*
We use the air conditioning only when it's **necessary**.

necesario, preciso
Usamos el aire acondicionado sólo cuando es necesario.

«2001–4000»

present ['preznt] *adj opp:* absent
How many people will be **present** at the ceremony?

presente
¿Cuánta gente estará presente en la ceremonia?

absent ['æbsnt] *adj opp:* present
Tom's **absent** today – he's ill.

ausente
Hoy Tom está ausente; está enfermo.

huge [hju:dʒ] *adj syn:* enormous, *opp:* tiny
Canada is a **huge** country with comparatively few people.

enorme, inmenso
Canadá es un país enorme con relativamente poca gente.

tiny ['taɪnɪ] *adj opp:* huge
A virus is so **tiny** that it can't be seen by an ordinary microscope.

minúsculo, pequeñito, diminuto
Un virus es tan diminuto que no se puede ver con un microscopio corriente.

active ['æktɪv] *adj opp:* passive
My grandma's over 80 but still very **active**.

activo, enérgico, en actividad
Mi abuela tiene más de 80 años pero todavía es muy enérgica.

powerful ['pauəful] *adj syn:* strong, *opp:* weak, powerless
This car has a quiet but **powerful** engine.

poderoso, potente, fuerte
Este automóvil tiene un motor silencioso pero muy potente.

steady ['stedɪ] *adj*
He's tried lots of different things but he's never had a **steady** job.

A good shot needs a **steady** hand and a **steady** eye.

firme, fijo, formal
Ha probado muchas cosas distintas, pero nunca ha tenido un trabajo fijo.
Un buen disparo requiere la mano firme y la mirada fija.

stiff [stɪf] *adj*
They were too **stiff** to move after the long march.

rígido, tieso, duro, entumecido
Después de la larga caminata estaban demasiado entumecidos para moverse.

loose [lu:s] *adj*
The engine didn't start because of a **loose** wire.

suelto, flojo, movedizo, ancho
El motor no arrancaba debido a un cable suelto.

bare [beə] *adj*
He was sitting on the balcony **bare** to the waist.

desnudo, descubierto
Estaba sentado en la terraza con el torso desnudo.

hollow ['hɒləʊ] *adj*
Owls build their nests in **hollow** trees.

hueco, vacío, hundido
Los búhos construyen sus nidos en árboles huecos.

---

bright [braɪt] *adj opp:* dark, dull
It was **bright** when I woke up.

claro, luminoso, brillante
Estaba claro cuando me desperté.

---

fresh [freʃ] *adj*
Never eat fish unless it's **fresh**.

fresco
Nunca comas pescado a menos que sea fresco.

---

pure [pjʊə] *adj*
The sweater is made of 100% **pure** virgin wool.

puro
El jersey está hecho de 100% pura lana virgen.

---

plain [pleɪn] *adj syn:* simple

They serve good **plain** food – nothing fancy.

claro, sencillo, franco, natural, puro
Sirven comida sencilla y buena, nada exótico.

---

familiar [fə'mɪljə] *adj*

She looks **familiar** but I don't know her.

familiar, conocido, de confianza
Me resulta familiar pero no la conozco.

☞ *El adjetivo español 'familiar' equivale en inglés a menudo a* **family,** *por ej.:* **family problems** *(problemas familiares).*

---

unknown [ʌn'nəʊn] *adj*
The cause of the disease is as yet **unknown**.

desconocido
El origen de la enfermedad todavía es desconocido.

---

ancient ['eɪntʃənt] *adj opp:* modern
Waterpower was already used by **ancient** civilizations.

antiguo

La energía hidráulica ya se usaba en las civilizaciones antiguas.

---

prompt [prɒmpt] *adj*
The government promised a **prompt** inquiry into the case.

pronto, inmediato, rápido
El gobierno prometió una inmediata investigación del caso.

---

direct [daɪ'rekt] *adj*
We booked a **direct** flight from Barcelona to Los Angeles.

directo
Reservamos un vuelo directo desde Barcelona a Los Ángeles.

---

urgent ['ɜːdʒənt] *adj*
Send an ambulance at once – it's very **urgent**.

urgente
Envíen una ambulancia en seguida, es muy urgente.

Palabras estructurales

PRONOMBRES Y ARTÍCULOS

«1–2000»

a [ə], **an** [æn] *indefinite article*
A fly is **an** insect.
O. J. Simpson was **a** professional American Football player and later **an** actor.
I have my car washed once **a** month.

un/a; por; al, a la
Una mosca es un insecto.
O. J. Simpson fue jugador profesional de fútbol americano y después actor.
Hago lavar mi coche una vez al mes.

---

the [ðə· ðiː] *definite article*
The film/book is very interesting.

The lights went on.

el, la, los, las
La película/El libro es muy interesante.
Las luces se encendieron.

---

this [ðɪs] *adj, pron*
⚠ *pl* **these** [ðiːz]
I like **this** picture much better than that one.
This is my girlfriend Sandy.

este/a/o, éste/a/o

Este cuadro me gusta mucho más que aquél.
Ésta es mi novia, Sandy.

---

these [ðiːz] *pl adj, pron*
These shoes are very comfortable.
These are my parents.

estos/as, éstos/as
Estos zapatos son muy cómodos.
Éstos son mis padres.

---

that [ðæt] *pron, adj*
⚠ *pl* **those** [ðəʊz]
This chair is more comfortable than **that** one.
What's the name of **that** song?
Did you get the letter **that** I sent you?

ese/a; aquel/la/lo; ése/a, eso; aquél/la; que
Esta silla es más cómoda que aquélla.
¿Cómo se llama esa canción?
¿Recibiste la carta que te envié?

---

those [ðəʊz] *pl adj, pron*

Those apples look much better than these.
Will **those** who want to go raise their hands?

esos/as, aquellos/as, ésos/as, aquéllos/as
Esas manzanas tienen mucho mejor aspecto que éstas.
¿Podrían alzar la mano aquellos que quieran ir?

---

what [wɒt] *adj, pron*
What are you doing?
What a beautiful morning!

qué
¿Qué estás haciendo?
¡Qué mañana más bonita!

which [wɪtʃ] *adj, pron*

Which language shall we use, English or French?
Which of these photos do you want?
"Gone With the Wind", **which** was made in 1939, is still one of the most popular films.

qué, cuál/es, que, el/la/lo cual, los/las cuales

¿Qué idioma vamos a usar, inglés o francés?
¿Cuál de estas fotos quieres?

La película *Lo que el viento se llevó*, que fue realizada en 1939, todavía es una de las que tienen más éxito.

who [huː] *pron*
Who will be the next President?

Who did you see at the meeting?
Who are you staying with?
The police think he's the man **who** killed her.

(a) quién, que, el/la cual

¿Quién será el próximo presidente?

¿A quién viste en la reunión?
¿Con quién te vas a quedar?
La policía cree que él es el hombre que la mató.

☞ *En los casos de* **who** *con el significado de 'a quién' o combinado con preposiciones se puede usar también* **whom**, *por ej.:* **Whom did you see?**, **With whom are you staying?** *Esta forma se considera de estilo formal.*

whose [huːz] *adj, pron*
There's a motorbike outside. **Whose** is it?
Is that the woman **whose** car was stolen?

de quién, cuyo/a, cuyos/as
Hay una moto fuera. ¿De quién es?
¿Es ésa la mujer cuyo coche fue robado?

whom [huːm] *pron*

I wouldn't trust a person **whom** I don't know. → *who*

a quién; a quien; que; al cual, a la cual
No confiaría en una persona a quien no conozco.

I [aɪ] *pers pron*
I'm washing my car.
Hello, **I**'m Denny.

yo
(Yo) estoy lavando el coche.
Hola, (yo) soy Denny.

☞ *En inglés el sujeto no se puede omitir, salvo en frases coordinadas que comparten sujeto:* **He made his speech and left** *(Pronunció el discurso y se marchó).*

you [juː] *pers pron*

Will **you** be at home tonight?

tú, vosotros/as, usted/es, te, ti, os, le, les, se *(impersonal)*, **uno** *(impersonal)*
¿Estarás/Estaréis/Estará(n) en casa esta noche?

I've known **you** for a long time.	Te/Os/Le/Les conozco desde hace mucho tiempo.
I sent **you** a letter.	Te/Os/Le/Les envié una carta.
You can't always get what **you** want. → one	No siempre se puede conseguir lo que uno quiere.

he [hi:, hɪ] *pers pron*
This is John. **He**'s from Manchester.

él
Éste es John. (Él) es de Manchester.

she [ʃiː, ʃɪ] *pers pron*
My wife's Irish, **she**'s from Dublin.

ella
Mi esposa es irlandesa, (ella) es de Dublín.

it [ɪt] *pers pron*

ello, él, ella; lo, la; éste/a, *sujeto impersonal*

It's always the same old story.

Siempre es la misma vieja historia.

He pulled a gun and pointed **it** at us.

Sacó una pistola y apuntó contra nosotros.

We now have a garden – I love **it**.

Ahora tenemos un jardín. (éste) me encanta.

Who's that? – **It**'s me.

¿Quién es? –soy yo.

☞ *El pronombre personal* it *sustituye una cosa o un animal:* **Have you seen my book? –Yes, it's on the table** *(¿Has visto mi libro? –Sí, está en la mesa.) En algunos casos,* it *funciona como sujeto puramente gramatical:* it´s raining *(está lloviendo),* it´s late *(es tarde).*

we [wiː] *pers pron*
We work together.

nosotros/as
(Nosotras) trabajamos juntas.

they [ðeɪ] *pers pron*
My parents aren't here. **They**'re away on holiday.
They say that summers are getting hotter every year.

ellos/as, se *(impersonal)*
Mis padres no están. (Ellos) se han ido de vacaciones.
Se dice que los veranos son cada año más calurosos.

me [miː] *pers pron*
The hostess welcomed **me** and gave me a glass of beer.

Who's that little boy in the picture? – That's **me**!

me, a mí, yo
La anfitriona me dio la bienvenida y me ofreció un vaso de cerveza.
¿Quién es ese niño pequeño de la foto? –¡Soy yo!

him [hɪm] *pers pron*
Have you met Jim? – Yes, I've just met **him**.
She gave **him** a kiss.
Which is your boyfriend? Is that **him**?

lo, le, él
¿Has conocido a Jim? –Sí, lo acabo de conocer.
Le dio un beso.
¿Cuál es tu novio? ¿Es aquél?

her [hɜː] *pron*
Kathy arrived in **her** car.
She put **her** arms around her and gave her a kiss.
Which is your girlfriend? Is that **her**?

la, le, ella, su(s) *(de ella)*
Kathy llegó en su automóvil.
La rodeó con sus brazos y le dio un beso.
¿Cuál es tu novia? ¿Es aquélla?

---

us [ʌs] *pers pron*
We won the first match, and then they beat **us**.
Most of **us** work until six o'clock.

nos, (a) nosotros/as
Ganamos el primer partido pero después nos derrotaron.
La mayoría de nosotros trabajamos hasta las seis.

---

them [ðem, ðəm] *pers pron*
Where are the kids? I can't see **them**.
We asked **them** in and offered **them** something to drink.
He's talking to **them**.

los, las; les; ellos/as
¿Dónde están los niños? No los veo.
Les pedimos que entraran y les ofrecimos algo para beber.
Está hablando con ellos.

---

my [maɪ] *pron*
I can't find **my** car keys.

mi(s)
No encuentro las llaves de mi coche.

☞ *Para referirse a partes del cuerpo, artículos de vestir, etc., se usa el correspondiente adjetivo posesivo en muchos casos en los que el español usa artículos, por ejemplo:* **He had his hands in his pockets** *(Tenía las manos en los bolsillos).*

---

your [jʊə] *pron*

That's **your** problem, not mine.

tu(s), vuestro(s)/a(s), su(s) *(de usted/es)*
Ése es tu/vuestro/su problema, no el mío.

---

his [hɪz] *pron*

This is a photo of John and **his** wife.
Is this Alan's car? – No, **his** is that one.
This hat is **his**.

su(s), (el) suyo, (la) suya, (los) suyos, (las) suyas *(de él)*
Ésta es una foto de John y su esposa.
¿Es éste el coche de Alan? –No, el suyo es aquél.
Este sombrero es suyo.

---

its [ɪts] *pron*

I love London and **its** (⚠ no: it's) museums.
My cat's hurt **its** (⚠ no: it's) paw.
→ *my*

su(s), (el) suyo, (la) suya, (los) suyos, (las) suyas *(de una cosa, animal, ciudad…)*
Me encanta Londres y sus museos.
Mi gato se hirió la pata.

☞ *No se debe confundir* **its** *(pronombre posesivo expresado por una sola palabra) con* **it's** *(contracción de* **it is** *o* **it has***).*

our ['auə] *pron*
We built **our** kitchen cupboard and all **our** bookshelves ourselves. → *my*

nuestro(s)/a(s)
Montamos nuestro armario de cocina y todos los estantes para libros nosotros mismos.

their [ðeə] *pron*

Three young people lost **their** lives (⚠ no: the life) in the accident. → *my*

sus *(de varias personas, cosas, animales...)*
Tres jóvenes perdieron la vida en el accidente.

mine [maɪn] *pron*

Is this coat yours? – No, it isn't. **Mine**'s that grey trenchcoat.
He's an old friend of **mine**.

(el) mío, (la) mía, (los) míos, (las) mías
¿Esta chaqueta es tuya? –No. La mía es aquella trinchera gris.
Es un antiguo amigo mío.

yours [jʊəz] *pron*

This is my room, **yours** is on the first floor.

(el/la) tuyo/a, (los/las) tuyos/as; (el/la) vuestro/a, (los/las) vuestros/as; (el/la) suyo/a, (los/las) suyos/as *(de usted/es)*
Ésta es mi habitación, la tuya está en el primer piso.

hers [hɜːz] *pron*

Is this Lisa's suitcase? – No, it isn't **hers**.

(el/la) suyo/a, (los/las) suyos/as *(de ella)*
¿Es ésta la maleta de Lisa? –No, no es suya.

ours ['auəz] *pron*

Their house is much bigger than **ours**.

(el/la) nuestro/a, (los/las) nuestros/as
Su casa es mucho más grande que la nuestra.

theirs [ðeəz] *pron*

Our cottage is at the seaside – **theirs** is in the mountains.

(el/la) suyo/a, (los/las) suyos/as *(de personas, cosas, animales, ciudades...)*
Nuestra cabaña está en la costa, la suya está en la montaña.

oneself [wʌn'self] *pron*

Repairing things **oneself** is usually cheaper and quicker than having someone else do it.

uno/sí mismo, una/sí misma; se; uno; solo/a
Reparar las cosas uno mismo suele más barato y más rápido que encargar a otra persona que lo haga.

myself [maɪ'self] *pron*
I cut **myself** while shaving.
I don't need any help – I can do it **myself**.

yo/mí mismo/a, me, solo/a
Me corté mientras me afeitaba.
No necesito ninguna ayuda, lo puedo hacer yo sola.

yourself [jʊə'self] *pron*

You ought to be ashamed of **yourself**.
Do it **yourself**.

tú/ti mismo/a, usted/sí mismo/a, te, se, solo/a
Deberías/Debería estar avergonzado de ti/sí mismo.
Hazlo tú mismo/Hágalo usted mismo.

---

himself [hɪm'self] *pron*

He isn't guilty – he only defended **himself**.
Could I talk to the boss **himself**?

(él/sí) mismo, se, solo
No es culpable, sólo se defendió a sí mismo.
¿Puedo hablar con el jefe mismo?

---

herself [hɜː'self] *pron*

Grandma fell and hurt **herself**.

She makes all her dresses **herself**.

(ella/sí) misma, se, sola
La abuela se cayó y se hizo daño.
Se hace todos sus vestidos ella misma.

---

itself [ɪt'self] *pron*

A country must be able to defend **itself**.
This door opens all by **itself**.

el/sí mismo, ella/sí misma, ello/sí mismo; se; solo/a
Un país debe ser capaz de defenderse a sí mismo.
Esta puerta se abre sola.

☞ *Siempre que un pronombre reflexivo vaya precedido por* **(all) by** *significa '(completamente) solo/sola, solos/solas', por ejemplo:* **She spent the night all by herself** *(Pasó la noche completamente sola).*

---

ourselves [ˌaʊə'selvz] *pron*

After the accident we both found **ourselves** in hospital.
We built our cottage all by **ourselves**.

nosotros mismos, nosotras mismas, nos, solos/as
Después del accidente ambos nos encontramos en el hospital.
Construimos nuestra cabaña nosotros mismos.

---

yourselves [jʊə'selvz] *pron*

I hope you're all enjoying **yourselves**.
Did you spend New Year's Eve all by **yourselves**?

vosotros mismos, vosotras mismas, ustedes mismos/as, os, se, solos/as
Espero que lo estéis pasando bien.
¿Pasasteis la Noche Vieja completamente solos?

---

themselves [ðəm'selvz] *pron*

They're old enough to look after **themselves**.
Many Spaniards paint their houses **themselves**.

ellos/sí mismos, ellas/sí mismas, se, solos/as
Son lo bastante mayores para cuidar de sí mismos.
Muchos españoles pintan su casa ellos mismos.

each other [ˌiːtʃ ˈʌðə] *pron syn:* one another

We always try to help **each other**.

mutuamente, uno/s a otro/s

Siempre intentamos ayudarnos unos a otros.

---

some [sʌm, səm] *adj, pron*

We had **some** cheese and biscuits for tea.

Would you like **some** more tea?

Some people have all the luck.

There must be **some** way to solve the problem. → *any*

un poco de, alguno, algo de

Tomamos un poco de queso y galletas con el té.

¿Te apetece un poco más de té?

Algunas personas acaparan toda la suerte.

Tiene que haber alguna manera de solucionar el problema.

---

any [ˈenɪ] *adj, pron*

Have you got **any** money?
Are there **any** letters for me?
There isn't **any** coffee left.
You can have **any** drink you like.

algo de, alguno, nada de, ninguno, cualquier

¿Tienes (algo de) dinero?
¿Hay alguna carta para mí?
No queda (nada de) café.
Puedes tomar cualquier bebida que te apetezca.

☞ *Con frecuencia **some** y **any** no se traducen en español. **any** se usa mayoritariamente en preguntas y negaciones. En frases afirmativas, **any** generalmente significa 'cualquier/a'. Lo mismo ocurre con todas las palabras formadas por **any**, como **anybody** (cualquiera), **anything** (cualquier cosa).*

---

somebody [ˈsʌmbɒdɪ] *pron syn:* someone, *opp:* nobody, no one

There's **somebody** who wants to talk to you. → *any, some*

alguien

Hay alguien que quiere hablar contigo.

---

someone [ˈsʌmwʌn] *pron syn:* somebody, *opp:* nobody

Someone's put salt in my coffee. → *any, some*

alguien

Alguien ha puesto sal en mi café.

---

something [ˈsʌmθɪŋ] *pron opp:* nothing

We can eat **something** after the show. → *any, some*

algo, alguna cosa

Podemos comer algo después del espectáculo.

---

anybody [ˈenɪbɒdɪ] *pron syn:* anyone

Do you know **anybody** here?
Anybody can take pictures with this camera. → *any, some*

alguien, alguno, nadie, ninguno, cualquiera

¿Conoces a alguien aquí?
Cualquiera puede sacar fotos con esta cámara.

anyone ['enɪwʌn] *pron syn:*
anybody
Has **anyone** seen my pocket calculator?
Ask for more money – **anyone** else would do it. → *any, some*

alguien, alguno, nadie, ninguno, cualquiera
¿Alguien ha visto mi calculadora de bolsillo?
Pide más dinero; cualquiera lo haría.

---

anything ['enɪθɪŋ] *pron*

Is there **anything** I can do for you?
He believes **anything** she says.
→ *any, some*

algo, alguna cosa, nada, cualquier cosa
¿Puedo hacer algo por usted?
Se cree cualquier cosa que ella diga.

---

every ['evrɪ] *adj syn:* each
We go to see Grandma **every** day.

cada
Vamos cada día a ver a la abuela.

---

each [iːtʃ] *adj, pron syn:* every
There are five rooms, **each** with its own bathroom.

cada, cada uno
Hay cinco habitaciones, cada una con su propio cuarto de baño.

---

everybody ['evrɪbɒdɪ] *pron syn:*
everyone, *opp:* nobody
In small villages **everybody** knows everybody else.

todos, todo el mundo

En los pueblos pequeños todo el mundo conoce a todo el mundo.

---

everyone ['evrɪwʌn] *pron syn:*
everybody, *opp:* nobody, no one
The burglars came when **everyone** had gone home.

todos, todo el mundo

Los ladrones vinieron cuando todos se habían ido a casa.

---

everything ['evrɪθɪŋ] *pron syn:*
all, *opp:* nothing
We bought **everything** for a picnic.

todo

Lo compramos todo para el picnic.

---

nobody ['nəʊbɒdɪ] *pron syn:* no one, *opp:* everybody, everyone
I called but **nobody** answered the phone.

nadie

Llamé pero nadie contestó al teléfono.

---

no one ['nəʊwʌn] *pron syn:*
nobody, *opp:* everybody, everyone
The reunification of Germany was an event that **no one** had expected.

nadie

La reunificación de Alemania fue un acontecimiento que nadie esperaba.

---

one [wʌn] *pron syn:* you
One can't always get what **one** wants.
This jacket is too small – have you got a larger **one**?

uno
No se puede conseguir siempre lo que uno quiere.
Esta chaqueta es demasiado pequeña; ¿tiene una más grande?

☞ *El sujeto impersonal* **one** *(uno) es más formal que su equivalente* **you,** *por lo cual se prefiere generalmente este último:* **You can't always get what you want** *(No se puede conseguir siempre lo que uno quiere).*

---

such [sʌtʃ] *adj, adv*
It was **such** (⚠ no: so) a hard test that 80% failed it.

tan, tal(es), semejante(s)
Fue un examen tan difícil que el 80% de la clase lo suspendió.

«2001–4000»

---

whoever [huːˈevə] *pron*
Whoever it is, don't let him in.

quienquiera que
Quienquiera que sea, no le dejes entrar.

---

whatever [wɒtˈevə] *pron*
Whatever she says, he never agrees.

cualquier cosa que, lo que
Diga lo que diga, él nunca está de acuerdo.

VERBOS AUXILIARES

«1–2000»

---

be [biː] *v/i, v/aux*
⚠ **am** [æm], **are** [ɑː], **is** [ɪz], **was** [wɒz], **were** [wɜː], **been** [biːn]
To **be** or not to **be**, that is the question.
I want to **be** rich.
We've **been** here for a week now.
The show **was** good, **was**n't it?

Don't disturb him – he**'s** working.
My car **was** stolen last night.

ser, estar

Ser o no ser, ésa es la cuestión.

Quiero ser rico.
Ahora hace una semana que estamos aquí.
El espectáculo fue bueno, ¿verdad?
No le molestes; está trabajando.
Mi coche fue robado anoche.

have [hæv] *v/aux*
⚠ **had** [hæd], **had** [hæd]

haber

Have you read "Jurassic Park"?
– No, I **have**n't, but I've seen the film.

¿Has leído *Parque jurásico*?
–No, no lo he leído pero he visto la película.

My grandpa**'s** been dead for 10 years.

Mi abuelo está muerto desde hace 10 años.

I would **have** come if I had been invited.

Habría venido si me hubieran invitado.

You**'d** (= had) better go now.

Sería mejor que te fueras ahora.

do [duː] *v/aux*
⚠ **did** [dɪd], **done** [dʌn]

no se traduce por lo general

Do you speak French? – No, I don't.

Habla usted francés? –No.

What **does** this word mean?

¿Qué significa esta palabra?

Sorry, I **did**n't see you.

Lo siento, no te había visto.

Don't worry! Everything will be all right.

¡No te preocupes! Todo irá bien.

You know Bob Taylor, **do**n't you?

Conoces a Bob Taylor, ¿verdad?

I **do** hope nobody got hurt.

De verdad espero que nadie se haya herido.

☞ **do** *se usa en frases interrogativas y negativas. Además, sirve a menudo para reforzar una frase afirmativa o para poner énfasis:* **Do be careful!** *(¡Id con cuidado!),* **I did see him but...** *(Sí que lo vi pero...).*

---

can [kæn]
⚠ **could** [kʊd]

saber, poder

Can you drive?

¿Sabes conducir?

In rugby you **can** pick the ball up and run with it.

En el rugby se puede tomar el balón y correr con él.

☞ *Con el verbo auxiliar* **can** *sólo se puede construir el presente y el pasado simple* (**could**). *Todos los demás tiempos verbales se forman con* **be able to**.

---

cannot ['kænɒt], **can't** [kɑːnt]

no saber, no poder

Help, I **can't** swim!

¡Socorro, no sé nadar!

I'm afraid you **cannot** park here.

Lo siento pero no puede aparcar aquí.

---

could [kʊd]

**sabía/supe/sabría, *etc.*;
podía/pude/podría, *etc.***

My daughter **could** talk when she was two.

Mi hija sabía hablar cuando tenía dos años.

We **could** do a lot more to save energy.

Podríamos hacer mucho más para ahorrar energía.

could not ['kʊd nɒt], **couldn't** ['kʊdnt]

I **couldn't** do my homework because ...

I **couldn't** hurt a fly.

Couldn't you be a bit more careful?

no sabía/supe/sabría, *etc.;* **no podía/pude/podría,** *etc.*

No pude hacer los deberes porque...

No podría ni matar a una mosca.

¿No podrías tener un poco más de cuidado?

---

may [meɪ] *syn:* can, might

You **may** be right.

He isn't here – he **may** have forgotten it.

May I use your phone? – Yes, you **may**.

I **may** be fat but I'm still pretty fast.

May the best team win!

ser posible, poder, tener permiso para, que *(expresando deseos)*

Quizá tengas razón.

No está aquí; es posible que lo haya olvidado.

¿Puedo usar su teléfono? –Sí.

Puede que esté gordo pero todavía soy bastante rápido.

¡Que gane el mejor equipo!

☞ **may** *en el sentido de 'tener permiso' figura sólo en algunos giros como* **May I...? – Yes, you may/No you may not** *(Me permite/Puedo...? –Sí/No). En los demás casos se prefiere* **to be allowed to.** *También se utiliza para expresar posibilidad:* **She may not be at home** *(Quizá no esté en casa).*

---

might [maɪt] *syn:* may, could

It **might** rain today, but I don't think it will.

podría, podríamos, *etc.;* **puede que**

Podría ser que hoy lloviera, pero no lo creo.

will [wɪl]

Bob **will** explain it to you.

I won't (**will** not) go there.

Will you please come this way?

→ *shall, would*

forma de expresar futuro; **querer**

Bob te lo explicará.

No iré.

¿Quiere venir por aquí, por favor?

☞ **will** *se usa en todas las personas para expresar el futuro.* **will** *en el sentido de 'querer' puede sustituir a* **would** *o* **could** *en preguntas de cortesía. No obstante 'querer' se expresa generalmente con* **to want (to): She wants to help you** *(Quiere ayudarte).*

be going to [bɪ 'ɡəʊɪŋ tuː]
The government's **going to** close two smaller hospitals.

ir a *(futuro)*
El gobierno va a cerrar dos pequeños hospitales.

☞ **be going to** *se usa para hablar de acciones futuras siempre que éstas hayan sido previamente planeadas, por ej.:* **We're going to spend only three days in Rome** *(Pasaremos sólo tres días en Roma).*

would [wʊd]
She said she **would** help me.
I **would** rather stay at home tonight.
I **would**n't have said no if you had asked me. → *should*

expresa el modo condicional
Dijo que me ayudaría.
Preferiría quedarme en casa esta noche.
No habría dicho que no si me lo hubieras pedido tú.

☞ **would** *se usa en todas las personas para construir el modo condicional. También se utiliza para pedir o ofrecer algo:* **Would you like a cup of tea** *(¿Le gustaría tomar una taza de té?).*

shall [ʃæl]

expresa una sugerencia o futuro

What **shall** we do now?
Shall we go for a drink?
We **shall** not rest until we're free again. → *should*

¿Qué hacemos ahora?
¿Vamos a tomar algo?
No descansaremos hasta que volvamos a ser libres.

☞ **shall** *se usa con frecuencia en preguntas con* **I** *y* **we** *para hacer una sugerencia a otra persona:* **Shall I shut the door?** *(¿Cierro la puerta?).* **I/we shall** *puede sustituir además a las formas de futuro* **I/we will**, *sobre todo en contextos formales.*

should [ʃʊd] *syn:* ought to
You **should** always lock the door when you leave.
Maybe I **should**n't tell you this.

debería, deberías, *etc.*
Deberías cerrar siempre la puerta con llave antes de salir.
Quizás no debería decirte esto.

☞ *En inglés moderno,* **should** *significa casi siempre 'debería'. En inglés muy formal,* **should** *puede sustituir a* **would** *–del mismo modo que* **shall** *sustituye a* **will**–, *como por ej.:* **I shouldn't do that if I were you** *(En tu lugar yo no lo haría).*

ought to [ˈɔːt tuː] *syn:* should
You **ought to** be more careful – you might have an accident.

debería, deberías, *etc.*
Deberías tener más cuidado; podrías tener un accidente.

---

must [mʌst] *v/aux syn:* have to, *opp:* need not

You **must** see that film – it's really good.
You **must** be tired after so much work.

deber, tener que

Tienes que ver esa película; es muy buena.
Debes estar cansado después de tanto trabajo.

☞ **must** *existe sólo en presente, en los demás tiempos se recurre a* **have to**. *Obsérvese que el contrario de* **must** *no es* **must not**, *que significa 'no tener permiso' sino* **need not** *o* **not have to** *(no tener la obligación/necesidad de).*

---

have to ['hæv tuː] *syn:* must, *opp:* need not

I **had to** leave early to catch my train.
You didn't **have to** tell my friends about it. → *must*

tener que, hacer falta

Tuve que irme pronto para tomar el tren.
No hacía falta que se lo contaras a mis amigos.

---

need not ['niːd nɒt], **needn't** ['niːdnt]

You **needn't** come if you don't want to. → *must*

no tener necesidad/obligación de, no hacer falta

No hace falta que vengas si no quieres.

☞ **need not** *existe sólo en presente. En los demás tiempos se recurre a* **not have to**, *por ej.:* **You didn´t have to do it** *(No hacía falta que lo hicieras).*

---

must not ['mʌst nɒt], **mustn't** ['mʌsnt] *opp:* may, be allowed to

You **mustn't** tell Mother about it.

no poder, no tener permiso

No puedes decírselo a tu madre.

☞ *Cuidado,* **must not** *no significa 'no deber' o 'no hacer falta' sino 'no tener permiso'. Como* **must** *existe sólo en presente, se emplea en los demás tiempos* **not be allowed to**, *por ej.:* **I wasn´t allowed to leave the city** *(No tenía permiso para abandonar la ciudad).*

Preposiciones, conjunciones y adverbios

«1–2000»

and [ænd, ənd] *cj*
I'm tired **and** hungry.

y
Estoy cansado y hambriento.

or [ɔ:] *cj*
You can have coffee **or** tea for breakfast.

o, u
Con el desayuno pueden tomar té o café.

but [bʌt] *cj*
The restaurant's expensive **but** very good.

pero, sino
El restaurante es caro pero muy bueno.

with [wɪθ] *prep opp:* without
Do you want your coffee **with** or without sugar?

con
¿Quieres el café con o sin azúcar?

without [wɪθ'aʊt] *prep*
You can't breathe **without** air.

sin
No se puede respirar sin aire.

as [æz] *prep, cj*
He's a teacher but he works **as** a football coach.
Tom was late, **as** usual.
He's as intelligent **as** his sister.

de, como, tan... como
Es maestro pero trabaja como entrenador de fútbol.
Tom llegó tarde, como siempre.
Es tan inteligente como su hermana.

between [bɪ'twi:n] *prep*
There's a direct train service **between** London and Paris.

entre
Hay servicio de tren directo entre Londres y París.

☞**between** *se refiere generalmente a* <u>dos</u> *cosas. Cuando se hace referencia a más de dos cosas se utiliza* **among**. **There's a cat between the car and the motorbike** *(Hay un gato entre el coche y la moto).* **He was among those chosen for the contest** *(Fue de los que eligieron para el concurso).*

from ... to [frɒm ... tu:] *prep*
We flew **from** New York **to** Denver.
The game lasted **from** 8 **to** 10 p.m.

de... a; desde... hasta
Volamos de Nueva York a Denver.
El partido duró desde las 20:00 hasta las 22:00.

for [fɔ:] *prep*
I've got a little present **for** you.

para
Tengo un pequeño regalo para ti.

to [tu:] *cj syn:* in order to
American football players wear helmets **to** protect their heads.

para
Los jugadores de fútbol americano llevan cascos para protegerse la cabeza.

☞ *Obsérvese que las preposiciones* **for** *y* **to** *pueden traducirse por 'para' en español. Sin embargo,* **for** *irá seguido de un sintagma nominal y* **to***, de un sintagma verbal.*

---

that [ðæt, ðət] *cj*
We're happy **that** the children are safe.

(de) que
Estamos contentos de que los niños estén a salvo.

---

if [ɪf] *cj*
We're going jogging tomorrow **if** it doesn't rain.
I don't know **if** she's coming or not.

si
Si no llueve, mañana haremos jogging.
No sé si vendrá o no.

---

about [ə'baʊt] *prep*

Let's not talk **about** money now.
Los Angeles has **about** three million inhabitants.

sobre, de, cerca de, alrededor de
No hablemos de dinero ahora.
Los Ángeles tiene cerca de tres millones de habitantes.

---

of [ɒv] *prep*
I love the colour of her hair.
We had 12 inches **of** snow in November.
She was born on the 4th **of** February.
Elizabeth became Queen **of** England in 1952.

de
Me encanta el color de su pelo.
En noviembre tuvimos 30 cm de nieve.
Nació el 4 de febrero.

Isabel se convirtió en Reina de Inglaterra en 1952.

---

by [baɪ] *prep*
"Hamlet" was written **by** Shakespeare.
Send the letter **by** fax.

por, mediante
Hamlet fue escrito por Shakespeare.
Envíame la carta por fax.

«2001–4000»

---

such as ['sʌtʃ æz] *syn:* like
The police found all kinds of firearms, **such as** revolvers, shotguns and machineguns.

tal como, como por ejemplo
La policía encontró todo tipo de armas de fuego, tales como revólveres, escopetas y ametralladoras.

---

according to [ə'kɔːdɪŋ tuː] *prep*

According to statistics, there are more accidents in the kitchen than on the road.

según, conforme a, de acuerdo con
Según las estadísticas, se producen más accidentes en la cocina que en las carreteras.

for the sake of [fɔː ðə 'seɪk ɒv], **for ...'s sake** [fə ...s 'seɪk]
Save our environment **for the sake of** our children!

por (el bien de)
¡Proteja el medio ambiente por el bien de los niños!

---

instead of [ɪn'sted ɒv] *prep*
You can use margarine **instead of** butter.

en lugar de, en vez de
Se puede usar margarina en lugar de mantequilla.

---

in spite of [ɪn 'spaɪt ɒv] *prep*
syn: despite
They went sailing **in spite of** the storm.

a pesar de

Fueron a navegar a pesar de la tormenta.

---

although [ɔːl'ðəʊ] *cj syn:* though
Although my camera is 20 years old, it takes excellent pictures.

aunque, si bien, a pesar de que
A pesar de que mi cámara tiene 20 años, saca fotografías excelentes.

---

though [ðəʊ] *cj syn:* although
Though the money is terrible, I enjoy my job.

aunque, a pesar de que
Aunque paguen fatal, me gusta mucho mi trabajo.

---

however [haʊ'evə] *adv syn:* though, nevertheless
Women have equal rights. Most of them, **however**, don't get the same wages as men.

sin embargo, no obstante

Las mujeres tienen los mismos derechos. Sin embargo, la mayoría de ellas no perciben el mismo sueldo que los hombres.

---

whether ['weðə] *cj syn:* if
We don't know yet **whether** we'll be able to come.

si
Todavía no sabemos si podremos ir.

☞ **whether** *se pronuncia igual que* **weather** *(tiempo) pero se escribe diferente.*

---

as if [ə'zɪf] *cj syn:* as though
She behaved **as if** nothing had happened.

como si
Se comportaba como si nada hubiera ocurrido.

---

unless [ʌn'les] *cj*
You'll fail your exams **unless** you work harder.

a menos que, a no ser que
Suspenderás a menos que trabajes más duro.

---

neither ['naɪðə, 'niːðə] *adv*
I dont like operas. – **Neither** do I.

ni, tampoco
No me gustan las óperas. –A mí tampoco.

---

wherever [weər'evə] *adv, cj*
He takes his dog **wherever** he goes.

donde sea, dondequiera que
Lleva a su perro a dondequiera que va.

whenever [wen'evə] *cj, adv*

Come again **whenever** you like!

siempre que, cuando quiera que, cuando

Vuelve a venir siempre que quieras.

---

within [wɪ'ðɪn] *prep*
They'll arrive **within** an hour.
Try to stay **within** the guarded sections of the beach.

dentro de
Llegarán dentro de una hora.
Intenta permanecer dentro de las zonas vigiladas de la playa.

☞ FORMACIÓN DE PALABRAS (PREFIJOS Y SUFIJOS)

La capacidad para reconocer las estructuras básicas sirve de gran ayuda en el momento de ampliar el vocabulario básico ya adquirido. Tal y como ocurre en español, en inglés se pueden construir palabras nuevas añadiendo elementos formativos delante (prefijos) o detrás (sufijos) de la palabra. De este modo, el contrario de la palabra española 'real' es 'irreal', mientras que en inglés, lo contrario de *real* es *unreal*. A continuación, le ofrecemos una lista de los prefijos y sufijos más importantes dispuestos en orden alfabético y con ejemplos en los que se observan claramente los cambios de significado que se pueden originar.

1. Prefijos

Estos elementos de formación modifican el significado del radical de manera que, por ejemplo, pueden expresar su contrario. La categoría gramatical, sin embargo, se mantiene igual.

Prefijo	Radical	Nueva palabra	Traducción española
anti-	freeze	**anti**freeze	anticongelante
bi-	plane	**bi**plane	biplano
de-	ascend	**de**scend	descender
dis-	agree	**dis**agree	no estar de acuerdo
	honest	**dis**honest	poco honrado
non-	sense	**non**sense	disparates
mono-	lingual	**mono**lingual	monolingüe
un-	happy	**un**happy	infeliz
	wind	**un**wind	desenvolver
in-	expert	**in**expert	inexperto
im-	possible	**im**possible	imposible
il-	legible	**il**legible	ilegible
ir-	regular	**ir**regular	irregular
mis-	understand	**mis**understand	entender mal
ex-	wife	**ex**-wife	ex mujer
out-	size	**out**size	tamaño extraordinario

Prefijo	Radical	Nueva palabra	Traducción española
over-	weight	**over**weight	sobrepeso
pre-	war	**pre**war	preguerra
pro-	abortion	**pro**-abortion	pro-aborto
under-	estimate	**under**estimate	subestimar
re-	organize	**re**organize	reorganizar

2. Sufijos

Los sufijos o elementos que se añaden al final de una palabra son muy importantes, ya que con frecuencia modifican la categoría gramatical, la pronunciación o el acento de la palabra original. Las abreviaturas usadas a continuación se refieren a las categorías gramaticales que por norma general resultan de añadir estos sufijos: *adj:* adjetivo; *adv:* adverbio; *n:* nombre, sustantivo; *v:* verbo.

Sufijo		Radical	Nueva palabra	Traducción española
-able	(*adj*)	comfort	comfort**able**	confortable
		love	lov**able**	simpático
-al	(*adj*)	accident	accident**al**	accidental
-ance	(*n*)	appear	appear**ance**	aparición, apariencia
-ation	(*n*)	imagine	imagin**ation**	imaginación
-ee	(*n*)	employ	employ**ee**	empleado
-er	(*n*)	employ	employ**er**	patrón, empresario
-ese	(*adj, n*)	China	Chin**ese**	chino/a
-ess	(*n*)	duke	duch**ess**	duquesa
-ful	(*adj*)	success	success**ful**	exitoso
-ify	(*v*)	terror	terr**ify**	aterrorizar
-ic	(*adj*)	economy	econom**ic**	económico
-ical	(*adj*)	politics	polit**ical**	político
-ics	(*n*)	economy	econom**ics**	economía
-ion	(*n*)	illustrate	illustrat**ion**	ilustración
-ish	(*adj*)	fool	fool**ish**	tonto

-ism	(n)	tour	tour**ism**	turismo
-ist	(n)	tour	tour**ist**	turista
-ize	(v)	summary	summar**ize**	resumir
-less	(adj)	hope	hope**less**	desesperado
-ly	(adv, adj)	friend	friend**ly**	amable
		complete	complete**ly**	completamente
-ment	(n)	judge	judg(e)**ment**	juicio
-ness	(n)	foolish	foolish**ness**	tontería
-ship	(n)	friend	friend**ship**	amistad
-ty	(n)	cruel	cruel**ty**	crueldad
	(n)	vary	varie**ty**	variedad
-y	(adj)	risk	risk**y**	arriesgado

Índice alfabético

Detrás de las palabras inglesas se muestra el número de la página en la cual se encuentran. En este listado alfabético se han incluido los nombres geográficos, los números, los nombres de los días de la semana y de los meses, así como algunas frases frecuentes.